运载千秋

新时代大运河重要考古成果展

Carrying Through The Ages

Exhibition of Significant Archaeological Discoveries Along the Grand Canal in the New Era

中国大运河博物馆 编

上海书画出版社

《运载千秋：新时代大运河重要考古成果展》编委会

指导单位： 国家文物局
主办单位： 北京市文物局　天津市文物局　河北省文物局　江苏省文物局
　　　　　浙江省文物局　安徽省文物局　山东省文物局　河南省文物局
承办单位： 中国大运河博物馆　中国考古学会大运河考古和保护专业委员会
支持单位： 北京市考古研究院（北京市文化遗产研究院）　天津博物馆　河北省文物考古研究院
　　　　　内丘县文物保管所　南京博物院　江苏省文物考古研究院　常州市考古研究所　苏州市考古研究所
　　　　　淮安市文物保护和考古研究所　扬州市文物考古研究所　扬州博物馆　张家港博物馆　如东县博物馆
　　　　　浙江省文物考古研究所　杭州市文物考古研究所　宁波市文化遗产管理研究院　杭州博物馆
　　　　　安徽省文物考古研究所　淮北市博物馆　山东省文物考古研究院　河南省文物考古研究院
　　　　　洛阳市考古研究院　洛阳博物馆（按行政区划排列）

主　编： 郑　晶　林留根
副主编： 徐　飞　陈晶晶
展览总策划： 郑　晶
展览支持： 郭京宁　姚旸　张文瑞　张占锋　王奇志　盛之翰　陈永刚　程义　胡兵　王小迎　束家平　钱峻
　　　　　康津　方向明　胡利红　林国聪　王英翔　叶润清　胡均　孙波　刘海旺　李永强　李文初
项目总协调： 徐　飞　陈晶晶
策展人： 林留根　刘勤
展览负责人： 刘勤　徐小虎
展览文案： 刘勤　张弛　田帅　原丰　徐小虎　谈叶闻　孟笑　梅雨生　席晓云　罗进　刘华　张晓婉
　　　　　胡思涵　张晴羽
形式设计： 谈叶闻　孙思源　刘丽婷　沈玉璋　朱聿婧　孙唤　任子颖　杨静　张超
展览协助： 陈倩　张建民　刘慧　刘杨幸和［北京市考古研究院（北京市文化遗产研究院）］
　　　　　崔凯欣　安秋州（天津博物馆）
　　　　　王会民　胡强（河北省文物考古研究院）
　　　　　李志英　李昆　巨建强　富雪莲（内丘县文物保管所）
　　　　　葛璐娜　王国任（南京博物院）
　　　　　陈刚　杨汝钰　舒之仪（江苏省文物考古研究院）
　　　　　郑铎　王偈人（常州市考古研究所）
　　　　　张云林　刘芳芳　陈璟　何晓岚（苏州市考古研究所）
　　　　　赵李博　薛玲玲　祁小东　张荣鑫　郭凯　史一珺（淮安市文物保护和考古研究所）
　　　　　刘刚　魏旭　秦宗林（扬州市文物考古研究所）
　　　　　高荣　庄志军　李晓丽　刘永红　刘欣娜（扬州博物馆）
　　　　　李志强　田笛　朱滢（张家港博物馆）
　　　　　朱春霞　管婧婧　竺睿（如东县博物馆）
　　　　　李晖达　徐新民　谢西营　朱雪菲　王轶凌　李松阳（浙江省文物考古研究所）
　　　　　杨曦　李迎　高付杰　萧天贺　郭一波　王鹏（杭州市文物考古研究所）
　　　　　周昳恒　洪欣　卜汉文（宁波市文化遗产管理研究院）
　　　　　徐颖　骆佳慧　许丹阳（杭州博物馆）
　　　　　宫希成　陈超（安徽省文物考古研究所）
　　　　　王玲玲　陈玉　栾燕菲（淮北市博物馆）
　　　　　李宝军　徐倩倩（山东省文物考古研究院）
　　　　　周润山　王瑞雪　衡云华（河南省文物考古研究院）
　　　　　侯玉珂　侯秀敏　屈昆杰　范景锐　郭会丽　张雅菲　李丽娟　海楠楠　严晨雨　洪源（洛阳市考古研究院）
　　　　　梁淑群　石艳艳（洛阳博物馆）
　　　　　（按行政区划排序）
展览配合： 崔丹　刘世发　吴从浩　杨天佑　陶晨泽　陈思文　高洋　王鑫　李欣　李鑫
　　　　　王稚豪　陈业　陈琪　李慧
文物摄影： 张晴羽　于晴琪　胡均　解华顶　胡强　张荣鑫　李宝军　田道超　郭少鹏　刘希铠
　　　　　姜家欢　石佳佳　靳挺
文物绘图： 张念哲　陈天民
拓片摹印： 陈璟

序 Preface

习近平总书记指出，大运河是祖先留给我们的宝贵遗产，是流动的文化，要统筹保护好、传承好、利用好。中国大运河蜿蜒3200公里，穿越2500多年历史，是世界上最古老的运河之一，也是全球范围内开凿时间最早、延续时间最久、空间跨度最大的运河，是世界运河工程史上的杰出创造。2014年6月22日，中国大运河被联合国教科文组织正式批准列入《世界遗产名录》，成为中国第46个世界遗产项目。

党的十八大以来，以习近平同志为核心的党中央高度重视文物保护利用和文化遗产保护传承，指引我国文物事业高质量发展，大运河考古和文物保护工作也迎来新机遇，取得了一系列新进展、新突破。据不完全统计，2012年以来大运河沿线八省（市）共开展超过200项运河考古工作，取得重要成果，其中7处入选全国十大考古新发现，3处入选百年百大考古发现，6处入选新时代百项考古新发现，大运河文化的内涵与价值得到进一步挖掘阐释，是建设中国特色、中国风格、中国气派考古学的生动实践，为诠释中华文明的突出特性发挥了积极作用。

今年是中国大运河申遗成功十周年，国家文物局指导大运河沿线八省（市）文物部门共同举办"运载千秋——新时代大运河重要考古成果展"，汇聚了二十余家文博、考古单位精品文物，以新发现遗址和新出土文物为线索，从大运河水工及附属设施考古、大运河城市考古、大运河工商及海丝文化考古、大运河保护传承利用等视角，系统展示新时代大运河考古重要新发现与大运河文化带、大运河国家文化公园建设的新变化、新成就，让大运河考古和保护成果惠及公众、服务当代，让源远流长的大运河文化彰显出更加丰富的文化精髓和时代价值。

国家文物局
2024年7月

凡例

一、 本书为中国大运河博物馆2024年5月举办的"运载千秋——新时代大运河重要考古成果展"特展图录，主体章节体例依据展览结构编排。

二、 书中所呈现的文物来自北京市考古研究院（北京市文化遗产研究院）、天津博物馆、河北省文物考古研究院、内丘县文物保管所、南京博物院、江苏省文物考古研究院、常州市考古研究所、苏州市考古研究所、淮安市文物保护和考古研究所、扬州市文物考古研究所、扬州博物馆、张家港博物馆、如东县博物馆、浙江省文物考古研究所、杭州市文物考古研究所、宁波市文化遗产管理研究院、杭州博物馆、安徽省文物考古研究所、淮北市博物馆、山东省文物考古研究院、河南省文物考古研究院、洛阳市考古研究院、洛阳博物馆。

三、 封面展名字体，由中国书法家协会第八届主席、江苏省文联副主席孙晓云题写。

四、 本书中文物基本信息以名称、时代、尺寸、出土地点及现收藏单位等为主；对重要文物有详细的描述及阐释，对存在逻辑关联的多件组合文物，采取组合方式解读。

五、 对碑文、铭文、书画及拓本的释读，参考通行释读录文准则：主要以简体字录取，保留少数异体字，加注现代汉语标点；缺失字用"□"标示；补释文字用"字"；以"……"表示残缺字数不详。

六、 考虑到阅读习惯和书籍的排版需要，本书中部分文物与展览实施时放置的顺序有所不同，对于展览中调整的文物，本书不另作说明。

目录

3　序

4　凡　例

7　导　言

10　第一部分　寻迹——大运河水工、附属设施考古
12　　第一单元　故道重现
94　　第二单元　长河经营

124　第二部分　探胜——大运河城市考古
126　　第一单元　繁华都会
174　　第二单元　运河明珠

218　第三部分　见证——大运河工商、海丝文化考古
220　　第一单元　窑火传薪
272　　第二单元　扬帆四海

304　第四部分　融汇——大运河保护传承利用

312　结　语

313　**研究文章**
314　大运河考古展现的历史画卷　／　林留根
325　大运河安徽段考古工作回顾和思考　／　宫希成
330　一河览古今　一桥越千载：开封州桥及附近汴河遗址考古发掘的
　　　收获与思考　／　刘海旺　周润山
337　山东运河考古的回顾和反思　／　高明奎　魏泽华
342　济运幽冀　脉动燕赵　／　胡强
349　黄运交织背景下大运河考古工作的实践与思考　／　原丰

356　**参考书目**

Introduction

| 导　言 |

大运河考古
Grand Canal Archaeology

　　大运河考古涉及工程、地理、地貌、水文、水利、环境、交通、运输、城市、乡村、手工业、农业、商业、建筑、艺术、饮食、人物、中外交流等诸多领域，是一个跨学科、综合性的考古项目。新时代大运河考古取得的丰硕成就，包括对大运河文化空间及其文化遗产体系、大运河工程、水运、城市及工商、盐业、丝路、名人、艺术文化等多方面的考古揭示。

　　大运河考古，让大运河曾经的繁华再现于我们的眼前……

　　As a multidisciplinary and comprehensive archaeological endeavor, Grand Canal archaeology encompasses various disciplines, including engineering, geography, geomorphology, hydrology, hydraulics, environmental science, transportation, logistics, urban and rural development, handicrafts, agriculture, commerce, architecture, arts, cuisine, historical figures, and overseas exchanges. In the New Era, Grand Canal archaeology has made significant achievements, including the revelations on its cultural space and heritage systems, its water conservancy projects and water transportation, as well as the cities, the industry and commerce, the salt trade, the notable figures and the grand arts along its route, and its connections with the Maritime Silk Road.

　　Archaeology reappears the past prosperity of the Grand Canal...

新时代大运河
重要考古发现分布示意图

洛阳市

1	北京白浮泉遗址	19	江苏淮安板闸遗址
2	北京路县故城遗址	20	江苏淮安新路遗址
3	天津十四仓遗址	21	江苏盱眙泗州城遗址
4	天津卫故城东城墙遗址	22	江苏盐城后北团遗址
5	河北衡水武城遗址	23	江苏东台缪杭遗址
6	河北内丘邢窑遗址	24	江苏如东国清寺遗址
7	河北邯郸南上宋遗址	25	江苏扬州曹庄隋唐墓（隋炀帝墓）
8	河北邯郸大名府故城遗址	26	江苏扬州城遗址
9	河南浚县黎阳仓遗址	27	江苏张家港黄泗浦遗址
10	河南洛阳回洛仓遗址	28	江苏常州金龙四大王庙遗址
11	河南隋唐洛阳城遗址	29	江苏苏州陆慕元和塘古窑址群
12	河南濮阳会通河（台前段）滚水坝遗址	30	浙江杭州余杭故城遗址
13	山东济宁河道总督署遗址	31	浙江杭州南宋临安城遗址
14	河南开封州桥及附近汴河遗址	32	浙江绍兴亭山遗址群
15	安徽淮北柳孜运河遗址	33	浙江绍兴宋六陵陵园遗址
16	安徽淮北烈山窑遗址	34	浙江慈溪上林湖后司岙秘色瓷窑址
17	安徽灵璧凤山大道隋唐运河遗址	35	浙江宁波明州罗城城墙遗址（望京门段）
18	江苏淮安丁英、丁裕家族墓园		

北京市 1
2
3
天津市 4
沧州市
5
6
7
8
9
12
13 济宁市
开封市 14
15 16
宿州市 17
18 淮安市
20 19
21
22
23
24
25 扬州市
26 镇江市
27
28
29
30 31
杭州市 32
33 34
35 宁波市

Part I

| 第一部分 |

寻迹

大运河水工、附属设施考古

Trailing History-Archaeology of Grand Canal Hydraulic Projects and Ancillary Facilities

寻根探源是运河考古的首要任务。新时代考古工作者栉风沐雨，探寻历史流淌过的痕迹，通过对运河水工及附属设施考古，不断发现湮没已久的河道、水闸、粮仓等遗迹，为研究运河的管理、变迁与工程技术成就等提供了新材料、新视角，构建出更加广博而清晰的历史面貌。

Tracing down to the origin is the primary mission of canal archaeology. In the new era, archaeologists insist exploring the traces of history against the hardship and difficulties. Through archaeological exploration of canal hydraulics and ancillary facilities, the long-oblivion remains of water course, sluices and granaries were discovered, revealing new insights and perspectives for probing into the management, evolution and engineering-technological achievements of the Grand Canal. A broader and much clearer historical image was thereby rendered.

Section 1 | 第一单元

故道重现
Reemerging Historical Watercourse

中国大运河由隋唐运河、京杭运河、浙东运河三部分组成，斗转星移，很多运河故道已深埋于地下。近年来在运河考古工作者的不懈努力下，这些淤废了几百年的河道相继重见天日。

The Grand Canal is made of 3 constituents: the Grand Canal of the Sui and Tang Dynasties, the Beijing-Hangzhou Canal and the East Zhejiang Canal. Many historical canal channels have been deeply buried retreated deep underground. In recent years, with the unremitting efforts of archaeologists, these hundreds of years old canal channels were discovered from silts and oblivion.

浙东运河

浙江绍兴
亭山遗址群
▶ 2023年度浙江考古重要发现

发掘单位：
浙江省文物考古研究所
绍兴市文物考古研究所
越城区文物保护所

春秋时期，越王句践开浚浙东运河的前身——山阴水道，为越国的兴盛奠定了坚实的基础。2021年开始的绍兴亭山遗址群考古发掘，发现了春秋战国时期的高等级礼制性公共建筑、祭祀坑、古代河道、船坞、临水码头、河岸护坡等众多遗迹，全方面揭示了越国核心区域舟楫渡生、富国强兵的社会生态。

> 山阴古故陆道，出东郭，随直渎阳春亭；山阴故水道，出东郭，从郡阳春亭，去县五十里。
> ——《越绝书》

亭山遗址大型礼制性建筑基址

第一单元　故道重现

南山遗址发掘区平面图

铜镦

东周
长14.1厘米，直径1.85厘米
2021—2023年浙江省绍兴市亭山遗址群出土
浙江省文物考古研究所藏

  青铜镦通常安装在柲的尾部，其作用是保护柲尾部不受磨损和增加尾部的重量。（徐新民）

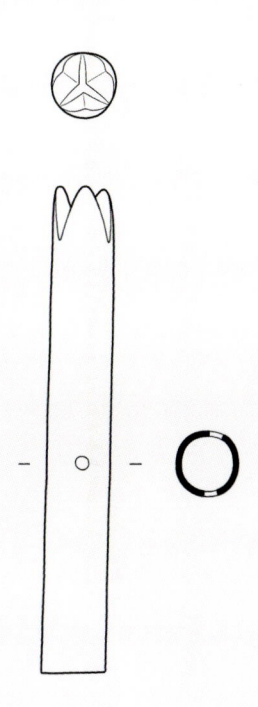

雁首铜带钩

东周
长6.6厘米，宽1.05厘米，厚1.1厘米
2021—2023年浙江省绍兴市亭山遗址群出土
浙江省文物考古研究所藏

青铜带钩，是古代贵族和文人武士所系腰带的挂钩。它起源于西周，战国至秦汉广为流行，魏晋南北朝时逐渐消失或被带扣取代。这件雁首带钩，侧视形制为"S"形，结构为钩头、钩柄、钩体。钩头为雁首形，钩体饰八组对称卷云纹，钩体中部有钩柄，用于固定皮带，上端的钩头钩挂皮带的另一头。（徐新民）

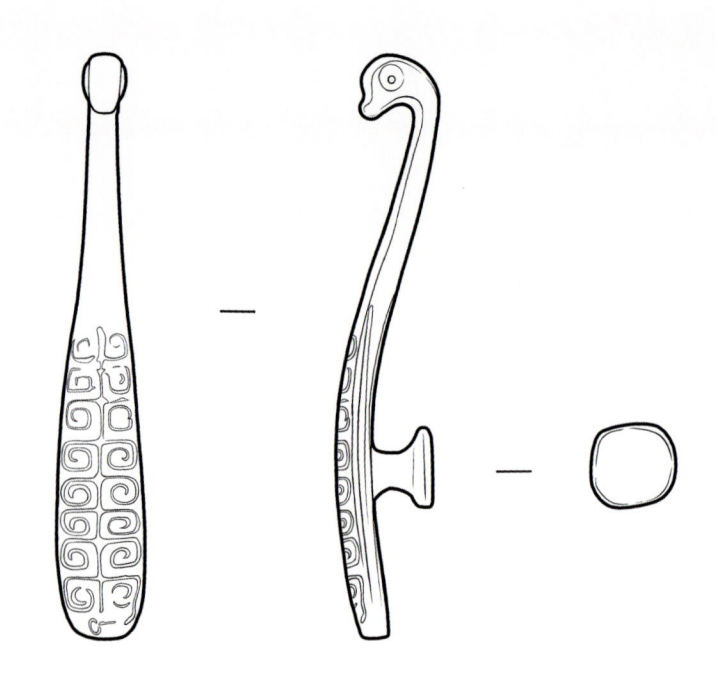

铜镰

东周
长12.8厘米，宽4.8厘米，厚1.4厘米
2021—2023年浙江省绍兴市亭山遗址群出土
浙江省文物考古研究所藏

镰是古代一种长条形弧刃的收割农具，其历史可以追溯到史前，新石器时代的石镰和蚌镰捆绑在木柄上使用，商周时期已普遍出现青铜镰刀。大约从战国开始，铁镰逐渐取代铜镰。西汉以后，铜镰已基本消失。作为收割农作物的铁镰，自汉代以后基本定型，沿用至今变化不大。此青铜镰呈弯月形，单面刃，端侧起双锋及穿单孔，用于安柄。（徐新民）

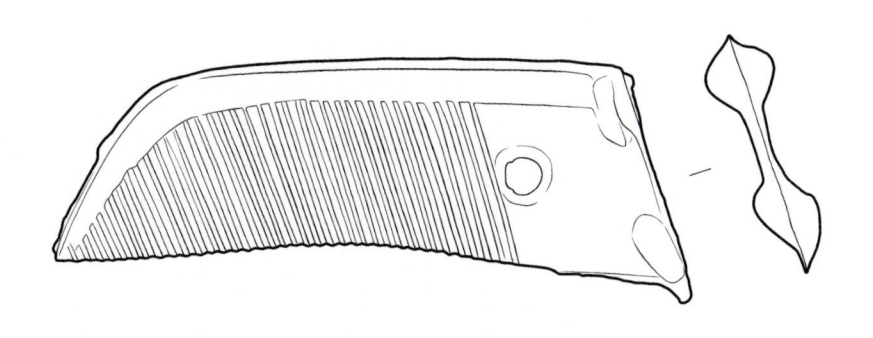

第一单元 故道重现

黑陶三足单把壶

东周
口径6厘米，底径18厘米，高17厘米
2021—2023年浙江省绍兴市亭山遗址群出土
浙江省文物考古研究所藏

泥质黑陶，微敛口，圆唇，直肩，微鼓腹，平底。器身带把手，底部饰三小足。把手下端饰两周凹弦纹，弦纹下饰四组卷云纹，近底部饰两周凹弦纹。（徐新民）

黑陶双系瓿

东周
口径7.6厘米，底径12.5厘米，高11厘米
2021—2023年浙江省绍兴市亭山遗址群出土
浙江省文物考古研究所藏

  泥质黑陶，直口，圆唇，广弧肩，斜直腹，平底。肩部对称饰系，腹部饰两组三周凹弦纹，弦纹间饰"S"形卷云纹，系上分别饰四条纵向刻划纹。瓿，即古代的一种小瓮，通常青铜或陶制，是一种存储器。盛行于商周时期，是吴越一带出土的典型器物之一。
（徐新民）

黑陶双耳罐

东周
口径6厘米，底径9.5厘米，高8厘米
2021—2023年浙江省绍兴市亭山遗址群出土
浙江省文物考古研究所藏

  泥质黑陶，侈口，圆唇，矮颈，圆肩，鼓腹，平底。上腹部饰对称双孔贯耳。于耳部上下两端分别饰一组四周凹弦纹，下腹部饰四周凹弦纹。
（徐新民）

第一单元　故道重现

原始瓷碗

东周
口径10厘米，底径5.5厘米，高7.2厘米
2021—2023年浙江省绍兴市亭山遗址群出土
浙江省文物考古研究所藏

原始瓷，内外施青灰釉，底部未施釉，釉层较薄，胎釉结合较差。敛口，尖圆唇，弧腹，平底。内壁有轮旋纹，腹部饰七周凸弦纹。（徐新民）

隋唐运河

安徽灵璧

凤山大道隋唐运河遗址

▶ 2020—2021年安徽十大考古新发现

发掘单位：
安徽省文物考古研究所

2021年在对灵璧凤山大道隋唐运河遗址的发掘中，首次发现了利用自然河道拓宽通济渠的实证，完整地呈现出运河开挖、使用、淤塞、清淤及废弃的全过程，并确认了运河上主、副航道的漕运模式。发现的木岸狭河遗存与柳孜遗址的形式不同，从中可见构筑技术的差别和当时官方对运河管理的重视。

（大业元年三月）辛亥，发河南诸郡男女百余万，开通济渠，自西苑引谷、洛水达于河，自板渚引河通于淮。

——《隋书·炀帝纪》

凤山大道运河遗址河道结构

第一单元　故道重现

21

木岸狭河遗迹

› 木岸狭河是古代治理大运河的一种方法。在河堤中打入成排的密集木桩用以加固河堤，做成木岸，使河床束窄，水深加大，激流冲沙，从而达到自然清淤以改善航运状况的目的。

巩义窑三彩猴首形埙

唐
长4.1厘米，宽3.8厘米，高4.1厘米
2021年安徽省灵璧县凤山大道隋唐运河遗址出土
安徽省文物考古研究所藏

此类三彩埙的器型主要流行于唐代中期至北宋中期，主要施绿色、黄色釉彩，通常为猴首、鸟首等，主要产自河南巩义窑，是唐代乐舞器材中常见之物。此埙正面为猴面，双圆眼，高阔鼻，口微闭，两侧脸颊钻孔作调节音律通气之用。器物顶部有一圆孔，供吹奏之用。脸颊周边压印竖条纹，表示毛发。器物底部略平。（陈超）

青釉束颈执壶

北宋
口径9厘米，底径6.6厘米，通高20.8厘米
2021年安徽省灵璧县凤山大道隋唐运河遗址出土
安徽省文物考古研究所藏

这类执壶是家居生活中常见的茶具和酒器。喇叭口，束颈，斜肩，斜弧腹，圈足，肩部对称置錾、流。青釉略偏黄，施化妆土。宋代饮茶之风盛行，宋人吴自牧《梦粱录》"烧香点茶，挂画插花，四般闲事，不宜累家"，点出了宋代文人雅致生活的"四事"或"四艺"。（陈超）

灵璧石

北宋
长57.5厘米，宽27.3厘米
2021年安徽省灵璧县凤山大道隋唐运河遗址出土
安徽省文物考古研究所藏

灵璧石产于安徽省宿州市灵璧县，至今有上亿年历史，自古以来被文人雅士视为艺术珍品，和英石、太湖石、昆石被誉为"中国四大名石"。灵璧石质地细腻温润、滑如凝脂，石纹褶皱缠结、肌理缜密，石表起伏跌宕、沟壑交错，造型粗犷峥嵘、气韵苍古，具备瘦、漏、皱、透、丑、声、色、灵、奇、秀的天然神韵。按形态、质地、声音、颜色、纹理可分为七类：青黛灵璧石、灵璧纹石、灵璧皖螺石、五彩灵璧石、白灵璧石、灵璧透花石、红灵璧石。宋《云林石谱》赞誉灵璧石乃"石玩之最"，位列述举的116种奇石之首，由此奠定了它"天下第一奇石"的历史地位。（陈超）

安徽淮北
柳孜运河遗址

发掘单位：
安徽省文物考古研究所
淮北市博物馆
濉溪县文物事业管理局

柳孜，古称柳子、柳子集，隋炀帝开凿的通济渠从此穿镇而过。1999年、2012年先后开展两次考古发掘，发现古运河河道、木岸狭河与虹桥遗迹、唐代沉船等，出土瓷器涵盖众多著名窑口产品，对于研究通济渠的流经路线、河道结构、水工与造船技术、漕运历史、商旅活动等具有重要价值。

柳孜运河遗址虹桥遗迹

白釉莲花口杯

宋
口径4.8厘米，底径3.5厘米，高5厘米
2012—2013年安徽省淮北市柳孜运河遗址出土
安徽省文物考古研究所藏

　　莲瓣口，尖圆唇，直腹，圈足微外撇。内施釉至口沿下，外施白釉至下腹部，釉面有小开片，有积釉现象。灰白色胎较致密细腻。（陈超）

白釉弦纹执壶

宋
口径5.5厘米，底径5.6厘米，高17.8厘米
2012—2013年安徽省淮北市柳孜运河遗址出土
安徽省文物考古研究所藏

敞口，圆唇，微束颈，丰肩，长弧腹，平底。内施釉至上腹部，外施白釉至下腹部，釉下施白色化妆土，釉面有小开片。颈下部饰三道凹弦纹，肩部饰一周凸弦纹，上腹部饰三道凹弦纹。上腹部竖装对称双轮长条形錾和一短圆形流。浅灰色胎致密细腻。（陈超）

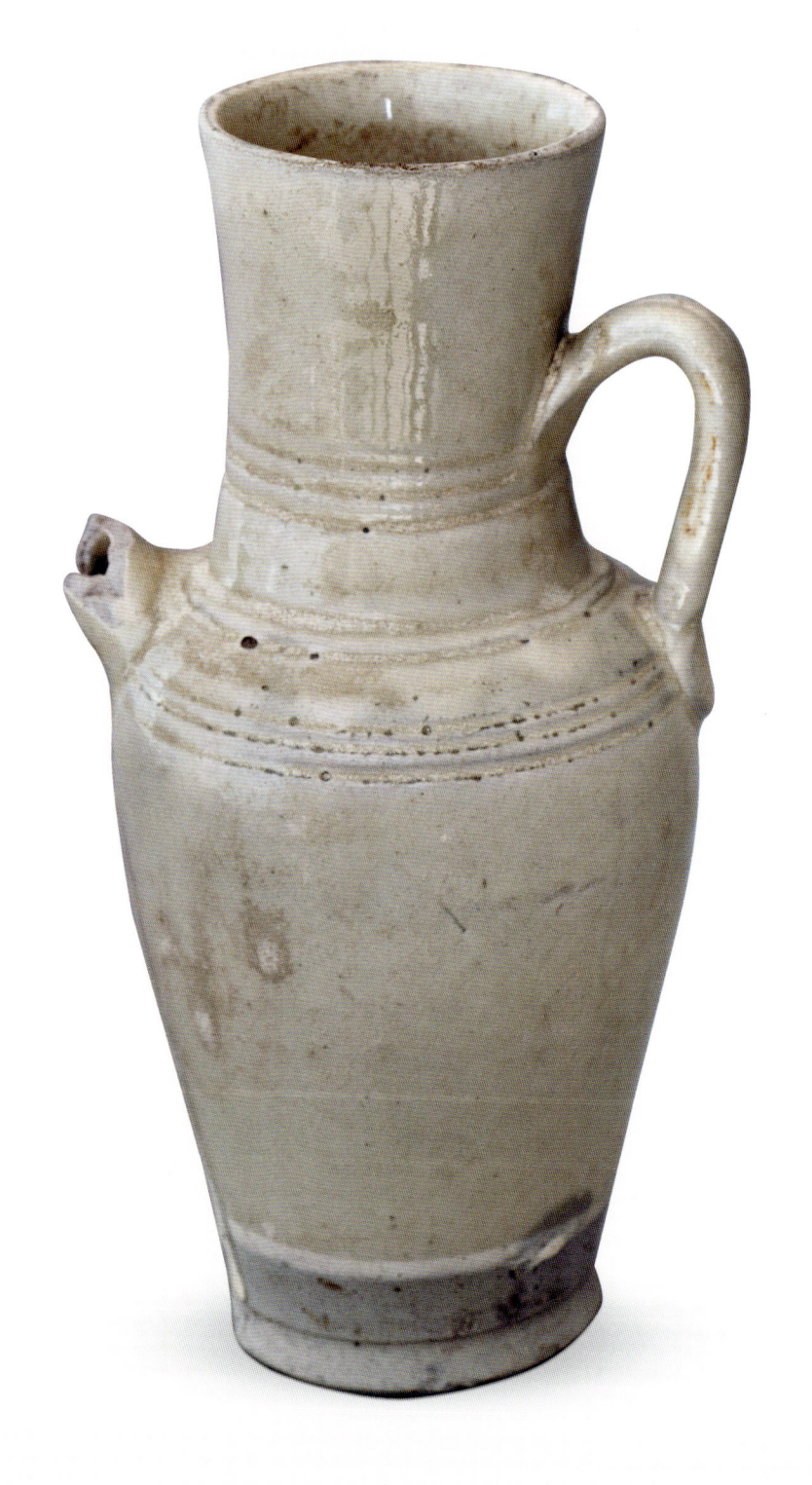

白釉象棋一组

宋
直径2.1—2.2厘米，厚0.4—0.5厘米
2012—2013年安徽省淮北市柳孜运河遗址出土
安徽省文物考古研究所藏

　　白瓷"士""车""炮"棋子，模制。圆饼状。两面均阴线刻一"士""车""炮"字。白色胎较致密。（陈超）

白釉围棋

宋
直径2厘米，厚0.4厘米
2012—2013年安徽省淮北市柳孜运河遗址出土
安徽省文物考古研究所藏

　　白瓷刻花棋子，模制。圆饼状。两面依圆形饰凹弦纹一周，内刻花卉纹。白色胎。（陈超）

第一单元　故道重现

黑釉鸟形埙

宋
长4.7厘米，宽3.1厘米，高4.8厘米
2012—2013年安徽省淮北市柳孜运河遗址出土
安徽省文物考古研究所藏

    鸟形。鸟回首，尾部呈扫帚状，双足外撇，腹部一侧有两个圆形穿孔，另一侧有一个圆形穿孔。内施釉过半，外施黑釉至下腹部。灰白色胎致密细腻。
（陈超）

青釉花卉纹元宝形枕

宋
长20.6厘米，宽11.1厘米，厚10.6厘米
2012—2013年安徽省淮北市柳孜运河遗址出土
安徽省文物考古研究所藏

元宝形。枕面依枕形饰两周凹弦纹，两长侧面模印缠枝菊花纹，两短侧面模印牡丹花纹，牡丹花上部各有一圆形气孔。夹砂砖红色胎较粗。（陈超）

绞胎球

宋
直径4.9厘米
2012—2013年安徽省淮北市柳孜运河遗址出土
安徽省文物考古研究所藏

　　绞胎球是一项体育运动的球类，自唐代兴起之后，在宋金时期更加流行。名为捶丸，主要流行于中上级阶层。捶丸专著《丸经》记载："至宋徽宗、金章宗，皆爱捶丸，盛以锦囊，击以彩棒，碾玉缀顶，饰金缘边，深求古人之遗制，而益致其精也。"（陈超）

灰陶扑满

宋
底径4厘米，高8厘米
2012—2013年安徽省淮北市柳孜运河遗址出土
安徽省文物考古研究所藏

　　轮制。弧顶，圆弧腹，平底。顶中间开一投币孔，下腹部饰三个穿孔。底部残。扑满是中国古代的一种储钱器具，类似于现代使用的存钱罐。（陈超）

河南开封
州桥及附近汴河遗址

▶ 2022年度全国十大考古新发现

发掘单位：
河南省文物考古研究院
开封市文物考古研究所

州桥是开封城中轴线御街与大运河汴河段交汇处上的标志性建筑，又名"御桥"。始建于唐，明末淹没于洪水泥沙之下。2018—2022年对州桥本体及汴河河道进行了考古发掘，首次完整揭露出唐宋至明清开封城内的汴河形态，填补了中国大运河开封段遗产的空白。发现河道、水工设施、桥梁、道路、神庙等各类遗迹，特别是汴河两岸发现的宋代石壁，上雕镌有海马、仙鹤、祥云等浮雕纹饰，是目前国内发现的北宋时期体量最大的石刻壁画。

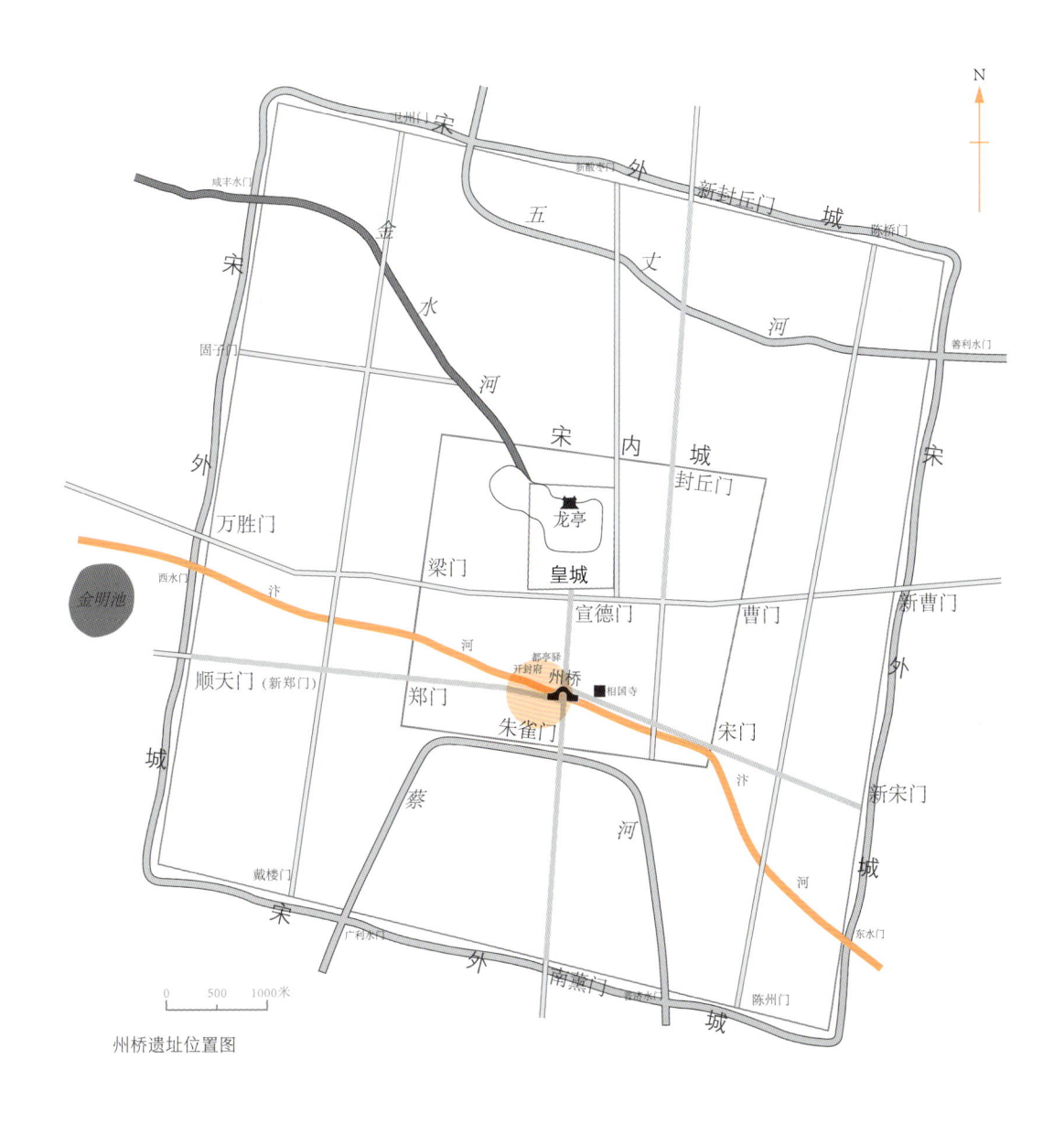

> 州桥正对大内御街……其柱皆青石为之，石梁石笋楯栏，近桥两岸，皆石壁雕镌海马水兽飞云之状，桥下密排石柱，盖车驾御路也。
> ——《东京梦华录》

州桥遗址位置图

第一单元　故道重现

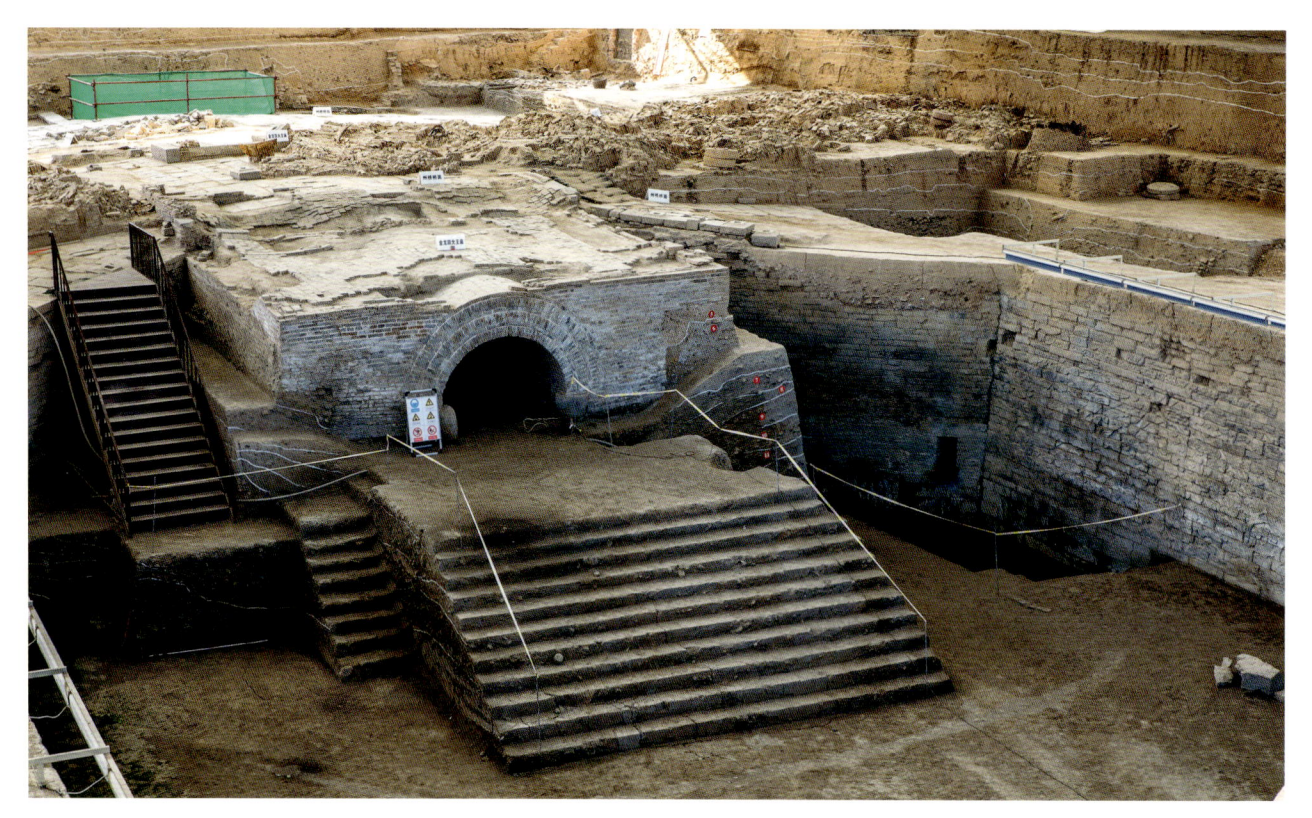

州桥遗址发掘现场

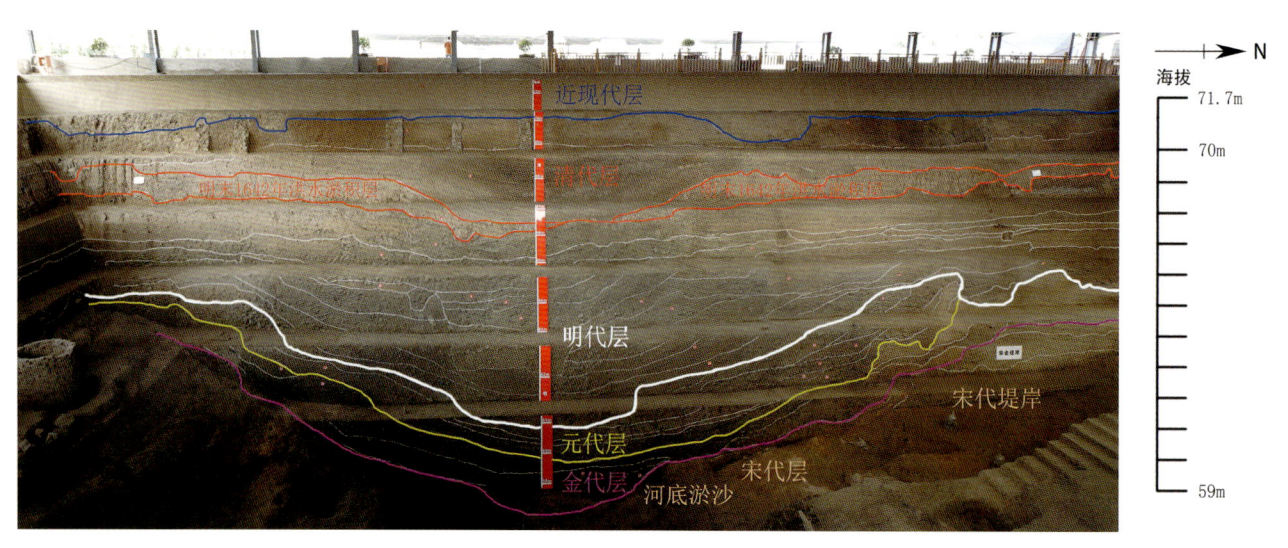

州桥东侧汴河遗址西壁剖面

西探方正射影像图

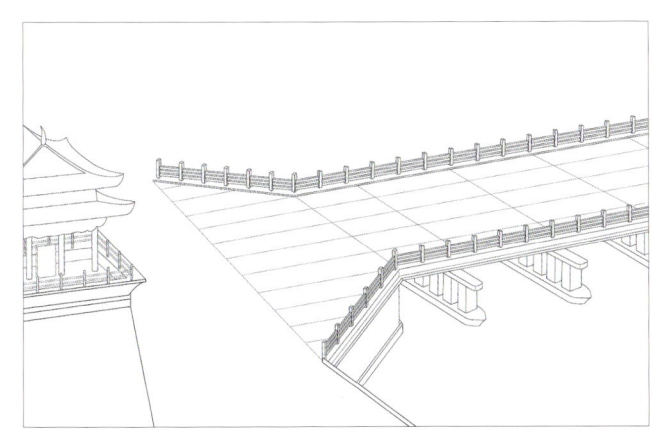

宋代州桥推测复原图

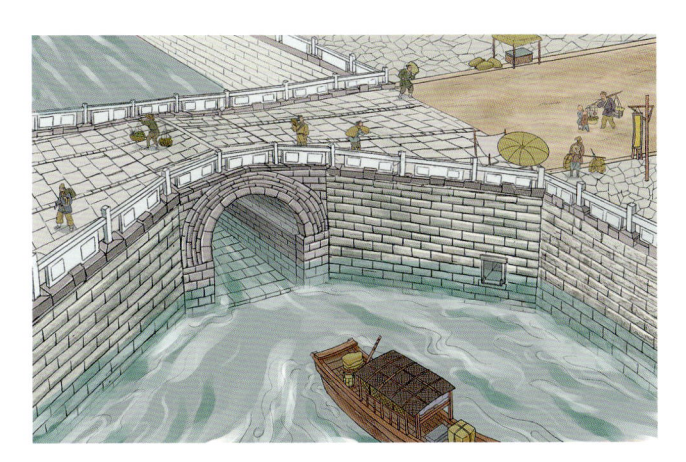

明代州桥复原图

第一单元 故道重现

石雕祥瑞北壁壁画

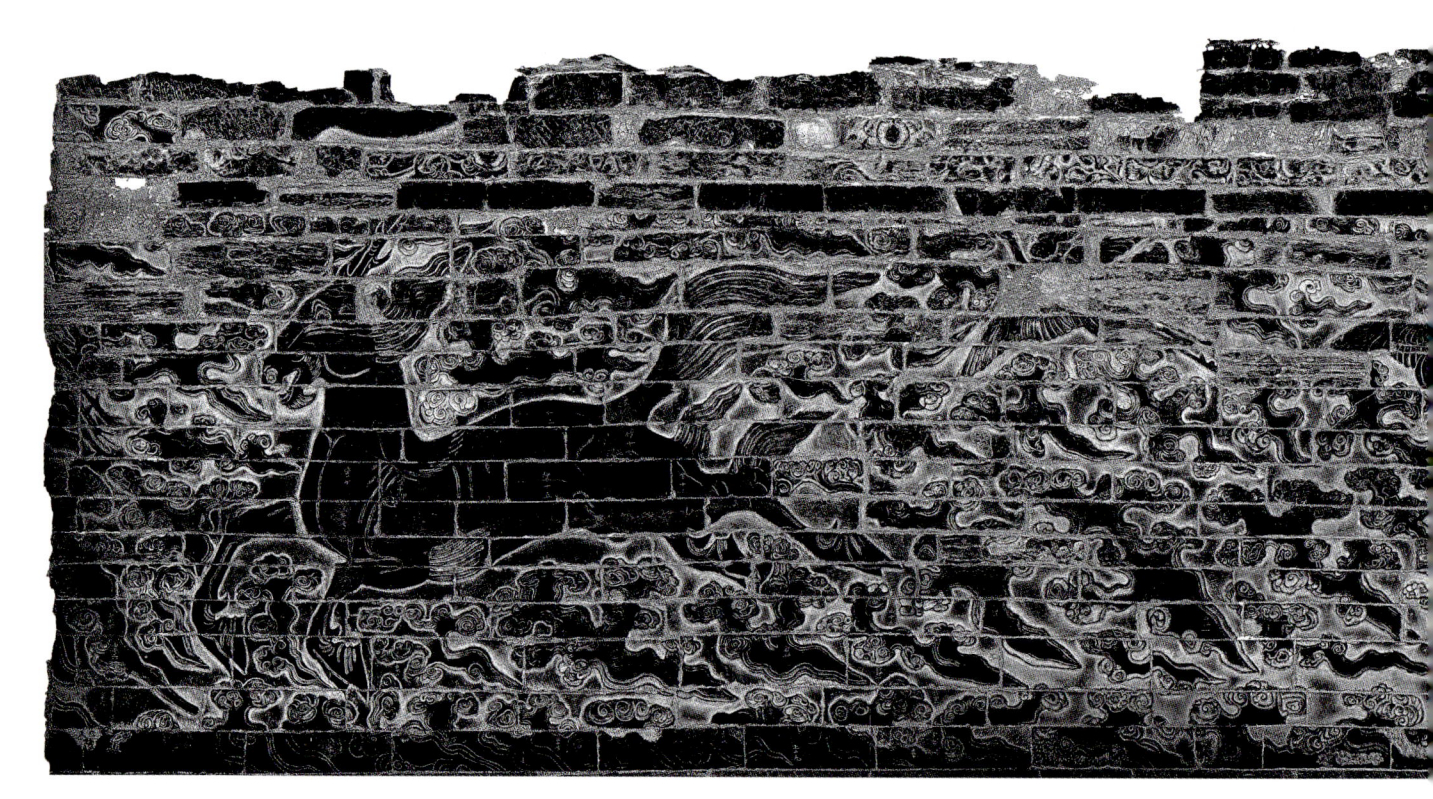

石雕祥瑞北壁壁画拓片

石雕祥瑞南壁壁画

石雕祥瑞南壁壁画拓片

第一部分 寻迹——大运河水工、附属设施考古

第一单元　故道重现

陶灯一组（五件）

北宋
A：残高12厘米，宽11厘米
B：高23厘米，宽10厘米
C：残高17厘米，宽11.4厘米
D：残高13.7厘米，宽12.3厘米
E：残高13厘米，宽9.7厘米
2018—2022年河南省开封市州桥与附近汴河遗址出土
河南省文物考古研究院藏

A：该件红陶灯牌由垂直灯牌和半圆形灯盏组成，灯牌残缺，由残缺部分可见两侧分别装饰鱼纹，鱼纹间刻"□□□水"。双鱼在中国古代寓意吉祥，同时鱼又是水生动物，装饰在灯牌上又增添了一层防火的寓意。

A

B：该件灯牌是目前保存最完整的一件灯牌，由一块垂直灯牌和半圆形灯盏组成，灯牌上方呈如意云形，中部留一孔用于悬挂。往下刻一盆莲花。莲花是中国古代传统吉祥纹饰之一，水生植物莲花在这里同时拥有吉祥和防火双重寓意，提醒人们注意防火安全。

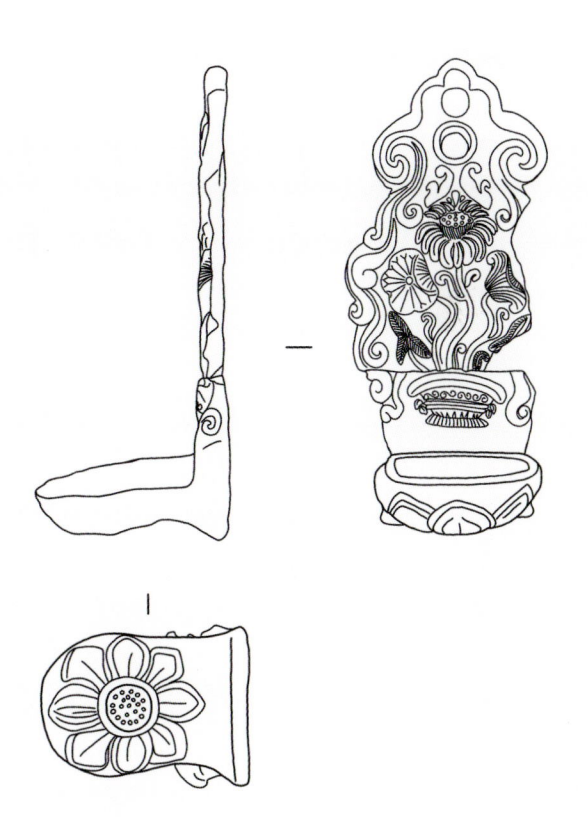

第一单元　故道重现

C：该件灯牌残存直立灯牌，灯盏缺失。灯牌上方为如意云形，中部留有一孔用于悬挂。下方装饰一朵牡丹。牡丹也是中国古代传统吉祥花卉纹饰之一。

D：该件灯盏缺失，残留灯牌，两侧分别刻两条倒立的双鱼戏水，中间刻一盆装莲花。水生植物莲花在这里同时拥有吉祥和防火双重寓意，提醒人们注意防火安全。

E：该件灯盏缺失，残留灯牌，两侧分别刻两条倒立的双鱼戏水，中间门框内刻"慎火亭水"。意在提醒人们注意用火安全。（周润山）

C

D   E

第一单元　故道重现

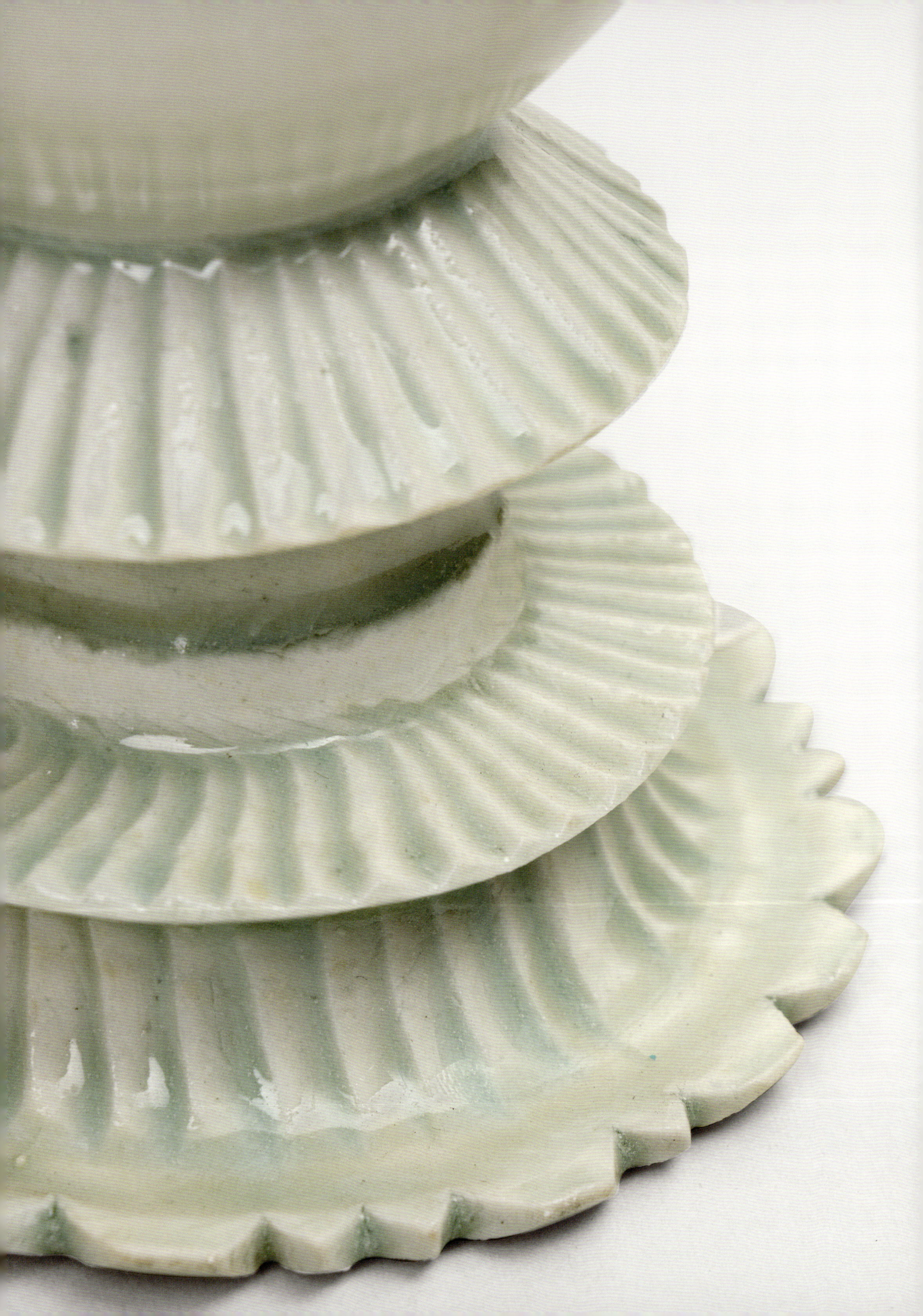

景德镇窑青白釉熏炉

北宋
口径5厘米，底径8厘米，高13.7厘米
2018—2022年河南省开封市州桥与附近汴河遗址出土
河南省文物考古研究院藏

此行炉体现了北宋四大闲事之一：焚香。行炉最早在南北朝时期被佛教僧侣、信众围绕佛像行走绕圈祈福所用，可手持，可放置。到了北宋，行炉从原来修行之人特有渐被风雅之人所青睐，逐渐成为时代风气。该件行炉釉色青白，质地莹润，胎体轻薄，为北宋晚期景德镇窑烧造的典型品类。（周润山）

第一单元　故道重现

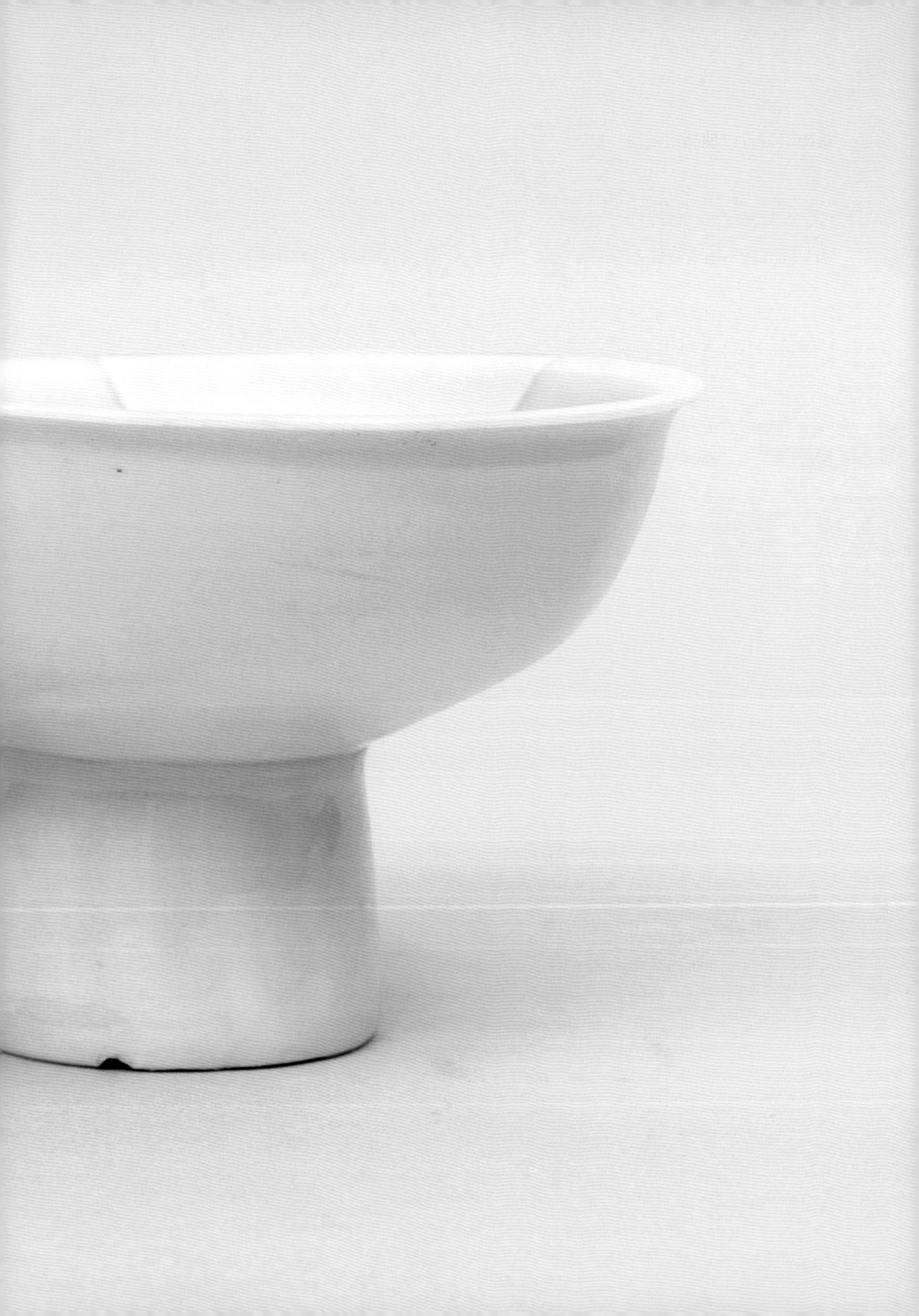

景德镇窑青白釉高圈足盏

北宋
口径11.7厘米，底径3厘米，高6.8厘米
2018—2022年河南省开封市州桥与附近汴河遗址出土
河南省文物考古研究院藏

　　这类青白釉高足盏是北宋末期典型器型。青白釉瓷在北宋晚期烧造技术达到顶峰，这一时期器物以高圈足、胎体薄、釉色莹润清亮为特征。这类产品多用于盛放果子、蜜饯之类小食。（周润山）

临汝窑青釉印花大碗

北宋
口径20厘米，底径6厘米，高8厘米
2018—2022年河南省开封市州桥与附近汴河遗址出土
河南省文物考古研究院藏

　　该件青釉印花大碗，展现了陕西耀州窑与河南临汝窑的技术交流。两个窑口生产的这类产品在器形、纹饰、釉色上相似性都很高。首先口径与足径比例极大，圈足浅挖。其次内壁模印花卉纹，外壁刻划一周折扇纹，这类装饰也是宋代瓷器上的常用纹饰。模印的制作，由窑厂事先做好圆锥形的内壁印模，再按压在内壁胎体表面。这类青瓷其他常见的模印纹饰还有婴戏、游鱼等。（周润山）

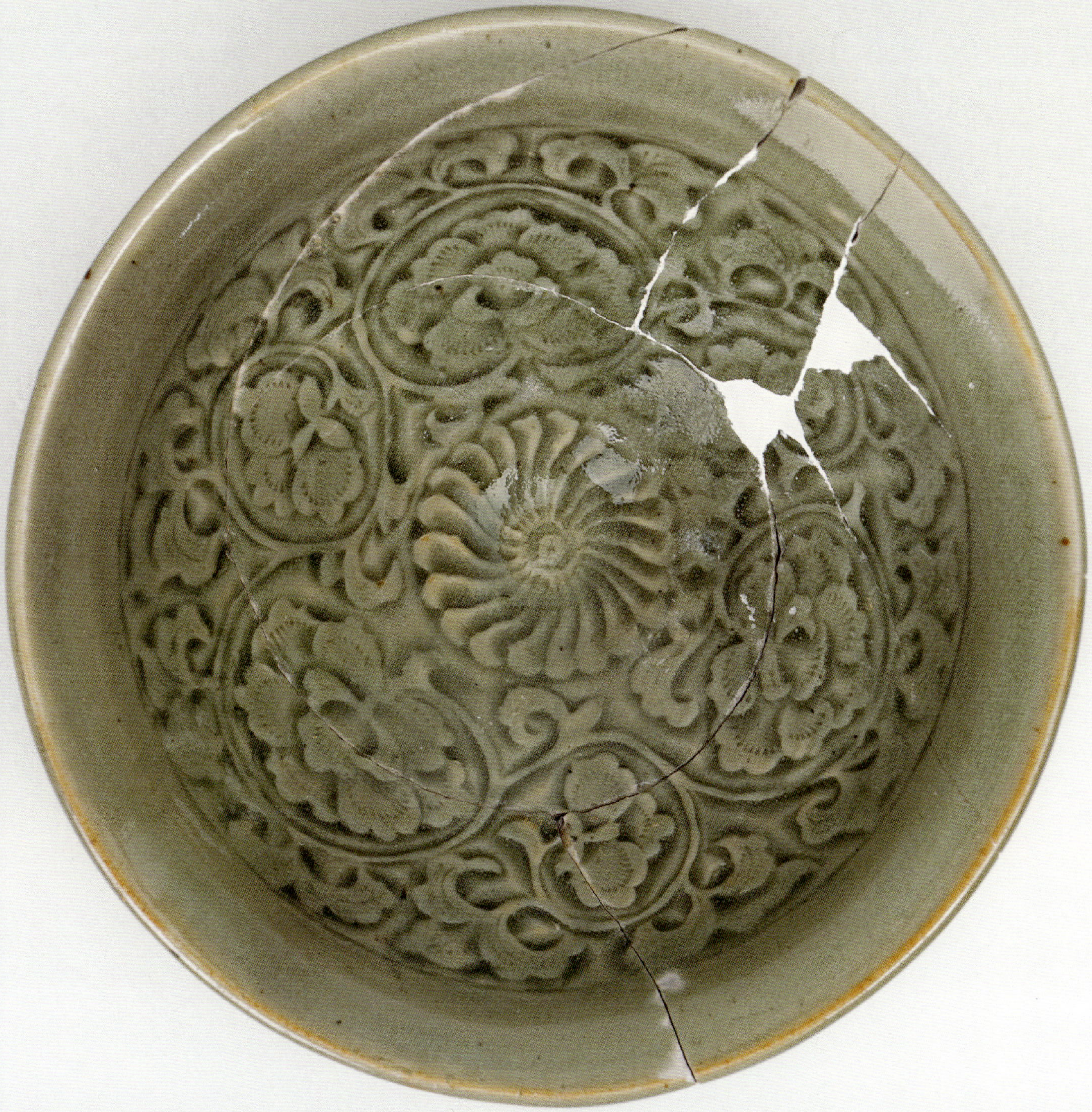

白地黑花卧女哺乳瓷枕

元
长29厘米，宽15.5厘米，高12厘米
2018—2022年河南省开封市州桥与附近汴河遗址出土
河南省文物考古研究院藏

此件瓷枕具有强烈的元代风格，黑彩笔法大气浓烈。瓷枕在宋金时期最为流行，适合夏季消暑。器型、题材多样，以娃娃、虎、狮子枕为多，少见母子共同出现者，此枕可能是为了迎合时人求子心态所制作的产品。（周润山）

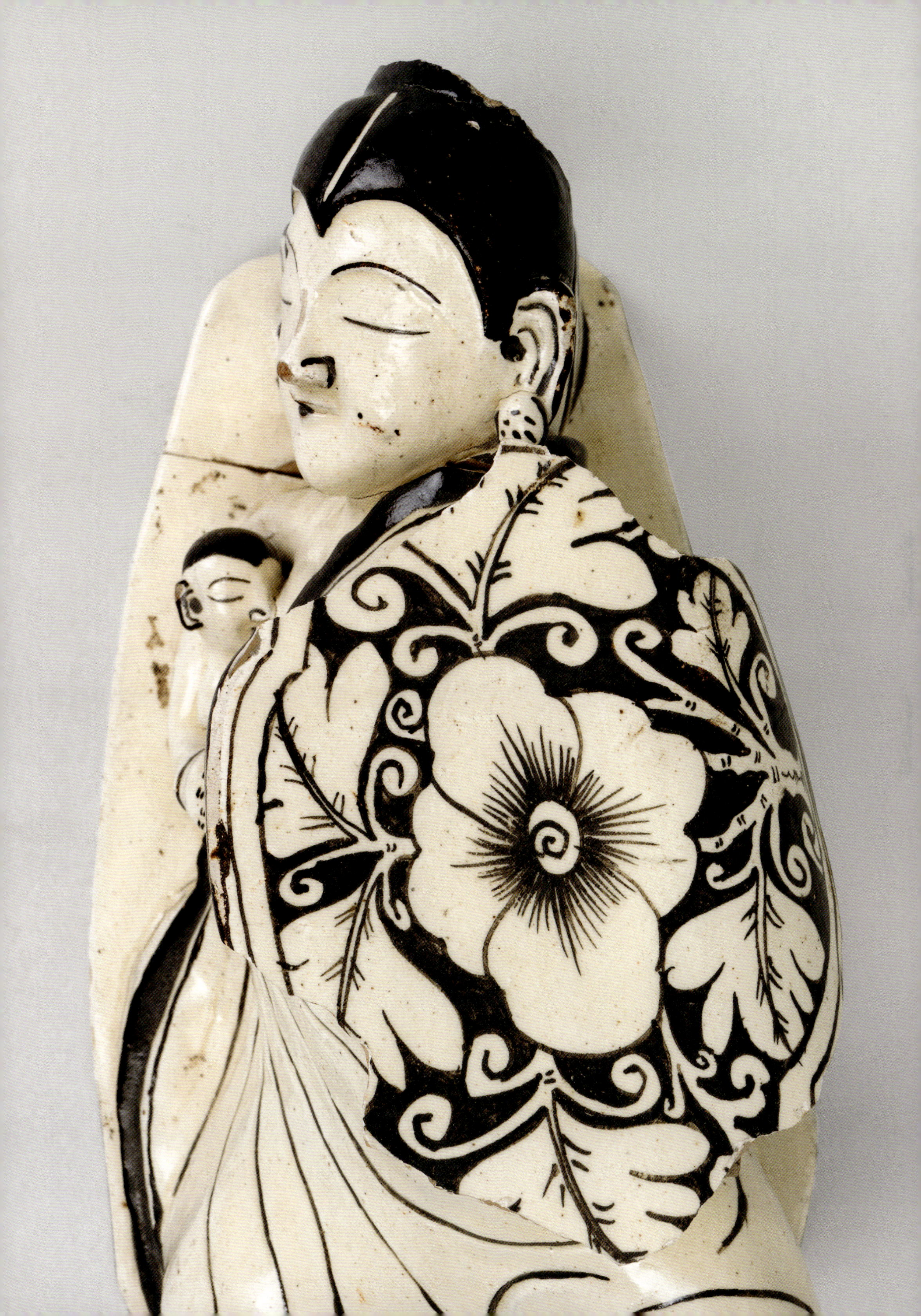

石雕双狮戏球砚台

明嘉靖
长35厘米，宽21厘米，高19厘米
2018—2022年河南省开封市州桥与附近汴河
遗址出土
河南省文物考古研究院藏

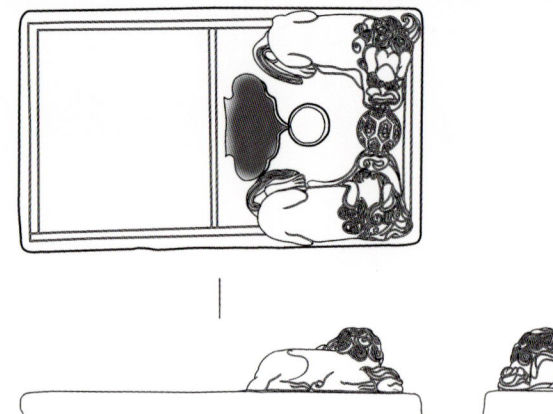

该件石砚出土于州桥遗址一间明代晚期房屋内，一侧刻有"□靖二十二年吉日蒋迁□长男蒋庆儒"，根据出土地层，应为嘉靖年间所刻，蒋家长辈赠石砚于蒋家长男蒋庆儒，以此寄托对他用功读书的殷切期盼。该砚台采用长方形莲花形底座，由莲花形柱础改造而成，台面上对称雕刻两头狮子滚绣球，雕刻精美生动。狮子背后有一如意云形状的墨池，里面残留墨汁痕迹。狮子绣球是我国传统吉祥纹饰之一，这一题材在我国手工业产品中广泛使用，如铜镜、瓷器、建筑、服饰中比比皆是。（周润山）

第一单元　故道重现

白地黑花褐彩象形香插

明
长17厘米，宽7厘米，通高25厘米
2018—2022年河南省开封市州桥与附近汴河遗址出土
河南省文物考古研究院藏

　　该件器物为香插，出土于明代河道淤积层。整体保存良好。整体造型为一头大象，背上放置一香插。以动物托烛台这一造型在南北朝的青瓷产品中就有出现，其中以狮子、老虎、鹿、大象等大型动物更为常见。因为这件烛台底座出土时平板就有断裂粘贴痕迹，推测其在明代就已经破损过一次。（周润山）

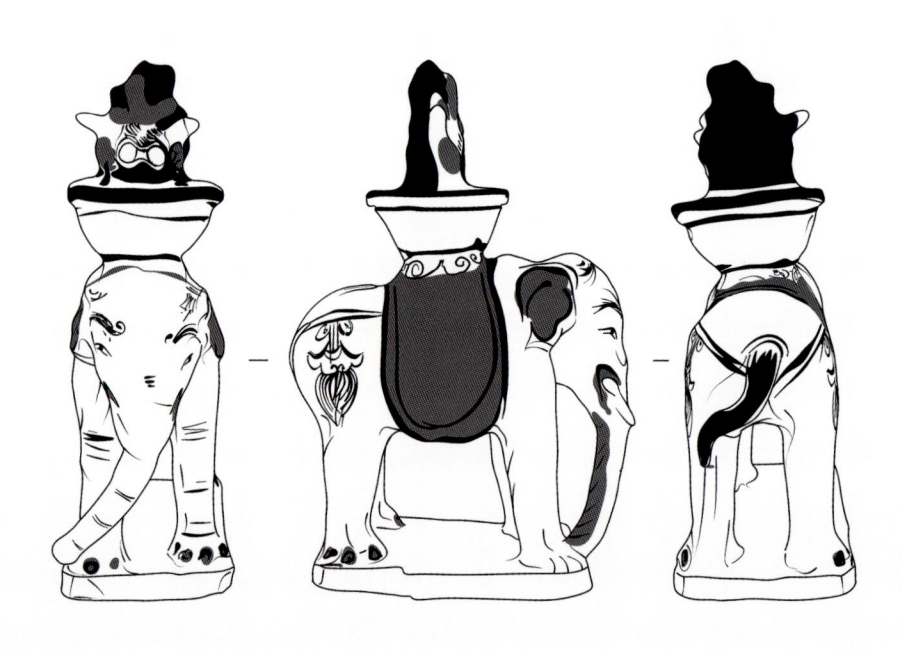

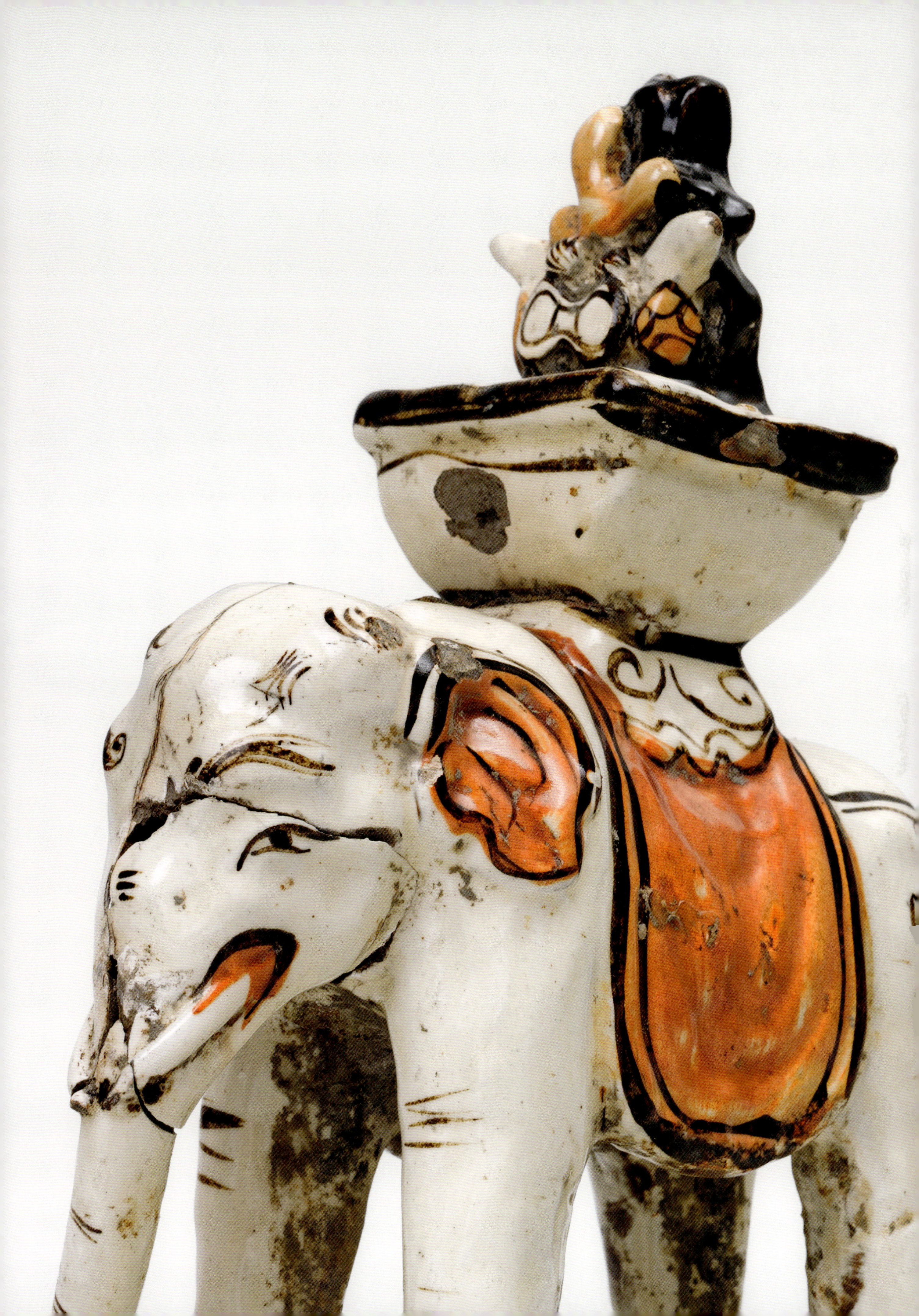

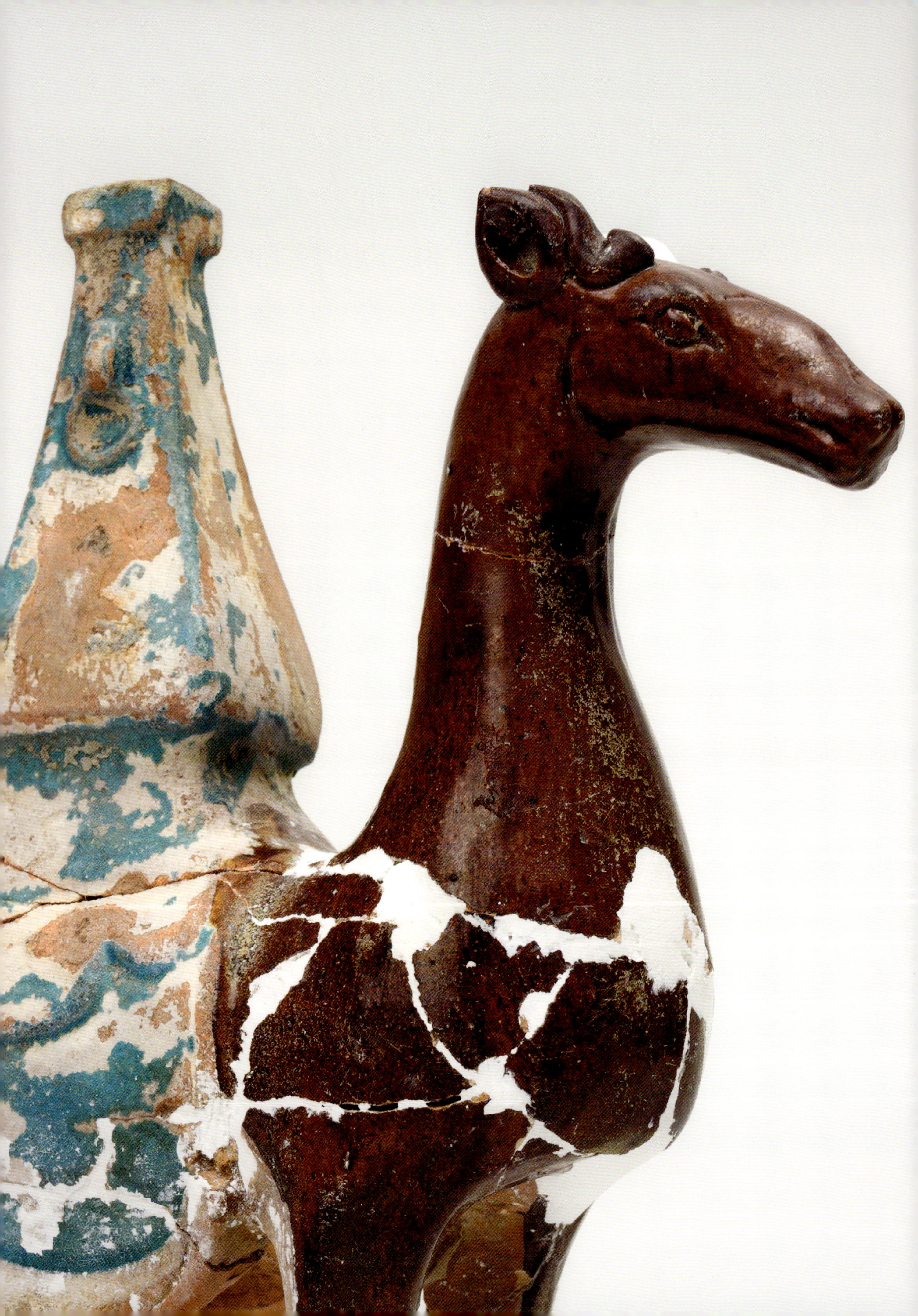

三彩鹿形烛台

明
长19厘米，宽7厘米，通高24.2厘米
2018—2022年河南省开封市州桥与附近汴河遗址出土
河南省文物考古研究院藏

明三彩继承唐宋三彩，目前发现明三彩最多的产品为琉璃建筑构件，其次是人物造像等供奉用品。该件明三彩烛台，保存较为完好，主体为一头背顶宝瓶的褐色小鹿，寓意"一路（鹿）平（瓶）安"。瓶口有孔，再结合同样的烛台共出土了两座，推测其应是造像前的供奉烛台。（周润山）

第一单元 故道重现

木梳

明
长10厘米，宽5厘米
2018—2022年河南省开封市州桥与附近汴河遗址出土
河南省文物考古研究院藏

这件木梳是州桥遗址出土的比较完整的梳子之一，展示了古人的日常生活用品。（周润山）

"荆记肉铺"款白釉黑彩碗

清
口径22.9厘米，底径8.6厘米，高9.6厘米
2018—2022年河南省开封市州桥与附近汴河遗址出土
河南省文物考古研究院藏

该件白地黑花大碗是州桥遗址的"明星产品"之一，年代为清代，因内底有墨书"荆记肉铺"而引人注意。这件产品展现了清代时期州桥附近商业景象，商铺用墨书来表示物品的私有属性。州桥出土了相当一部分带有"□记"店铺墨书的器物，该件是其中出土完整度最高的一件。清以前的瓷器墨书多写在足底，不影响正常使用，但是清代这类白地黑花器常在内底刮涩圈，在涩圈内写墨书。因此这类器物应该不常盛放汤水，而多盛以干货。（周润山）

第一单元　故道重现

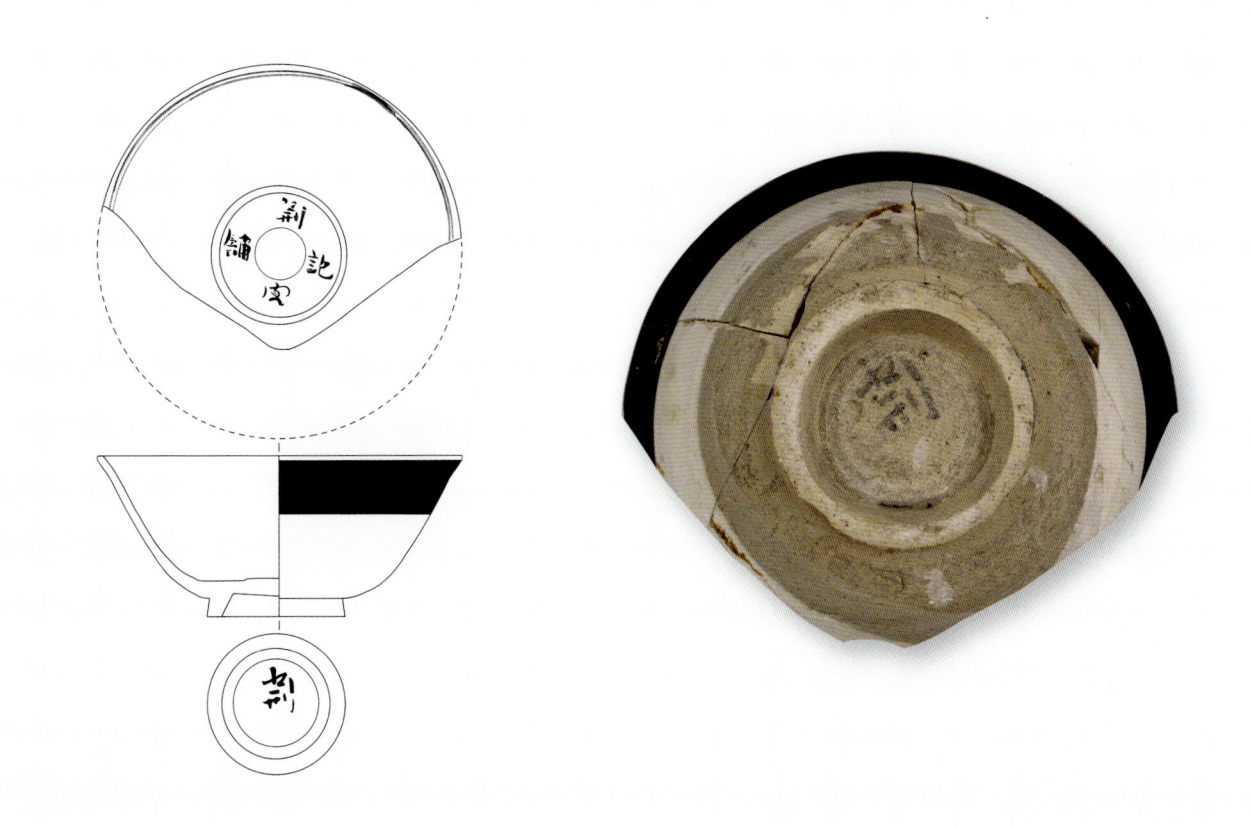

61

河北衡水
武城遗址

考古勘探单位：
河北省文物考古研究院

2022年以来开展的大运河永济渠（衡水段）考古勘察，初步明确了隋唐永济渠流经衡水的位置及走向，发现一批重要文化遗存。其中发现的故城县永济渠故道北岸的唐宋武城遗址，为研究大运河沿途的内陆航运城市、淤埋型城址等提供了实物资料。

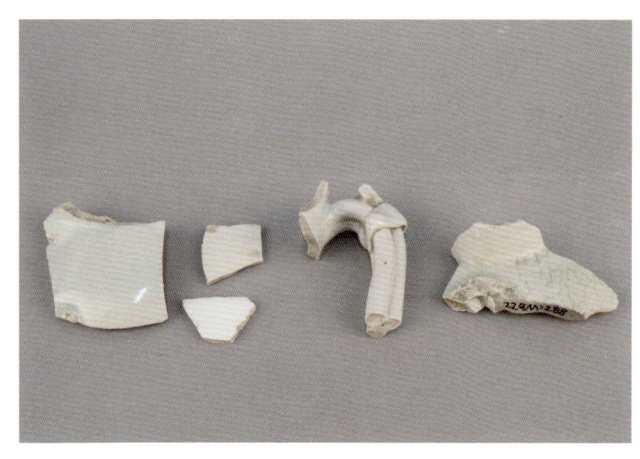

> （大业四年）正月乙巳，诏发河北诸郡男女百余万开永济渠，引沁水，南达于河，北通涿郡。
> ——《隋书·炀帝纪》

武城遗址采集的瓷器残片

第一部分　寻迹——大运河水工、附属设施考古

京杭运河

板闸遗址

📍 江苏淮安

发掘单位：
南京博物院
淮安市博物馆

淮安板闸是大运河清江浦段五闸之一。明永乐十四年（1416）平江伯陈瑄设闸，用以节制水流，便利通航，自此开启繁华盛景。2014—2015年考古发掘的明代闸体是目前所发现的全国唯一一座木板衬底的水闸遗址，是明清两代大运河淮安段发展的重要历史见证。板闸遗址内出土铁器千余件，包括篙头、钉、勾刺、锥、箍、叉、锚、锭等船工、石工用具和刀、剪、针等生活用具，是遗址内数量最多、种类最为多样的器类，大量铁器的出土反映了当时沿岸居民生产生活的景况。

板闸遗址正视图

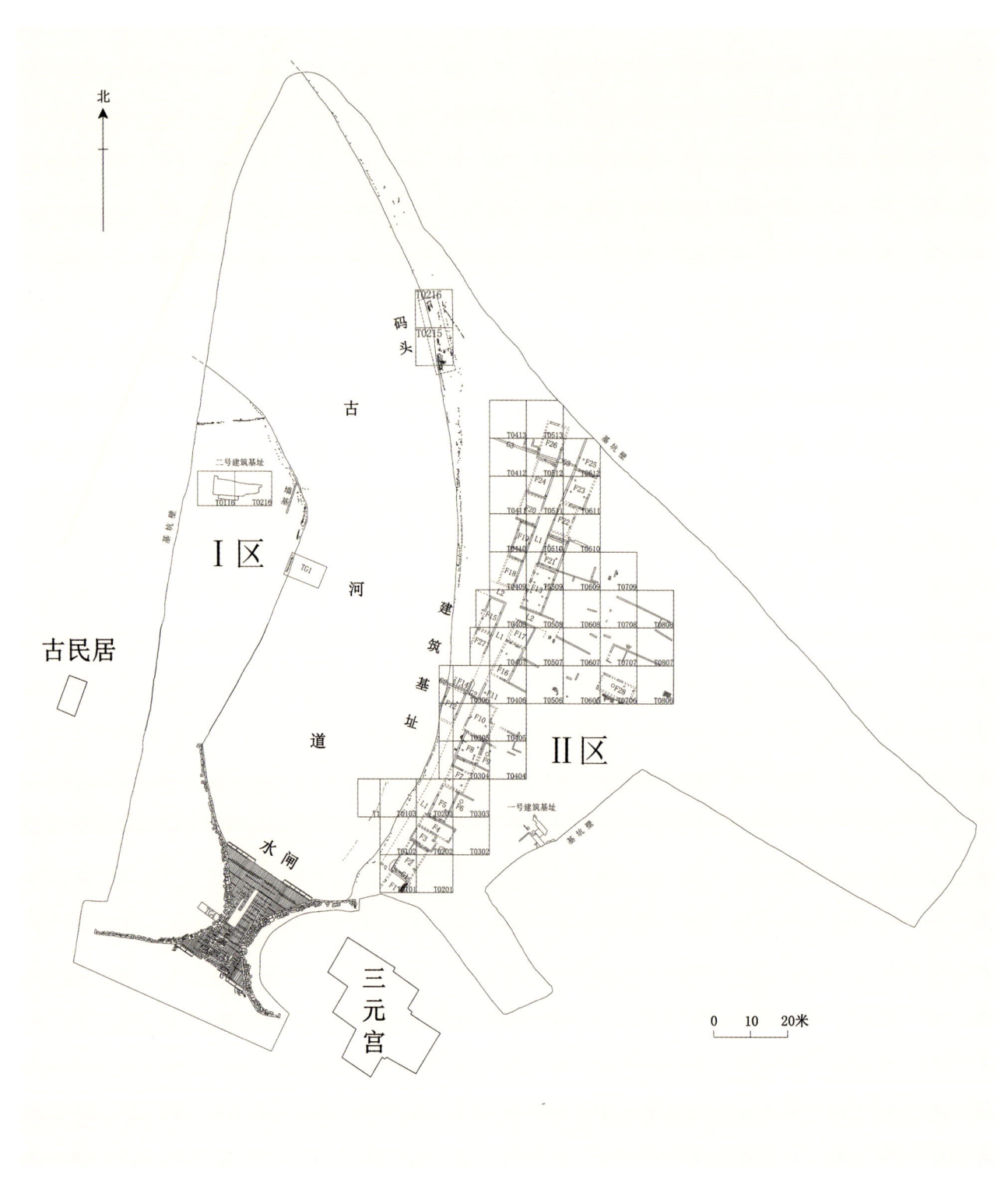

板闸遗址发掘区平面图

东闸墙正身及闸门槽

板闸遗址铺地板、闸墙

"闸"字石块

清
长11厘米，宽10.2厘米，厚7.5厘米
2014—2015年江苏省淮安市板闸遗址出土
淮安市文物保护和考古研究所藏

疑为碑刻断块，正面平整，阴刻篆书"闸"字，断面上可见密集的水渍及铁锈沁染痕迹，应为常年沉于闸底并随周边的铁质遗物共同淹埋所致。此石块或为闸边某处碑文残存，其上水渍丛生，锈迹斑驳，无言地诉说着这数百年间的沧桑兴衰。（张荣鑫）

铁锭

明
长20.5厘米，宽12.4厘米，厚4.8厘米
2014—2015年江苏省淮安市板闸遗址出土
淮安市文物保护和考古研究所藏

亚腰状，器体厚重，用于石工建筑中石料间的加固和连接。板闸闸墙系青石砌筑而成，两块石料相接之处正中各凿出一梯形缺口，外窄内宽，其内浇入铁水凝固成形，以连接二者。部分因年深日久而损毁脱落，沉入闸底。（张荣鑫）

铁鱼钩

明
长4.2厘米，截面直径0.2厘米
2014—2015年江苏省淮安市板闸遗址出土
淮安市文物保护和考古研究所藏

整体近"J"形，钩尖内侧铸有倒刺，尾端扁平外翻，呈倒三角状，用以卡固鱼线。（张荣鑫）

铁钩

明
长6.8厘米，钩部截面直径0.8厘米
2014—2015年江苏省淮安市板闸遗址出土
淮安市文物保护和考古研究所藏

整体近"S"形，尾端衔一圆形铁环。（张荣鑫）

铁饰件

明
长21.1厘米，宽6.3厘米，厚0.15厘米
2014—2015年江苏省淮安市板闸遗址出土
淮安市文物保护和考古研究所藏

扁平铁片，两端作如意状，各有一组呈三角分布的圆形穿孔，疑为建筑、用器或船身脱落的装饰之物。（张荣鑫）

第一单元　故道重现

兽面纹瓦当

明
直径9.6厘米，边廓宽0.6厘米，厚0.5厘米
2014—2015年江苏省淮安市板闸遗址出土
淮安市文物保护和考古研究所藏

  稍残，当面边轮内饰凸棱及联珠纹一周，当心饰兽面纹，造型应为狮，其鬓须涡卷，双耳垂面，眉脊倒竖，圆眼凸睁，咧口露齿，獠牙外翻，纹饰刻画细腻立体，面容威严又不失憨态。该件瓦当即为明清时期狮子意象的具体体现。（张荣鑫）

牡丹纹滴水

明
长19.4厘米，宽8.6厘米，厚1.3厘米
2014—2015年江苏省淮安市板闸遗址出土
淮安市文物保护和考古研究所藏

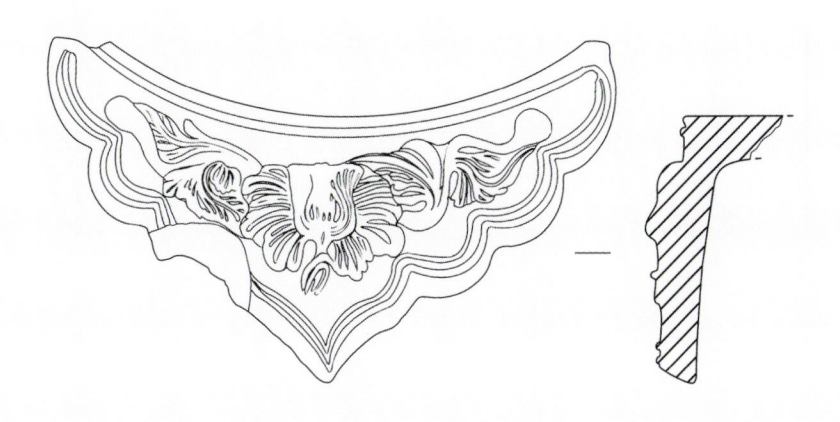

灰陶，上沿呈圆弧状，下沿呈连弧三角状。滴面边缘随器型饰双圈凸棱，正中牡丹纹饰花瓣怒放，两侧枝叶蔓延，雍容华贵又别具生趣。

在中国古代建筑中，屋顶以板瓦铺面、筒瓦覆陇，其对应的屋檐前端构件分别为滴水和瓦当。滴水上凹，正面多作三角或如意状，置于檐口处以导引雨水下流；瓦当正面则多呈圆或半圆形，置于檐头起保护、防水之用，二者功用上相互配合，造型上也相得益彰。（张荣鑫）

第一单元 故道重现

成化款青花春江捕鱼图碗

明
口径13.4厘米，底径5.8厘米，高7.6厘米
2014—2015年江苏省淮安市板闸遗址出土
淮安市文物保护和考古研究所藏

撇口，尖圆唇，斜弧腹，圈足。足跟向外斜削，内墙外斜，足心微凸。青花呈色柔和淡雅，口沿下、足外墙各饰青花线一道，外壁饰春江捕鱼纹：江渚绵延，水波轻泛，柳枝低垂，渔船横斜，各式意象均先以浓笔勾勒出形，再施淡笔渲染，运笔飘逸写意，画面清阔疏朗，闲趣横生，极生动地展现了当时江淮一带的民生图景。口沿处及内底均饰有青花双圈线，底心内填柳溪春景纹，其风格、笔法亦同外壁。圈足底部饰一道青花圈线，内有"大明成化年造"字款。（张荣鑫）

第一单元　故道重现

青花莲托"喜"字纹盏

清
口径9.9厘米，底径4.2厘米，高5厘米
2014—2015年江苏省淮安市板闸遗址出土
淮安市文物保护和考古研究所藏

　　撇口，尖唇，斜弧腹，圈足，玉璧底。足跟向内斜削。口沿内外各饰两道青花圈线，外壁等距饰以折枝莲托"喜"字纹，中以"卍"纹间隔，内底饰折枝莲托"卍"纹，外环两道青花圈线，主体纹饰造型相近：莲叶居中，左右各一支莲花蔓生而出，上托吉祥文字，均先以浓笔勾形，再施淡笔晕染，叶脉纹络也有着意刻画，活灵活现，细致入微。（张荣鑫）

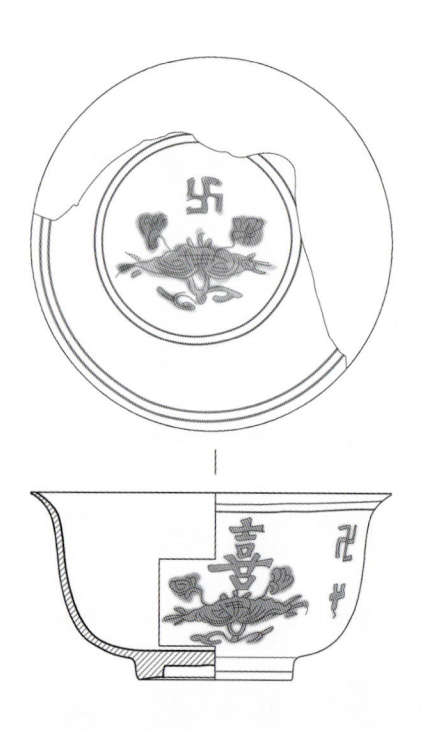

江苏淮安
板闸镇遗址

▶ 2022年江苏田野考古十大优秀项目

发掘单位：
徐州博物馆
淮安市文物保护和考古研究所

"居两淮之咽喉，贯淮扬之通衢"的板闸镇，因闸设关，因关兴镇。清乾隆年间极盛之时，关税收入居运河七关之二，商贾云集，帆影连天。乾隆三十九年（1774），因黄河于淮安老坝口决堤被泥沙掩埋。2021—2022年对板闸镇部分区域展开考古发掘，复原出清代早中期当地城镇的布局结构、人文风貌，丰富了运河沿岸的文化遗产内涵。

板闸镇遗址发掘区平面图

第一单元　故道重现

一号建筑基址俯拍照

"鸣远"款紫砂执壶

清
口径9厘米，底径9厘米，通高16厘米
2021—2022年江苏省淮安市板闸镇遗址出土
淮安市文物保护和考古研究所藏

壶以紫泥为胎，砂质细腻温润，砂粒隐现。壶盖略拱，上承算珠状钮，顶面塑有钱纹，子口。壶身直口，溜肩，鼓腹，圈足，一侧为长曲流，其对侧为壶柄。外底内铭楷书"鸣远"二字。整体造型典雅古朴，线条流畅有力，极富中国传统的审美意趣。壶底款识"鸣远"即清康熙年间的紫砂名家陈鸣远，其在壶型制作上独具巧思，力变明末筋纹器形，多以自然形体制壶，成品惟妙惟肖又生趣盎然，以一己之力推动花货茗壶崛起，成为今日"花货类"宗师，又将紫砂器型外延至仿古诸器、文房雅玩等，艺术成就臻至巅峰，时有"海外竞求鸣远碟"之说。（张荣鑫）

第一单元 故道重现

成化款青花卷草灵芝纹渣斗

清
口径8.7厘米，底径4.4厘米，高5.7厘米
2021—2022年江苏省淮安市板闸镇遗址出土
淮安市文物保护和考古研究所藏

  造型小巧，大敞口，尖圆唇，束颈，鼓腹，圈足，足跟向外斜削一周。细白胎，外施全釉，釉面莹润光洁。青花呈色明艳鲜丽，外壁口沿下饰青花线一道，颈部饰火焰纹饰，腹壁饰卷草灵芝纹一周，足外墙饰双圈线。足底款识"成化年制"。结合展品出土层位及整体特征，其应为康乾年间的仿品。（张荣鑫）

青花云鹤献瑞图盘

清
口径15厘米，底径7.1厘米，高3.8厘米
2021—2022年江苏省淮安市板闸镇遗址出土
淮安市文物保护和考古研究所藏

敞口，圆唇，浅弧腹，圈足。细白胎，外施全釉，釉色温润。青花呈色幽深，蓝中闪黑。外壁等距饰以杂宝纹，如经卷、绣球、法螺等。内壁口沿处青花圈线内填空心"山"字纹一周；内底双圈线内饰云鹤献瑞图案，三只仙鹤昂首展翅，呈三角状等距分布，盘旋于正中祥瑞纹样外，红顶、鹤喙、鹤羽均细致描绘，纤毫毕现，空白处填以小朵"之"字形祥云，构图严密紧凑。外底双圈线内填"奇玉宝珍雅制"六字款识。展品纹饰繁缛，寓意吉祥，是康乾年间民窑中的佳作。（张荣鑫）

第一单元 故道重现

青釉罩灯

清
灯罩顶长10厘米，底长12.5厘米，高12.6厘米
灯盏口径7厘米，底长12.5厘米，高11.1厘米
通高16.6厘米
2021—2022年江苏省淮安市板闸镇遗址出土
淮安市文物保护和考古研究所藏

平面呈圆角方形，灯罩、灯台分体制作。灯罩为平顶，母口，自上至下渐阔，顶部前沿有一圆形烟孔，惜钮部已残断，正面居中处塑有镂空钱文。灯台为子口，浅直腹，平底，其下四角各设一曲尺状扁足，腹内正中立有灯柱，其内中空，上承灯碗，外壁正面居中饰涡纹一处，应为标记之用。灰黄胎，外施青釉，釉色浑浊泛黄，灯罩内壁、灯台内底及底足处无釉，灯罩口部、灯台下沿均见有流釉现象。（张荣鑫）

德化窑白釉送子观音坐像

清
长8.5厘米，宽4.4厘米，高18厘米
2021—2022年江苏省淮安市板闸镇遗址出土
淮安市文物保护和考古研究所藏

　　观音束发垂耳，低眉颔首，面廓丰润，神情慈蔼。发髻前插莲花状头饰，头戴风帽，身披长巾，胸襟微袒。直身盘坐于宝座之上，右足屈掩，左足半露，下踏麒麟；怀抱小童，右手下托，左臂环护。童子双手执如意，坐姿亦同观音，神态娇憨。金童玉女侍立两侧，童子双手合十，身着直裰，造型似小沙弥状，龙女手捧宝珠，身着天衣，披发含笑。人物衣褶垂拂流转，自然飘逸，主体的观音造像将母亲的世俗亲情与神祇的超然气韵融为一体，望之俨然，即之也温。造像通体施白釉，釉面莹润光洁，中空，出土时内填朱砂等物。
（张荣鑫）

青花执莲童子坐像（一对）

清
底宽4.1厘米、4.4厘米，高7.7厘米
2021—2022年江苏省淮安市板闸镇遗址出土
淮安市文物保护和考古研究所藏

一对，造型相仿。童子面如满月，头扎双髻，眉开眼笑，憨态可掬。胸前着围兜，腰系细索，手脚腕间皆戴有圆镯。左腿盘坐，右腿屈伸，一手执折枝莲叶、莲花，一手执如意。肢体造型圆润细腻，观之倍觉亲切，童趣顿生。造像外施全釉，釉色温润，底平而无釉，围兜及莲叶处施青花着色晕染。执莲童子形象多见于有宋一代，为时人风俗，除去作为七夕节的供奉偶像，古人还用玉、陶、木、泥等制为造像，以供赏玩，寓意多子多福、"连（莲）生贵子"等。（张荣鑫）

青白釉如意形笔山

清
长9.2厘米，宽4.3厘米，高4.7厘米
2021—2022年江苏省淮安市板闸镇遗址出土
淮安市文物保护和考古研究所藏

前沿笔直，后缘弧曲，状若马蹄。口部连绵起伏近"山"字形，正中凸起作如意状，浅腹微鼓，玉环底。细白胎，通体施青白釉，釉色青莹，棱沿釉薄处泛白，釉面均匀光洁，质感如玉。整体造型圆润浑朴，颇具古风。（张荣鑫）

贴塑梅竹纹紫砂执壶

清
口径5.9厘米，底径9.3厘米，通高19厘米
2021—2022年江苏省淮安市板闸镇遗址出土
淮安市文物保护和考古研究所藏

壶以紫泥为胎，砂质细腻温润，砂粒隐现。壶盖高拱，其上拗梅枝为钮，子口。壶身母口微撇，细长颈，溜肩，鼓腹，喇叭状圈足，底心微凸。长曲流，塑为竹节状，其对侧为壶柄，塑为梅枝状，竹节、树瘿造型自然，巧夺天工。盖顶及颈部与壶柄交接处各贴塑折枝梅花一枝，壶腹与流交接处贴塑竹叶一片，均描以金彩。展品造型流畅雅致，构件与纹饰间浑然天成，匠心独运，是康乾年间花货类紫砂壶中的佳品。（张荣鑫）

青花折枝莲纹盘

清
口径20.2厘米,底径13厘米,高3.2厘米
2021—2022年江苏省淮安市板闸镇遗址出土
淮安市文物保护和考古研究所藏

  敞口,圆唇,浅弧腹,圈足。细白胎,外施全釉,釉色莹润。青花呈色淡雅,口沿外、足墙外各饰青花圈线两道,腹壁外等距饰以三处折枝花卉。内壁口沿处饰青花圈线两道,内底双圈线内主体纹饰为折枝莲纹,四朵莲花呈十字状分居四方,其下枝蔓卷曲勾连,缠作一体,间隙处填以双祥云夹"吉"字图案,底心作四瓣目纹,构图对称紧凑又疏密得当,堪称佳品。(张荣鑫)

酱口白釉梅瓶

清
口径2.4厘米，底径4.2厘米，高12.1厘米
2021—2022年江苏省淮安市板闸镇遗址出土
淮安市文物保护和考古研究所藏

  造型小巧，挺秀俏丽。小口，圆唇，短颈，丰肩，向下渐收，喇叭状足。细白胎，通体施白釉，口唇处施酱彩，釉面晶亮光洁，其上满布均匀细碎的开片，另见有少量棕眼。酱口瓷器流行于明末清初，多见于民窑器物，康熙朝中后期渐归沉寂。（张荣鑫）

青花状元及第图盒盖

清
口径9.8厘米，高2.6厘米
2021—2022年江苏省淮安市板闸镇遗址出土
淮安市文物保护和考古研究所藏

仅存盒盖，圆形弧顶，母口，细白胎，施全釉，口沿内刮釉一周，釉面温润。青花呈色明艳鲜丽，顶部青花双圈线内饰状元及第图案，纹饰主体为三童子，居前者左手持羽翣，回首展袖引路，居后者右手执戟，身体前趋，二人均作雀跃状，居中者戴冠骑马，面目威严，姿态张扬。三人前后行于桥面之上，两侧栏杆横立，上方树影婆娑，整体构图舒朗，下笔传神。圈线外饰一周细密菱格纹，线条杂而不乱，外壁饰一周树石栏杆图案，均以细线勾形，阴影处填以密集的斜向短线。"戟"谐音"吉""及"等，童子执戟图案多有"吉庆有余"等美好寓意，展品中当谐音"及"字，与居中疑为纵马跨街的状元郎合为"状元及第"的吉祥纹样。（张荣鑫）

📍 江苏淮安
新路遗址

▶ 江苏地域文明探源工程 2023 年度较为重要的发现

发掘单位：
徐州博物馆
淮安市文物保护和考古研究所

2023年揭露出一处形成于明代晚期的街巷遗址——新路遗址，或为明万历时期淮安关榷使陈梦琛修筑的"陈公新路"，其布局合理，功能完善，毗邻运河，体现出当时市镇繁华的商业气息和社会生活，是河下镇通往板闸的重要通道。

新路遗址发掘区平面图

新路遗址L1路面遗迹

石狮

清
长5厘米，宽3.3厘米，通高11.8厘米
2023年江苏省淮安市新路遗址出土
淮安市文物保护和考古研究所藏

系滑石雕刻而成，器表滑腻，色泽深灰，造型为一雄狮作回首状蹲踞于方形须弥座上。狮首硕大，立耳披鬃，浓眉凸目，阔鼻厚唇，狮嘴微闭似沉思状，回首之姿又显憨态，颈间似戴有项圈。狮身相对纤细，四肢、指爪棱角分明，坚实有力，狮尾盘附于背脊之上。器身表面平行刻有规则、细密的斜线以象毛发，刀法古朴自然，传神写意，点到即止，整体浑朴古拙又颇为灵动。狮身颈后自上至下凿有圆形穿孔，其内可插置木柱等物，由此推测其应为支具底座一类的器物。（张荣鑫）

第一单元　故道重现

鎏金錾花曲柄铜勺

清
长16.2厘米，勺前端直径2.9厘米
2023年江苏省淮安市新路遗址出土
淮安市文物保护和考古研究所藏

  器型小巧，整器鎏金。细长圆柱状柄，微曲，尖端锤薄。勺部较扁薄，花口，正中穿孔，内壁沿缺口向心錾刻花瓣曲边九道，内底花蕊浑圆如珠，绕穿孔一周，两相结合，一朵九曲花卉跃然而出，造型精巧，活灵活现。（张荣鑫）

鎏金铜丝鬏髻

清
上径9厘米,下径11厘米,高5.2厘米
2023年江苏省淮安市新路遗址出土
淮安市文物保护和考古研究所藏

仅存下半部分,稍有变形。鬏髻是明代已婚女子的主要首服,其造型多为一灯笼孔的尖圆顶网罩,用金、银丝、马鬃、篾丝等材料编织而成,即便不施簪钗,也属很体面的妆饰。鬏髻外覆皂色纱,佩戴时罩于头顶发髻之上,周围常插有各式金银簪子,称为"头面"。本件鬏髻主体由铜丝织成,器表鎏金,侧壁编作"灯笼空儿"的样式,上、下两端各以一细铜丝卷曲后包边。器身两侧对称分布有两个圆孔,应为插入簪钗等物之用。顶部与鬏髻应为组合而成,出土时已缺失。江苏无锡市郊、浙江安吉鄣吴景坞明吴麟夫妇墓、浙江临海明王士琦墓等均有相似的完整器出土。(张荣鑫)

◉ 河南濮阳
会通河（台前段）滚水坝遗址

发掘单位：
河南省文物考古研究院

会通河（台前段）是河南省境内唯一一段京杭大运河故道。2018年开展考古调查勘探，2020—2021年对修建于清乾隆二十三年（1768）的水工设施——滚水坝遗址进行了考古发掘，为深入了解会通河河南段的河道走向、形制结构、附属遗产提供实物资料，是中国古代先进水利技术的实证。

滚水坝遗址平面图

"滚水坝"铁锭

第一单元　故道重现

北京
白浮泉遗址

发掘单位：
北京市文物研究所

白浮泉是京杭大运河最北端的源头，元代著名科学家郭守敬利用海拔高度理论，引白浮泉水济漕，实现通惠河的全面贯通。2018年的考古发掘发现了白浮泉九龙池的出水口，基本确定了九龙池的范围与古代白浮泉的流向。

白浮泉遗址

白浮泉遗址考古发掘现场

第一单元　故道重现

河道总督署遗址发掘全景图

河道总督署遗址出土清代河道总督题名残碑

灰陶螭吻构件

清
宽15—24厘米,高27.5厘米,厚11厘米
2020年山东省济宁市河道总督署遗址出土
山东省文物考古研究院藏

灰陶质,略残,夹细沙。构件内部中空,上部螭首高昂,额头微隆,正中有一圆形孔洞。两角齐根残断,眉骨隆起,长眉卷曲,双目圆鼓,鼻头上翘,鼻孔朝向两侧。口部紧闭,上颌两颗獠牙外露,下颌部分微残,吻部上唇略翘。后腮有卷云状鳞羽,颈部鳞羽残断。下座方正敦实,浮雕出一道卷云纹状鳞羽与"C"形龙尾,尾尖上翘且向内卷起,构件底部残留有垒砌的石灰痕迹。(李宝军)

灰陶花鸟纹正脊构件

清
宽16.3厘米，高14.5厘米，厚8.2厘米
2020年山东省济宁市河道总督署遗址出土
山东省文物考古研究院藏

  构件整体呈正方形，内部中空。正面用高浮雕技法装饰凤穿牡丹，凤鸟长颈左偏，突目张口，似作鸣叫状，俯冲穿于牡丹花丛。凤鸟头部两侧隐见牡丹花叶，尾羽向左略过牡丹花头，花蕊清晰可见。背面装饰浮雕菊花纹，中央为高浮雕花瓣，外围花叶，叶脉清晰可见。凤穿牡丹纹饰整体造型生动，富有层次感，寓意美好，构件上下均残留有垒砌的石灰痕迹。（李宝军）

正面

背面

第二单元　长河经营

99

江苏淮安
丁英、丁裕家族墓

发掘单位：
淮安市文物保护和考古研究所

明初在京师及要地设置卫所，屯驻军队。淮安为漕运枢纽，城中设淮安卫、大河卫驻防，职能除防卫、屯田外，还有保卫漕运任务，直属中军都督府，品级更高。2022年发现的丁氏家族墓园，是明代淮安望族"卫丁"家族墓园，其中丁英封镇国将军，丁裕为淮安卫指挥使，始迁淮安，子孙世袭卫籍。

丁英、丁裕家族墓遗址航拍图

龙泉窑青瓷碗

明
口径16厘米，底径5.8厘米，高8.8厘米
2022年江苏省淮安市丁英、丁裕家族墓园出土
淮安市文物保护和考古研究所藏

　　侈口，圆唇，深弧腹，圈足，外墙稍敛、内墙外撇，足心微凸。灰黄胎，胎质稍粗，胎体厚重。通体施青釉，足内刮釉一周，足外积釉，色泽莹润，釉面光洁。外壁素面无纹，内底中心印有双圈线，内填"顾氏"二字。作为中国制瓷史上存续时间最长的窑系，龙泉窑有近1600年的烧窑史，其青瓷产品更是常领风骚、畅销内外，尤以南宋为盛。至墓主下葬时的明代中期虽已近衰微，但余晖仍耀，其千年的文化传承与工艺积累于展品中亦可得窥一斑。
（张荣鑫）

甜白釉缠枝莲纹碗

明
口径14.6厘米，底径6.4厘米，高6.8厘米
2022年江苏省淮安市丁英、丁裕家族墓园出土
淮安市文物保护和考古研究所藏

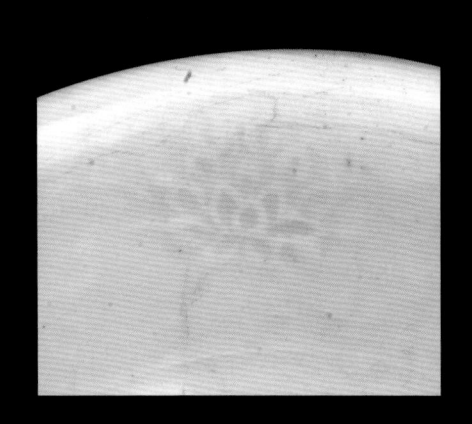

撇口，尖圆唇，斜弧腹，圈足，足墙内敛。胎质细白，半脱胎，照光见影。通体施甜白釉，釉色温润。外壁素面无纹，内壁暗花刻纹有缠枝莲花、莲蓬等，绕壁一周，几不可见，别具匠心。甜白釉自明永乐年间创烧即臻巅峰，其脱胎技法工艺繁琐，成品胎薄如纸，釉面如玉，使见者顿生温柔甜静之感，故后世有"甜白"之称，亦有"白如凝脂，素犹积雪"之誉。（张荣鑫）

青花游龙赶珠纹碗

明
口径15.2厘米，底径5.8厘米，高6.8厘米
2022年江苏省淮安市丁英、丁裕家族墓园出土
淮安市文物保护和考古研究所藏

　　撇口，尖圆唇，斜弧腹，圈足，足墙稍敛。胎质细白，胎骨轻薄，照光见影。通体施釉，釉色莹润，釉面满布小块开片。青花呈色浓厚幽深，小块处烧作黑斑，上泛锡光。外壁口沿下、足墙均饰以两道青花线，主体饰游龙赶珠纹两组，首尾相接，绕壁一周，整体威严狰狞、屈伸矫健。外壁下沿饰单瓣仰莲纹一周，莲瓣外线勾勒粗实浑厚，内线笔锋细而尖锐，当中留白，饰以祥云纹样。内壁纹饰带自上至下亦分三层，中以青花圈线分隔，口沿处双圈线内饰梵文一周，其下为缠枝莲纹，枝蔓走笔流畅细腻，潇洒写意，内底饰团龙纹，其造型风格亦同外壁。（张荣鑫）

中国大运河
沿线仓储设施分布示意图

1	南新仓	9	广运仓
2	十四仓	10	丰济仓
3	德州仓	11	泗州转般仓
4	黎阳仓	12	扬州转般仓
5	洛口仓	13	真州转般仓
6	回洛仓	14	和丰仓
7	含嘉仓	15	富义仓
8	临清仓	16	永丰仓

第一部分　寻迹——大运河水工、附属设施考古

天下粮仓

民以食为天,大运河是封建王朝的漕运命脉,南方粮食通过大运河源源不断运往北方。为适应漕运需要,在运河沿线的关键节点处,众多仓储设施应运而生,见证了大运河作为国家漕运通道的主体功能。

第二单元 长河经营

河南洛阳
回洛仓遗址

▶ 2014年度全国十大考古新发现
▶ 新时代百项考古新发现

发掘单位：
洛阳市考古研究院

回洛仓是隋代重要的国家粮仓，由仓窖区、管理区、道路和漕渠等部分构成，共有七百余座仓窖，可储粮约3.55亿斤。回洛仓遗址是隋唐时期南北漕运发达的见证，为研究隋唐时期大型官仓的仓储制度及粮食储藏保管提供了实物资料。

回洛仓遗迹分布示意图

3号仓窖发掘现场

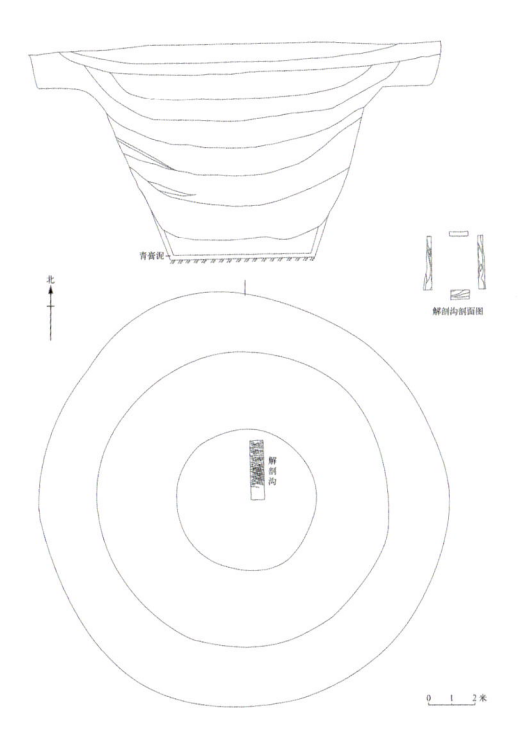

46号仓窖平剖面图

47号仓窖发掘现场

第二单元　长河经营

107

回洛仓铭文砖

隋
长33厘米，宽32厘米，厚6厘米
2016—2017年河南省洛阳市回洛仓遗址出土
洛阳市考古研究院藏

砖呈方形，阴刻铭文14行，共243字。铭文详细记载了管理仓窖的机构为"太仓署"，仓名为"新都仓"，还详细记载了各仓窖储粮的数量，粮食的来源，仓窖的仓城中的具体位置，粮食入窖的年、月、日，各地与回洛仓粮食有关的官员姓名等重要信息。因为完整铭文砖的发现，可以确定该仓城就是文献记载的隋代回洛仓。另外，铭文砖上仓城的名称为"新都仓"，并不是在文献记载中所看到的"回洛仓"。"回洛仓"之名称的由来应当是唐代人在编修《隋书》时，因该仓城位于铭文记载的"回洛城"这一地点，而将该仓城直接称为"回洛仓"并沿用至今。（范景锐）

释文：

太仓署　新都仓

今纳丁粟贡米一万四千六百六十五头六斤六胜一万二千二百二十五头六斤六胜荥阳郡二千六百□十□头八斤三胜管城县　一千二百二十九头九斤四胜汜水县　一千五百八十四头五斤六胜荥阳县　一千二百九十五头九斤六胜浚仪县三千一百七十七头六斤五胜酸枣县　一千八百六十头五斤二胜开封县　二百二斤五胜新郑县　二千六百四十头河南郡六浑县

右贮在回洛城北竖街东第五行从南向北第三窖

管城县典王猛　汜水县典刘信　荥阳县典卜相浚仪县典邢□

酸枣县典□枰　开封县典郑通　新郑县典杨林　陆浑县典□□

监事催□　掌回傅璟

□蔺裁　史乐高

大业四年十二月二十日

(illegible stone inscription)

含嘉仓铭文砖

唐
边长33厘米，厚6厘米
河南省洛阳市含嘉仓遗址出土
洛阳博物馆藏

释文：
含嘉仓
东门从南第廿三行从西第五窖
口苏州通天二年租糙米白多一万三
口口十五石口内
右圣历二年正月八日纳了
典刘长　正纲录事刘爽　仓史王花
监事杨智　丞吕彻　丞赵壤　令孙忠　令思
寺丞知仓事张琮　左监门王宣　右监门贾立
长上庞昉　押仓史孙亮　监仓御史陆庆
口口璿同

砖呈方形，正面阴刻铭文10行，每行3至17字不等，共计110多字。详细记载了仓窖位置、储粮来源、品种、数量、时间以及管理人员的官职和姓名。刻铭砖的出土，使唐代文献中有关仓窖管理制度得到印证。据《旧唐书·职官三》记载："凡凿窖置屋，皆铭砖为庾斛之数与其年月日、受领粟官吏姓名。又立牌如其铭。"铭砖实际上是随同粮食密封于仓窖内的档案，在外则立有与铭砖内容完全相同的木牌，便于管理人员随时了解和查找各个仓窖的基本信息。而仓窖管理人员的信息同样铭刻于砖上，责任到人，方便核查。（石艳艳）

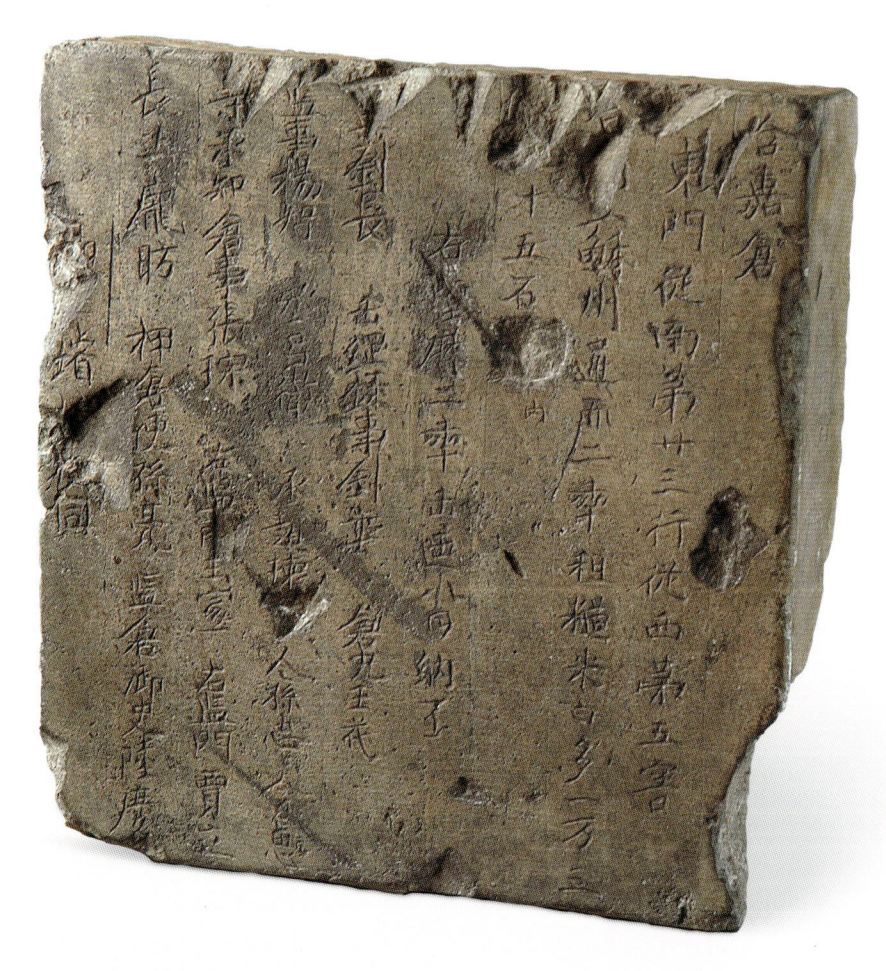

河南浚县
黎阳仓遗址

▶ 2014年度全国十大考古新发现
▶ 新时代百项考古新发现

发掘单位：
河南省文物考古研究院
浚县文物旅游局

黎阳仓位于黄河故道与永济渠之间，兼具重要的军事战略地位，是目前考古发现永济渠沿线唯一的大型转运粮仓。2011—2014年考古发掘出隋唐至北宋时期完整的仓城格局，见证了当时北方漕运的发达与繁荣。

黎阳仓遗址全景俯瞰图

隋代6号仓窖俯视图

隋代黎阳仓漕渠遗迹

北宋1号仓储建筑基址

北宋建筑基址出土龙首建筑构件

天津
十四仓遗址

考古勘探单位：
天津市文化遗产保护中心
武清博物馆

河西务十四仓是设置在元大都外围最大的漕运仓储基地，共设有粮仓十四座，是元朝初年设立的大运河漕运官办物流仓储管理机构，最初主要承载南粮北运的仓储集散功能，后发展成中国南北方重要物流集散地。1982年曾进行局部试掘，2022年开始大规模考古勘探，发现漕仓、居住址、运河故道、沉船等相关遗存，为研究元代大型国家漕运仓储系统提供重要实证。

十四仓遗址勘探范围

青白釉狮子

元
宽8厘米，通高15.5厘米
天津武清河西务十四仓遗址出土
天津博物馆藏

　　青白釉狮子为出土于天津市武清区河西务十四仓遗址的元代文物，是反映当时生产生活的重要见证物，体现出元代河西务十四仓遗址作为大型国家漕运仓储系统在天津乃至全国运河文化遗产资源中不可替代的作用。（天津博物馆）

盐业考古

大运河漕运不仅有粮运，还有盐运。西汉吴王刘濞开凿运盐河便利海盐运输，明清扬州盐商富可敌国。2023年江苏盐城东台缪杭、大丰后北团遗址的发掘，首次揭露出较为完整的唐代盐业生产聚落和明清时期盐灶遗迹，为江苏文明探源工程——盐业考古提供了重要材料。

元代《熬波图》中的"摊场"

江苏东台
缪杭遗址

▶ 江苏地域文明探源工程 2023 年度较为重要的发现

发掘单位：
南京博物院
江苏省文物考古研究院
盐城市博物馆
东台市博物馆

缪杭遗址是一处唐宋时期的盐业生产遗址，2023年考古发现了与盐业生产中引蓄水、晒灰制卤、淋卤等相关的遗迹现象，唐代制卤遗迹系两淮地区首次发现，印证了文献中"团煎法"的记载，即制卤后再转运他处煎盐。

缪杭遗址发现的"摊场"局部

第二单元　长河经营

德清窑青釉碗

唐
口径17.8厘米，底径9.7厘米，高5.5厘米
2022—2023年江苏省东台市缪杭遗址出土
南京博物院藏

圆唇，敞口，斜直壁，平底内凹。内壁满施青釉，外壁施釉不及底，有流釉，下部露胎。内壁有放射状竖条纹一周，碗内心、外底有支钉痕迹。此为晚唐时期德清窑的产品。（杨汝钰）

德清窑酱釉四系罐

唐
口径10.2厘米,底径11厘米,腹径23厘米,高30厘米
2022—2023年江苏省东台市缪杭遗址出土
南京博物院藏

圆唇,口微侈,短束颈,圆肩,鼓腹,斜收,平底内凹。肩部对称置四组桥形钮,钮残。内壁满施酱釉,外壁施釉不及底,下腹部露胎,胎体有轮制痕迹。此为晚唐时期德清窑的产品。(杨汝钰)

江苏盐城
后北团遗址

▶ 江苏地域文明探源工程 2023 年度较为重要的发现

发掘单位：
南京博物院
江苏省文物考古研究院
盐城市博物馆
大丰区博物馆

后北团遗址为明清时期的盐业生产遗址。2023年考古发现了明清时期的盐灶、淋卤坑等制盐相关遗迹，出土遗物多是当时普通盐民日常用品，为研究古代盐业发展史提供了实证材料。

后北团遗址制盐遗迹

后北团遗址淋卤坑

120　　第一部分　寻迹——大运河水工、附属设施考古

骨簪（两件）

清
A：长15.5厘米
B：残长11厘米
2023年江苏省盐城市大丰区后北团遗址出土
南京博物院藏

骨质。

A：圆锥形，素面无纹饰，打磨光滑。

B：簪首圆柱形，顶部为圆形凸起，柱体饰竖向刻划纹。簪颈部饰螺旋纹，簪脚圆锥形，素面，打磨光滑。（杨汝钰）

A

B

铜顶针

清
直径2厘米，高0.8厘米
2023年江苏省盐城市大丰区后北团遗址出土
南京博物院藏

顶针，为民间常用的缝纫用品，一般为铁质或铜质。此为铜质，扁圆箍形，锈蚀，外壁均匀布满圆形凹坑。顶针一般套在中指用来顶住针尾，以防伤手；且手指更易发力，便于穿透衣物。（杨汝钰）

第二单元　长河经营

铜钗

清
长11.3厘米，宽2.1厘米
2023年江苏省盐城市大丰区后北团遗址出土
南京博物院藏

铜质，扁条形双股钗，钗上部近折股处饰交叠圆形内弧方孔镂空钱纹，簪体锈蚀。（杨汝钰）

铜簪

清
长13.8厘米
2023年江苏省盐城市大丰区后北团遗址出土
南京博物院藏

铜质，扁长方形簪，簪体锈蚀。（杨汝钰）

民俗文化考古

金龙四大王庙祀河神，本名谢绪，明朝时成为黄河、运河沿岸盛行的河神之一。位于运河沿线的金龙四大王庙遗址的发掘，对于研究运河沿岸宗教、民俗、社会思想等具有重要意义。

江苏常州
金龙四大王庙遗址

发掘单位：
常州博物馆

常州金龙四大王庙遗址北邻京杭大运河。2020年考古发掘清理出清代金龙四大王庙主体建筑基址，为三进庭院式建筑，坐南朝北，出土了一批富有特色的石质建筑构件。

常州金龙四大王庙遗址全景

第二单元　长河经营

Part II

第二部分

探胜

大运河城市考古

Exploration-Urban Archaeology of the Grand Canal

Section 1 | 第一单元

繁华都会
Bustling Metropolises

运河的开凿以服务首都为要义，
历代选址建都与运河有着千丝万缕的关联。
隋唐洛阳城、南宋临安城作为当时的重要都邑，
见证了中华民族的辉煌历史。
通过考古发现，
我们得以一窥千年以前这些城市繁华壮丽的迷人景象。

The excavation of the canal was primarily for serving the capital cities whose site selection and development hinged on the canals across Chinese history. The Luoyang City in Sui and Tang Dynasties and Lin'an City in Southern Song Dynasty along with the Grand Canal, for example, were important capital cities back then. They witnessed the glorious history of the Chinese nation. Through archaeological discoveries, we can get a glimpse of the magnificent and charming vistas of these cities thousands of years later.

"河为线、城为珠",大运河是沿线城市的生命之河。运河城市如同璀璨的星辰,沿着运河的轨迹熠熠生辉,与大运河共同编织出一幅锦绣安澜的美好画卷。新时代以来,运河沿线城市开展的考古工作,使每一座因运而生、因运而兴的城市拂去了历史的尘埃,焕发出生机和活力。

　　"Canals Bead the Necklace of Cities". The Grand Canal breathes in vitality into the cities along the river. Canal cities, like a galaxy of stellar stars, twinkle along the water channels and weave a peaceful and prospering canvass of great lives. In the new era, the archaeological works carried out in cities along the canal have made cities emerge and rise with the tides. They whisk off the ashes of history and rejuvenate their vitality.

河南洛阳
隋唐洛阳城遗址

▶ 百年百大考古发现
▶ 河南考古百年百大考古发现

发掘单位：
中国社会科学院考古研究所
洛阳市考古研究院等

隋炀帝在开凿大运河贯通南北的同时，营建了东都洛阳——隋唐两代另一个政治中心。隋唐洛阳城遗址的考古工作始于20世纪50年代，新时代以来成果更加丰硕。正平坊、玄武门等重要遗址为研究隋唐洛阳城布局提供实物资料。

隋唐洛阳城的营建更加注重水运作用，洛河穿城而过，并开掘河渠延伸运道，考古工作基本上确定了隋唐洛阳城水系位置和大致范围，为探索隋唐洛阳城水系、城址布局和漕运系统提供了重要的考古资料。

隋唐洛阳城平面布局及水系分布复原示意图

隋唐洛阳城宫城西城墙1号马面遗址

隋唐洛阳城宁人坊西坊门及周边遗迹航拍

应天门遗址航拍

- - - 遗址复原轮廓线　—— 遗址残存轮廓线

应天门遗址西阙晚期包边石及散水

第一单元　繁华都会

"潼关义兴记"铭铅锭

唐
长26.7厘米，宽8.5厘米，穿径3.1厘米
2014年河南省洛阳市隋唐漕渠遗址出土
洛阳市考古研究院藏

　　长方形台体，有六面，每面有印文，位于台体六面的中部或中部偏下，正中有圆穿，穿径上大下小。台体上面印"潼关义兴记"字号，圆穿将"潼关""义兴记"隔开。下面较大，两端中部印"祯祥"二字，近穿处各印"三"字。每个侧面近底处中部各印一"祯祥"字样，为商号印。在隋唐洛阳城遗址中出有"官印"印文，其记字的写法与此相似，其时代上限可能为晚唐。（范景锐）

方格四兽纹铜镜

唐
直径16厘米,厚0.4厘米,钮径2.2厘米
2012年河南省洛阳市孟津区三十里铺唐墓出土
洛阳市考古研究院藏

圆形。圆钮,变形四叶纹钮座。座外饰双线方格,方格四角与内区"V"形纹相对,将内区自然分为四小分区,分区内各置一瑞兽,四兽均尾巴上翘,其形似虎似狮,或蹲或奔,或回首顾盼,或昂首前奔,或抓耳挠腮,兽间似祥云补空。"V"形纹内均饰叠加的齿梳纹。内区与外区间以一周连珠纹和锯齿纹隔开。外区较窄,书写铭文"玉匣盼看镜,轻灰暂拭尘。光如一片水,影照两边人"。其中"人"与"玉"中间有一小圆点,作首尾断句之用。镜缘饰一周锯齿纹。(范景锐)

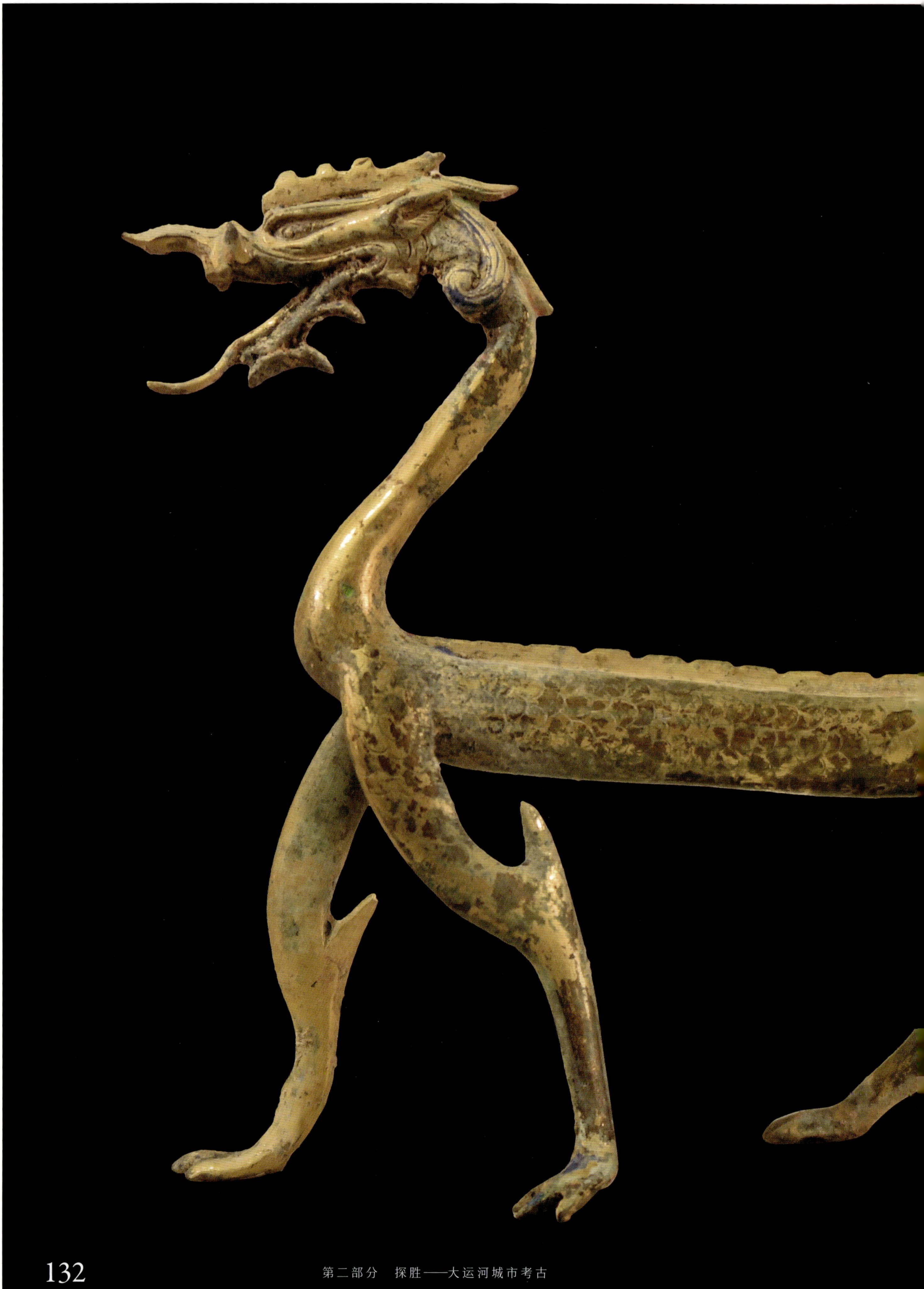

鎏金铜龙

唐开元八年（720）
长21.8厘米，高12.8厘米
河南省洛阳市关林大道练庄段唐墓出土
洛阳市考古研究院藏

  青铜铸造而成，通体鎏金。头高仰，张口吟吼，长舌前伸如剑，上吻较长，头顶双角向后平伸，角上饰有凸结，两眼如电直视前方。颈部高挺，身体修长，长尾如刺，尾尖上卷，背鳍突起延至尾部。右腿前伸，左腿后蹬做行进状。四肢上部及龙身饰有鳞片。制作者深得龙之神韵，看似细弱的龙体，每个部位无不显示出其雄健、刚毅的神态。它昂首挺颈，四肢挺立，欲立于行，欲静于动。它似乎正准备一飞冲天，又好像要一跃潜海，栩栩如生。（范景锐）

彩绘骑马男陶俑

唐
长32.5厘米，宽11厘米，通高35.5厘米
2020年河南省洛阳市洛龙区唐墓C7M6915出土
洛阳市考古研究院藏

男俑头戴幞头，眼眉呈"八"形，口微张，表情悲伤，上身着短衣，左臂曲至腹前，右小臂缺失，下着窄裤，脚踏马镫，骑于马上。马作直立状，昂首，张口，头略微左倾，配鞍鞯，尾系花结，立于长方形踏板之上。男俑左臂和马蹄有红色彩绘，其余彩绘脱落。（范景锐）

彩绘骑马女陶俑

唐
长33厘米，宽12厘米，通高36.5厘米
2020年河南省洛阳市洛龙区唐墓C7M6915出土
洛阳市考古研究院藏

女俑拢发于顶并以巾帛包束，慈眉善目，面向前方，身材略矮，体态较胖，身穿圆领长裙，右臂垂于身侧，右手隐于长袖中，左臂自然弯曲紧贴腹部，左手做持缰状，脚踏马镫，骑于马上。马作直立状，昂首张口，头略微左倾，配鞍鞯，尾系花结，立于长方形踏板之上。整体彩绘脱落严重，可见残留白色陶衣，俑身及马头可见少许红彩残留。（范景锐）

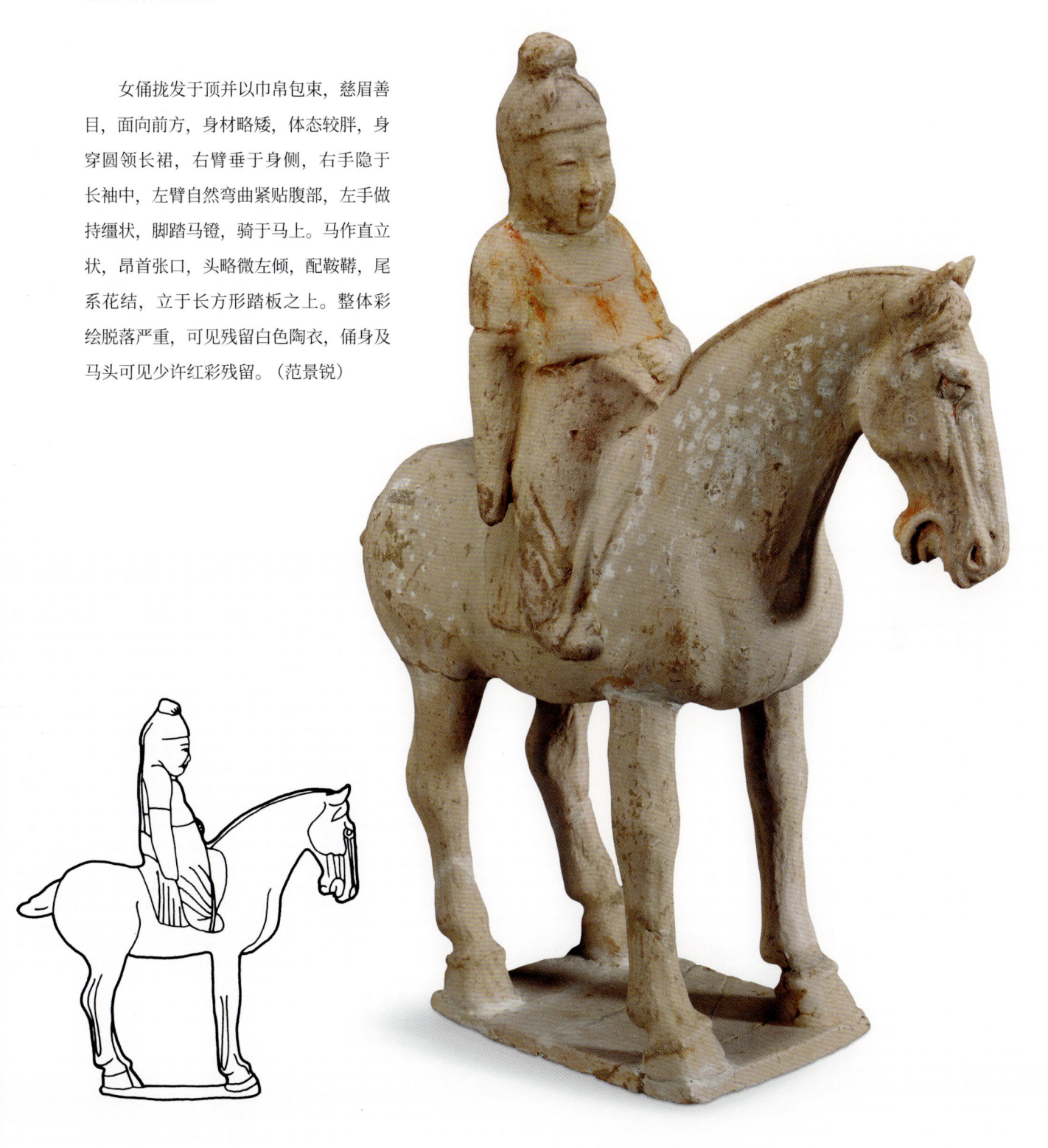

彩绘骑马女陶俑

唐
长32.5厘米，宽11.5厘米，通高36.5厘米
2020年河南省洛阳市洛龙区唐墓C7M6915出土
洛阳市考古研究院藏

女俑拢发于顶，形成圆形发髻，目视前方，面庞圆润，表情肃穆。身穿圆领长裙，右臂垂于身侧，右手隐于长袖中，左臂自然弯曲紧贴腹部，左手做持缰状，脚踏马镫，骑于马上。马作直立状，昂首，张口，头略微左倾，配鞍鞯，尾系花结，立于长方形踏板之上。女俑裙、马嘴、马蹄施红彩。（范景锐）

彩绘陶骆驼

唐
长49.3厘米，宽22厘米，高55厘米
2020年河南省洛阳市洛龙区唐墓C7M6915出土
洛阳市考古研究院藏

昂首曲颈，头略向右偏，背部双驼峰，驼尾卷曲贴附于右股，四腿直立于长方形踏板上。驼背铺有椭圆形垫，驼峰间搭有虎头形袋囊，驼嘴、袋囊残留有红彩。（范景锐）

三彩猿鹤杯

唐
口径7厘米，底径3.5厘米，高9厘米
2020年河南省洛阳市洛龙区唐墓C7M6915出土
洛阳市考古研究院藏

　　灰白胎，模制。敞口，深腹，平底，有錾连接杯口至杯腹，杯身凹凸不平，花纹似树干树枝，一侧有仙鹤立于树枝上，另一侧似有猿猴在树上攀爬，外施褐釉，内施绿釉。（范景锐）

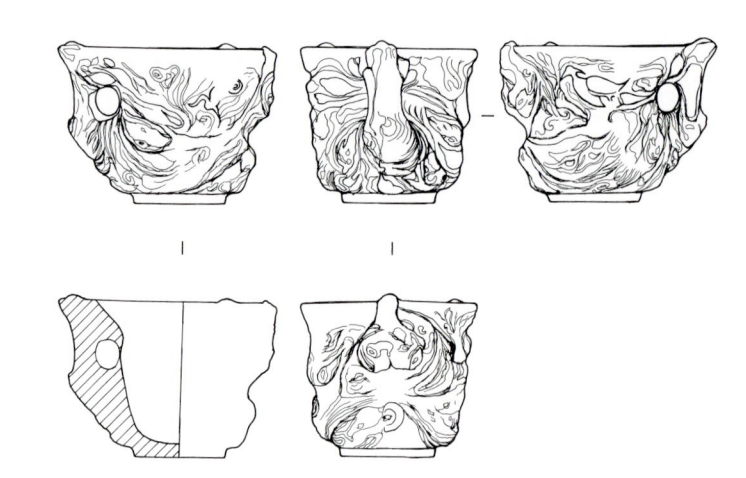

蓝釉罐

唐
口径10.8厘米，腹径17厘米
底径9.3厘米，高14厘米
2012年河南省洛阳市史家湾安置区唐墓出土
洛阳市考古研究院藏

小口，丰肩，圆腹，平底，器型敦实大气；上施蓝釉，釉色如深潭映晴空，碧蓝澄澈，光泽温润。唐代蓝釉以天然钴矿为着色剂，大唐缺少钴矿，需通过丝绸之路千里迢迢从国外进口，因此更显珍贵。（范景锐）

绞胎三足碗

唐
口径8.4厘米，高4厘米
2012年河南省洛阳市史家湾安置区唐墓出土
洛阳市考古研究院藏

  绞胎工艺是唐代制瓷业中的一个创新，其特点是取白、褐两种色调的瓷土，通过不同的组合模式糅合到一起，然后用瓷土拉坯或贴塑成形。与三彩器一样，绞胎器入窑后需经过二次焙烧，成器表面会呈现出白褐相间类似瘿木纹理的效果。盛唐时期是绞胎器出现及流行的高峰。据研究，绞胎器主要产自洛阳附近的巩县窑。不过绞胎器物以小型器具为主，大型器皿和瓷塑特别罕见，杯、碗、盘与枕头的数量最多，这显然是受到绞胎制坯工艺的限制。（范景锐）

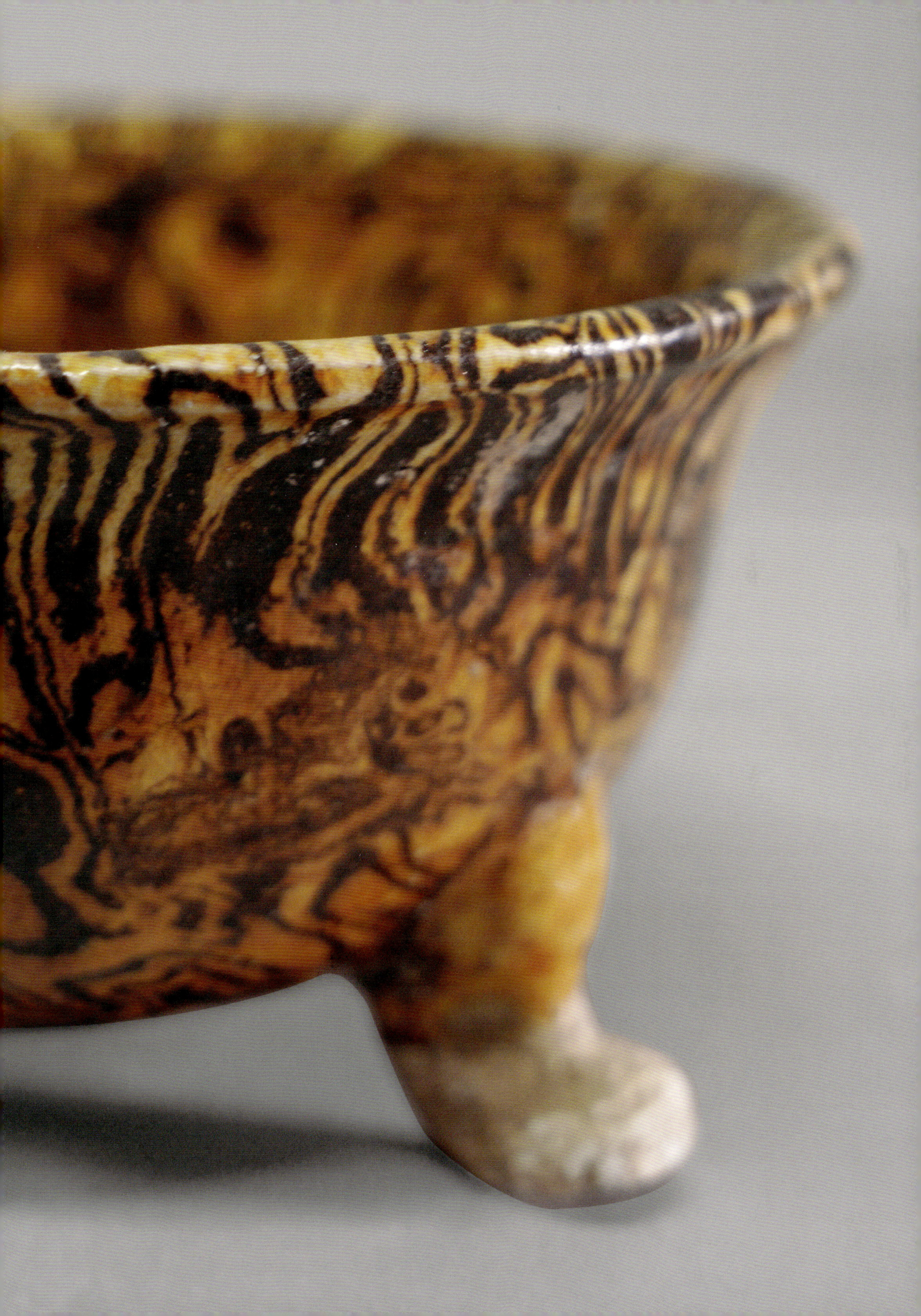

三彩五足炉

唐
口径16.5厘米，底径14.8厘米，高10.5厘米
2018年河南省洛阳市辛庄组团二期M11唐墓出土
洛阳市考古研究院藏

带足的盆形炉最早见于南朝，彼时多为青瓷或铜质，依据同时期图像资料可知，此类炉是焚香用器。唐代盆形多足炉沿袭了前代形制，足面装饰更加繁复，如足根与盆体相接处往往作兽面，兽口中吐出云气化作足尖，多足下还加有如托泥般的承圈。从同时期或稍晚阶段的金、银质炉来看，炉上原本应配有漆木质的盖子，而今当然已无从寻觅。（范景锐）

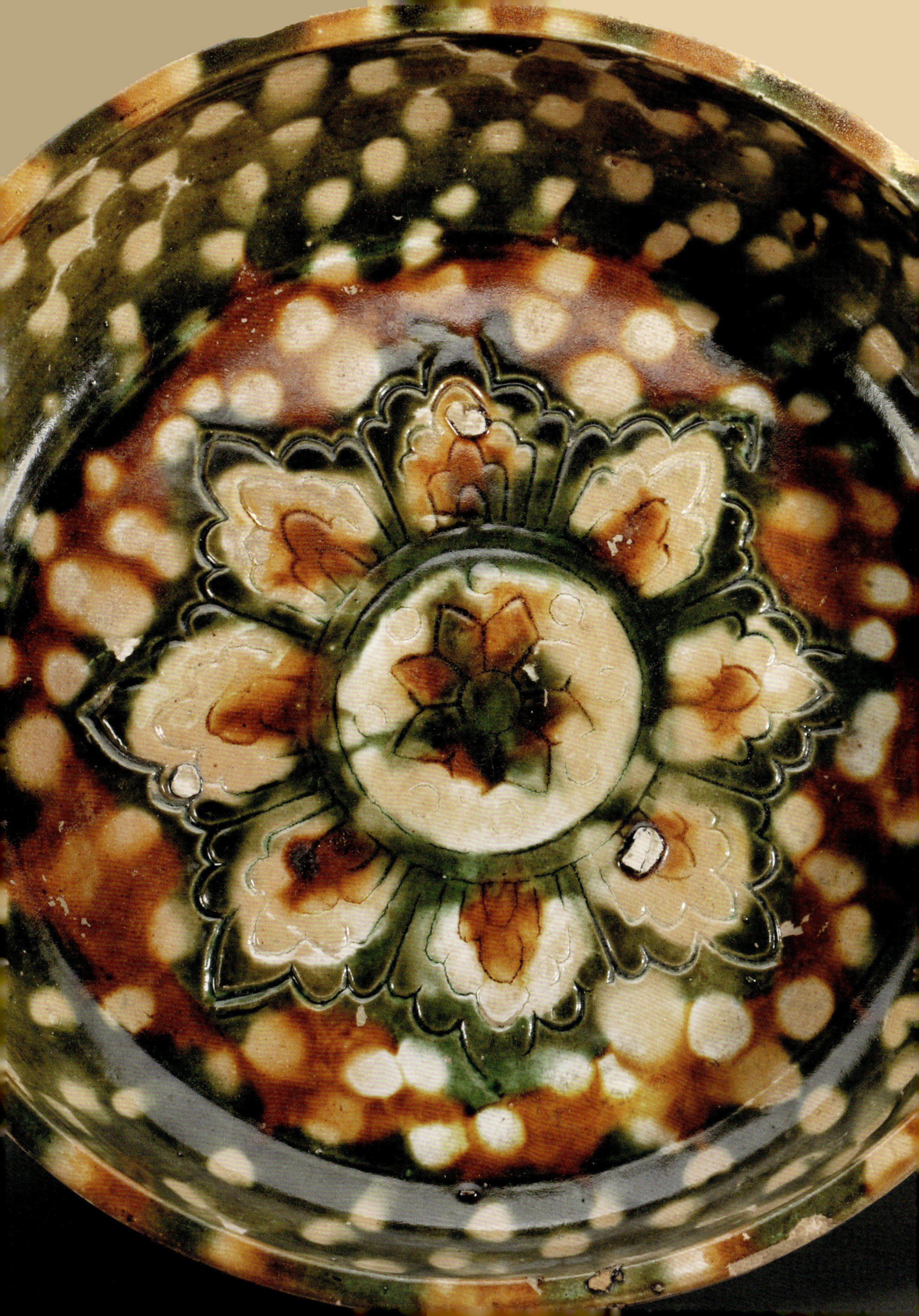

三彩马球女俑

唐
长36.5厘米，通高38厘米，厚13.5厘米
2011—2012年河南省洛阳市王雄诞夫人魏氏墓出土
洛阳市考古研究院藏

  灰白胎，残，已修复。骑俑为女性，双梳双丫髻，面部丰满清秀，躬身向左，右臂上提贴脸颊，左手屈肘后拉，若奋力挽马之状。身内穿紧袖贴身红彩衣，外穿翻领紧袖长袄，脚蹬浅黄色长筒鞋。马站立长方形托板之上，马首曲向左侧。骑俑颈部以上无釉，右臂及交颈处施红彩，长袄外施绿釉，腿部施黄釉。马面、马脊、马尾、马蹄施白釉泛青，马身施黄釉。（范景锐）

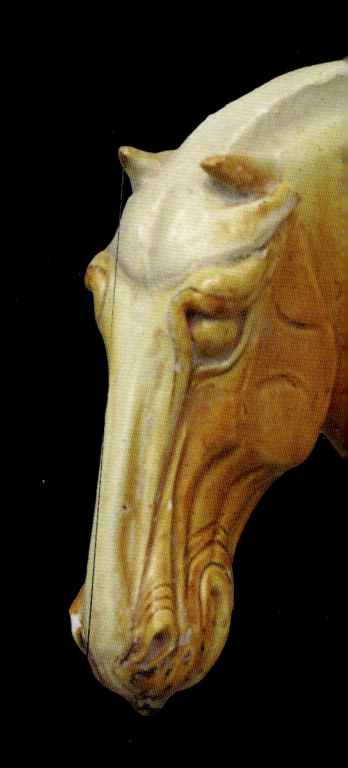

151

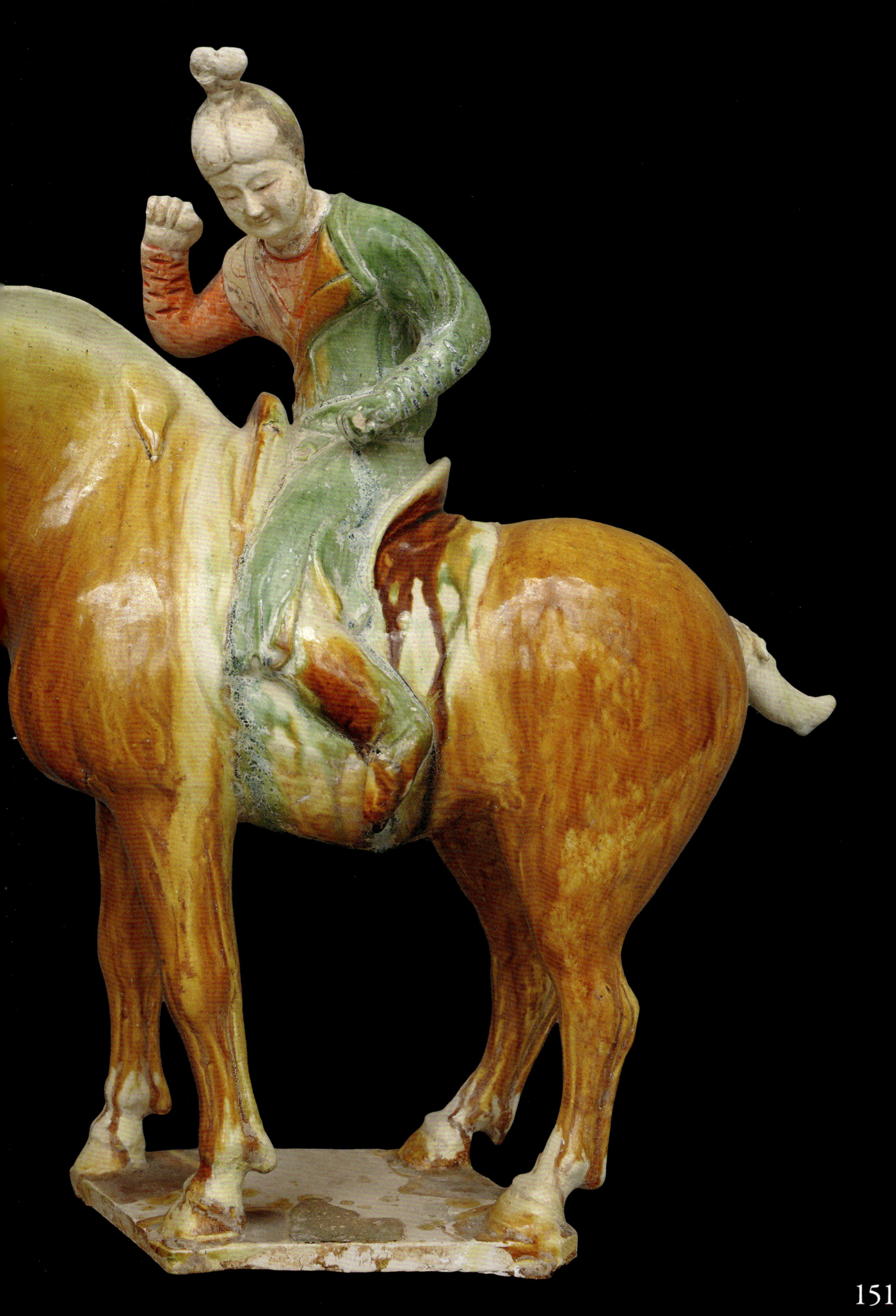

河北邯郸

大名府故城遗址

发掘单位：
河北省文物考古研究院
大名县文化广电和旅游局

大名府因永济渠而兴盛，北宋时成为陪都，明建文三年（1401）被洪水淹没于地下。近年通过对大名府故城遗址的考古发掘，初步推断出大名府故城遗址内城城墙年代，正式确定北宋大名府的城市主体布局受"皇权至上"观念影响，是都城级别城市。

2022年大名府故城遗址Ⅰ考古发掘区主要遗迹分布

北

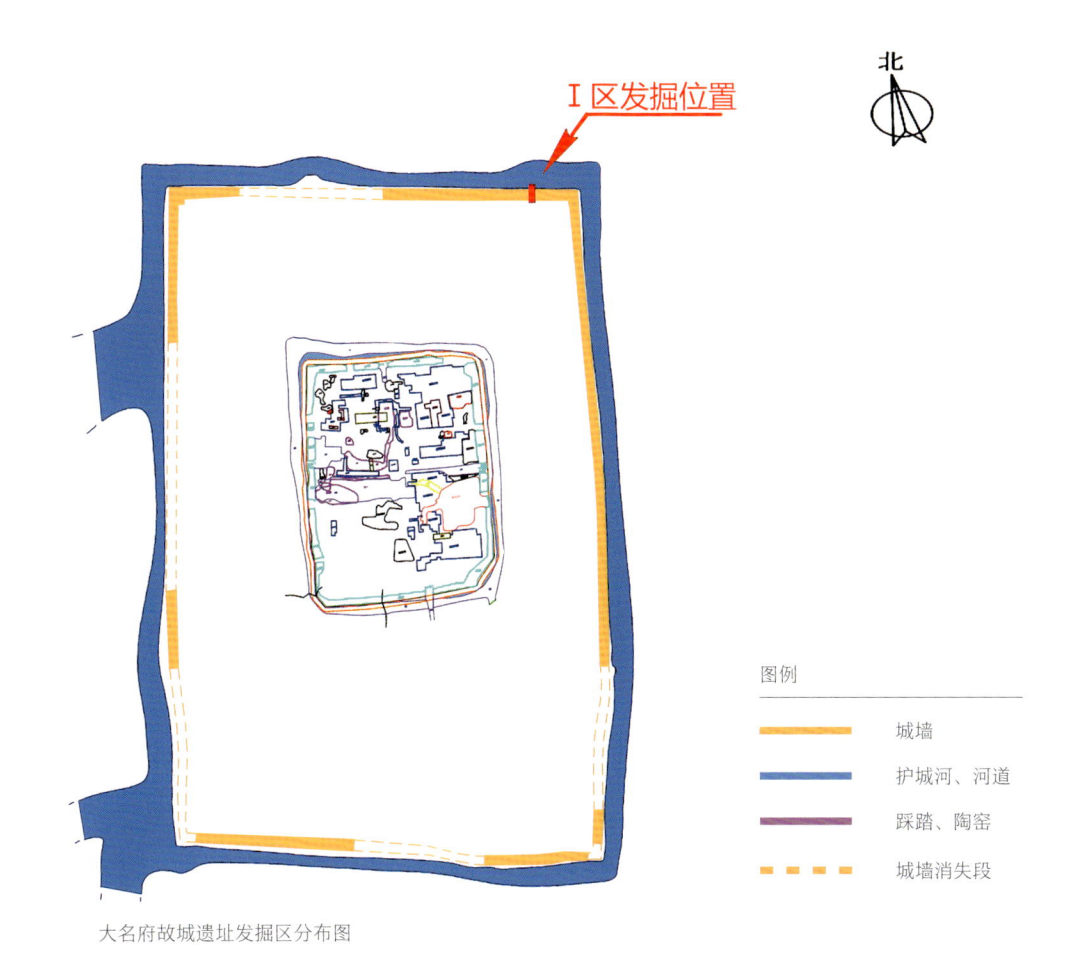

图例
— 城墙
— 护城河、河道
— 踩踏、陶窑
--- 城墙消失段

大名府故城遗址发掘区分布图

第一单元 繁华都会

📍 浙江杭州
余杭故城遗址

发掘单位：
杭州市文物考古研究所

余杭故城自战国延续至今，是一座古今重叠型城址，作为隋初杭州的州治所在，是杭州城市发展的起点，可称作"最早的杭州"。

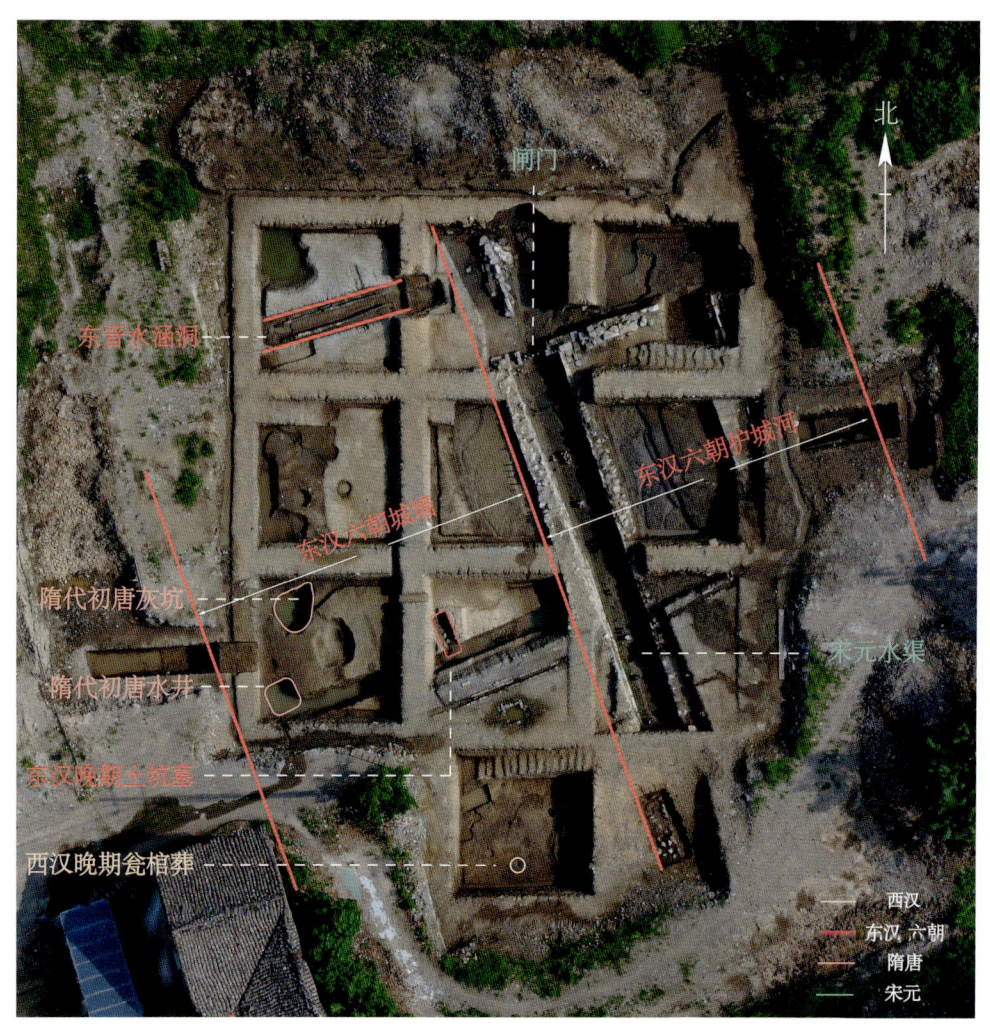

余杭故城 东汉—六朝东城墙及护城河

> 东南形胜，三吴都会，钱塘自古繁华。
> ——北宋 柳永《望海潮》

植物花卉纹砖

宋
长16厘米，宽15厘米，厚4.6厘米
2022年浙江省杭州市余杭故城遗址出土
杭州市文物考古研究所藏

该砖为建筑装饰用砖，正面高浮雕荷花、梅花、瓜果等图案，生动形象，极具趣味。陆游在《老学庵笔记》中提到"北宋靖康初年，京师织帛及妇人首饰衣服，皆备四时……花则桃、杏、荷花、菊花、梅花皆并为一景，谓之一年景"。此砖就采用了这种"一年景"构图，将不同时节的植物和花卉汇聚在一起，表达了古人对于四时圆满的愿景，也寄托了对于美好生活的向往。（郭一波）

越窑青釉碗

隋—中唐
口径14.7厘米,底径6.9厘米,高5.4厘米
2022年浙江省杭州市余杭故城遗址出土
杭州市文物考古研究所藏

　　直口,斜弧腹,平底内凹,内外均施半釉,内外底均可见泥点支烧痕,是隋至中唐时期越窑碗类器物的典型器。此类器物在遗址中大量发现,说明在当时被古人大量使用,为日常生活用器。(郭一波)

越窑青釉刻划花执壶

北宋
口径13厘米,腹径13.2厘米
底径8.2厘米,高21厘米
2022年浙江省杭州市余杭故城遗址出土
杭州市文物考古研究所藏

　　喇叭口,鼓腹,圈足,长流,曲把,腹部刻划开光牡丹花和双直线瓜棱,具有北宋中晚期越窑执壶的典型风格。(郭一波)

浙江杭州
南宋临安城遗址

▶ 百年百大考古发现
▶ 新时代浙江考古十大发现
▶ 2015 年度浙江考古重要发现

发掘单位：
杭州市文物考古研究所等

南宋绍兴八年（1138），宋高宗定临安府为"行在所"，杭州一跃成为全国政治、经济、文化中心。南宋临安城历经晚唐至南宋的营建，襟江带湖，水系发达，主干街道大多与运河并行，是南方山水城市的典型代表。新时代南宋临安城址考古首次发现城内地下引水设施，并首次大规模揭露了东城墙遗迹，德寿宫遗址反映了南宋皇家建筑历史文化，以考古发现实证了杭州的城市变迁。

德寿宫遗址香糕砖地面及砖墙

第一单元　繁华都会

南宋临安城东城墙

南宋临安城东城墙遗址

吴越捍海塘遗址外侧结构

劝业里地块发现南宋引水管遗迹

第一单元　繁华都会

越窑青釉粉盒

宋
外径5.5厘米，内径4.4厘米，通高3.8厘米
2021—2022年浙江省杭州市祝家桥遗址出土
杭州市文物考古研究所藏

此类粉盒的器形和纹饰主要流行于北宋时期。该器物形制小巧，子口微敛，盖弧面，面缘有一道弦线。器盖表面浅划简易荷花纹。施青黄釉，口部有泥点痕，底部叠烧粘连痕迹明显。该器类常作为随葬品出现于墓葬之中。（王鹏）

青白釉鸟食罐

宋
口径1.6厘米，底径1.5厘米，高2.3厘米
2017年浙江省杭州市劝业里遗址出土
杭州市文物考古研究所藏

敛口，斜肩，鼓腹，平底，腹身一侧贴塑一宽带圆形小系。深灰胎，釉色青白，釉层较薄，施釉不及底。（高付杰）

"净"铭墨书瓷碗残片（两件）

宋
底径6.3厘米，残高3.3厘米
2021—2022年浙江省杭州市净慈寺遗址出土
杭州市文物考古研究所藏

  碗底残件。白胎，胎质较细。釉色白中闪青，釉层薄。外底"净"字款墨书。

  净慈寺坐落在南屏山中峰慧日峰下，始建于后周显德元年（954），由五代吴越国忠懿王钱弘俶创建，至今已历千余年，初名"慧日永明院"。两宋时，寺院臻于鼎盛。南宋建炎二年（1128），敕改"净慈禅寺"；绍兴九年（1139），又改称"净慈报恩光孝禅寺"。嘉定年间，朝廷品定江南诸寺而敕定禅宗"五山十刹"，净慈寺以"闳胜甲于湖山"而名列"五山"之一。（高付杰）

第一单元　繁华都会

越窑青釉盘

北宋
口径11.9厘米，底径5.5厘米，高3.3厘米
2014年浙江省杭州市平安里吴越捍海塘遗址出土
杭州市文物考古研究所藏

此类越窑卧足小盘器型主要流行于北宋时期至南宋中晚期。该器物圆唇，敞口，斜曲腹，卧足。器物口沿有磕损缺失。灰色胎，青色釉。内壁口沿处明显可见一处窑斑，器物整体施满釉，外壁下腹可见积釉。卧足底上明显可见有两处窑粘。（萧天贺）

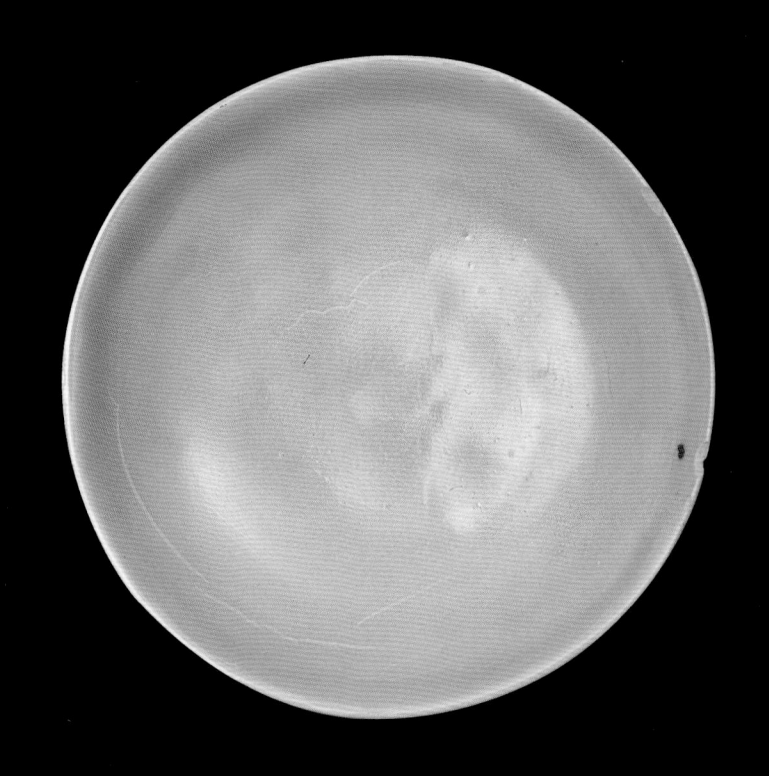

水晶坠

宋
直径1厘米，高1.3厘米
浙江省杭州市玉皇山御园别墅19号墓出土
杭州博物馆藏

水晶坠呈透明状，水滴形。上端有一横向穿孔。整器打磨光滑，穿孔上端至顶部有白色絮状物。水晶坠应为串饰品。宋代文献中对水精（水晶）的记载颇多，欧阳修有"深殿未尝知暑气，水精帘拂砌琉璃"之语，水晶饰品在宋代属于较奢侈的装饰品，多数时候还作为佛教用品使用。（杭州博物馆）

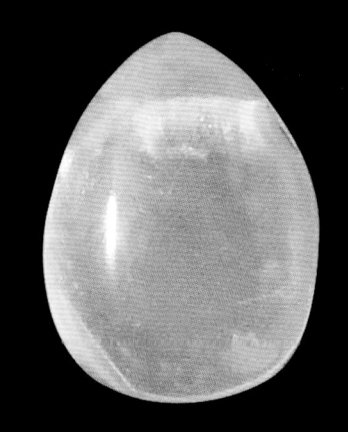

金耳饰

宋
长2.5厘米,宽1.7厘米,高1.3厘米,重1.75克
浙江省杭州市萧山黄家河M39出土
杭州博物馆藏

这对金耳饰,色泽光亮,由主体装饰和弯脚两部分组成,主体装饰由带有锤揲花纹的片状金材合抱成型,金片折中对合,整体呈弯月形,两边各锤揲出花卉纹,后接用以簪戴的实心锥形弯脚。(杭州博物馆)

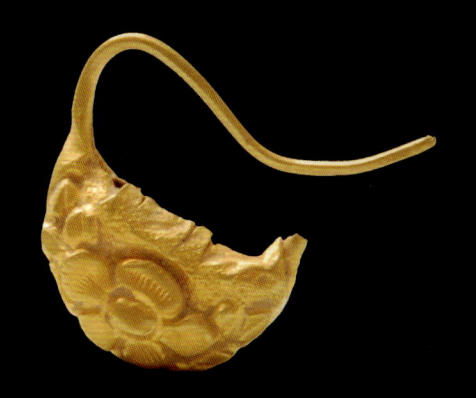

炸珠花饰镶绿松石金戒指

南宋
长2.3厘米,宽1.7厘米,高1.2厘米,重4克
浙江省杭州市浙大M1出土
杭州博物馆藏

戒面呈圆形,镶嵌一椭圆形绿松石。戒托处有三角形炸珠装饰。戒圈以炸珠装饰出卷草纹,并制成单圈开口,可以自由调节大小的指錠样式,是宋代戒指中最多见的样式。(杭州博物馆)

"保佑坊南"金叶子

南宋
长9.9厘米,宽4.0厘米
杭州博物馆藏

金叶子由纯金箔制成,薄如纸,形状似经折装书页。正面第一页有戳打铭文,后页痕迹渐浅,共有五戳,正中钤"郭顺记",四角有"保佑坊南"戳记。(杭州博物馆)

"行春桥魏三郎匠刻"款双夹层鎏金牡丹纹银盏

宋
口径7.6厘米，底径3.8厘米，高4.7厘米
杭州博物馆藏

盏口圆形，弧腹，圈足呈喇叭形外撇。器身由内外两层构成，中空。内层錾刻牡丹纹，构图丰满，线条灵动；外层腹壁高浮雕牡丹花卉和枝叶纹，脉络细致，枝繁叶茂。外壁近圈足旁刻有"行春桥魏三郎匠刻"款。圈足中心有梅花形镂孔。（杭州博物馆）

浙江绍兴
宋六陵陵园遗址

▶ 新时代浙江考古十大发现
▶ 2018年度浙江重要考古发现
▶ 2020年度浙江重要考古发现

发掘单位：
浙江省文物考古研究所

浙东运河是沟通南宋临安城与绍兴皇陵的重要纽带。宋六陵为南宋历代帝陵，包括北宋徽宗和南宋高宗、孝宗、光宗、宁宗、理宗、度宗七座帝陵以及昭慈孟太后等七座后陵。2018年以来发掘了四组陵园遗址，为探索南宋帝后陵寝制度的演变轨迹提供了重要依据。

一号陵园遗址整体复原鸟瞰图

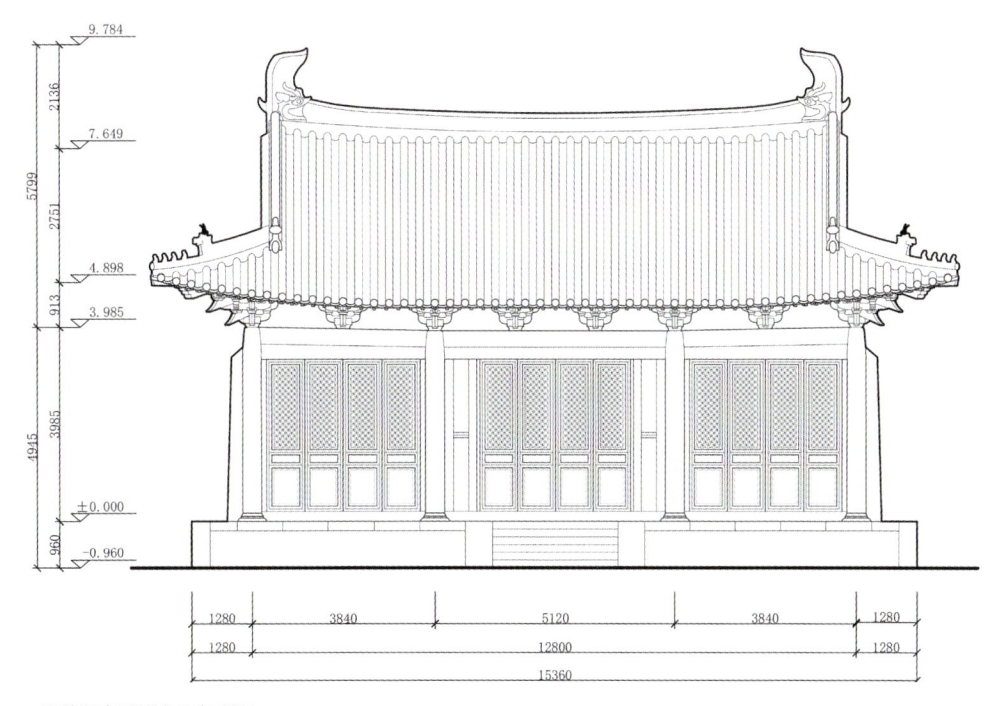

一号陵园享殿正立面复原图

一号陵园遗址

二号陵园遗址

第一单元　繁华都会

167

鸱吻

南宋
残长35厘米
2018—2020年浙江省绍兴市宋六陵二号陵园遗址出土
浙江省文物考古研究所藏

　　鸱吻使用于中国古代高等级建筑屋顶正脊两端，宋代鸱吻形象近似龙头鱼身，龙嘴大张，咬住正脊。故鸱吻表面多见眼睛、獠牙、虬须、鬃毛、鱼鳞等纹饰。鸱吻一般体量较大，需分块烧制，内部中空，以利施工。此构件虽然残破，但仍可辨识出下颌、牙、鳞片、鬃毛等，且为板状，内侧无纹饰，以上特征均与宋代鸱吻相符。（李松阳）

套兽

南宋
残长19厘米
2018—2020年浙江省绍兴市宋六陵二号陵园遗址出土
浙江省文物考古研究所藏

　　套兽一般使用于中国古代建筑屋顶，安装于屋角伸出的木质子角梁端头，起保护木材，延缓腐烂劈裂的作用，一般为神兽形象，发挥装饰作用。此兽头为独角兽，圆目、鼻子、上颌向斜前方翘起，脸部多鬃毛，颈部覆盖鱼鳞。兽头内部中空，内壁无纹饰，呈筒形，呈现出与木构件配合使用的形态。（李松阳）

火珠瓦饰（两件）

南宋
A：（左）高11.5厘米，B：（右）高11.8厘米
2018年浙江省绍兴市宋六陵一号陵园遗址出土
浙江省文物考古研究所藏

火珠为中国古代建筑屋顶的装饰构件，与筒瓦配合使用。筒瓦成排连续排布，形成瓦垄，由于屋顶斜度较大，为避免瓦垄整体滑落，古人往往在一条瓦垄的上、中、下三处节点的筒瓦背部开孔，用长铁钉将瓦垄钉在下部的木结构之上，起固定作用。为延缓风吹雨淋导致生锈糟朽，古人便将火珠安置于铁钉之上，既起到保护作用，又有装饰功能。

火珠一般内部中空，以覆盖铁钉。宋代火珠造型整体较为一致，自下而上分别为莲花座，束腰，居中鼓起的为球体、火焰等，但细部往往又有变化。如图所示的两件火珠，虽然出土位置相近，但一件火焰呈直线形，一件呈卷曲形。图案的多变性体现了宋代对审美与情趣的注重。（李松阳）

A　　　　　　　　　　　　　　　　B

第一单元　繁华都会

花卉纹瓦当

南宋
直径12.6厘米
2018年浙江省绍兴市宋六陵一号陵园遗址出土
浙江省文物考古研究所藏

中国古代建筑使用瓦当历史悠久。秦汉时期流行半圆形瓦当，瓦当图案一般为几何图形、祥云、动物、吉祥用语等。此后逐渐定型为圆形，图案发展出莲花、狮子、龙凤等。南宋时期瓦当图案流行植物花卉题材，其余图案较为少见。此件瓦当饰写生花卉，可辨细长的分叉枝叶。体现了南宋时期世人对自然事物的喜爱与描摹。（李松阳）

莲瓣纹瓦当

南宋
直径14厘米
2018—2020年浙江省绍兴市宋六陵二号陵园遗址出土
浙江省文物考古研究所藏

瓦当与筒瓦合体烧造，又称"勾头"，使用于瓦垄端头，为一排瓦垄自下而上的第一件，与檐口保持对齐。瓦当的功能有二：一方面，起到固定瓦垄，遮盖筒板瓦接缝的作用，另一方面，瓦当正面往往雕刻纹饰，各瓦垄成排安置，与板瓦端头的滴水配合使用，极富装饰功能。此件瓦当为莲花图案，居中为莲蓬，外围是两层交叠的莲瓣。（李松阳）

狮头石构件

南宋
高17厘米
2018—2020年浙江省绍兴市宋六陵二号陵园遗址出土
浙江省文物考古研究所藏

　　中国古代建筑素喜使用狮子作为装饰题材，取其祥瑞、威严之意。这只狮子仅存头部，但雕工十分生动。眼睛比例较大，怒目圆睁，眉头紧锁，上唇微启，牙齿外露，嘴角向后咧开且上翘，表情略显狰狞。狮子脸部较为瘦削，鬃毛自耳朵向后延伸，呈流线型，整体风格与唐代以来的狮子造型较为一致，体现了宋代艺术注重写实的审美倾向。
（李松阳）

龙泉窑青釉鬲式炉

南宋
残高11.5厘米
2018—2020年浙江省绍兴市宋六陵二号陵园遗址出土
浙江省文物考古研究所藏

鬲式炉是南宋时期瓷器的流行器型之一，无论是产品的整体风格，还是腹部扉棱的处理，均可以看到其设计灵感来源于商周青铜鬲，反映了当时王公贵族及文人士大夫的崇古之风。此件器物的造型虽有所本，但不似青铜装饰那般繁复，简洁秀美的线条配上青翠凝厚的龙泉青釉，彰显了宋瓷华丽而不失典雅的风范。（李松阳）

Section 2 | 第二单元

运河明珠

Pearls on the Grand Canal

大运河连通了中国各大水系网络,
一些地处重要节点的城市因运而生,
倚河而兴,渐具规模,
这些城市的命运也伴随着运河的发展变迁而兴衰与共。

The Grand Canal connects the major water networks in China with some cities locating at key nodes formed by the convenience of the transport, which prospered along the river and gradually scaled up. The destinies of these cities also correlate with the vicissitude of the Grand Canal.

天目窑白釉弦纹三足樽式花盆

南宋
口径18厘米，高17.3厘米
2018—2020年浙江省绍兴市宋六陵二号陵园遗址出土
浙江省文物考古研究所藏

　　三足樽式花盆，造型可溯源至汉代的三足奁。在汉代，这类器型有多种用途，既可与勺、耳杯相配充当酒樽，又可作为女人化妆的奁盒，还可以配上博山盖成为香炉。到了风雅的南宋，又在这类器物的底部开一小孔，赋予了它陈设花器的新功能。从胎釉特征来看，胎色白，白釉闪青，釉面满布开片，符合临安天目窑的特征。（李松阳）

第一单元　繁华都会

◉ 江苏扬州
扬州城遗址

发掘单位：
中国社会科学院考古研究所
南京博物院
扬州市文物考古研究所

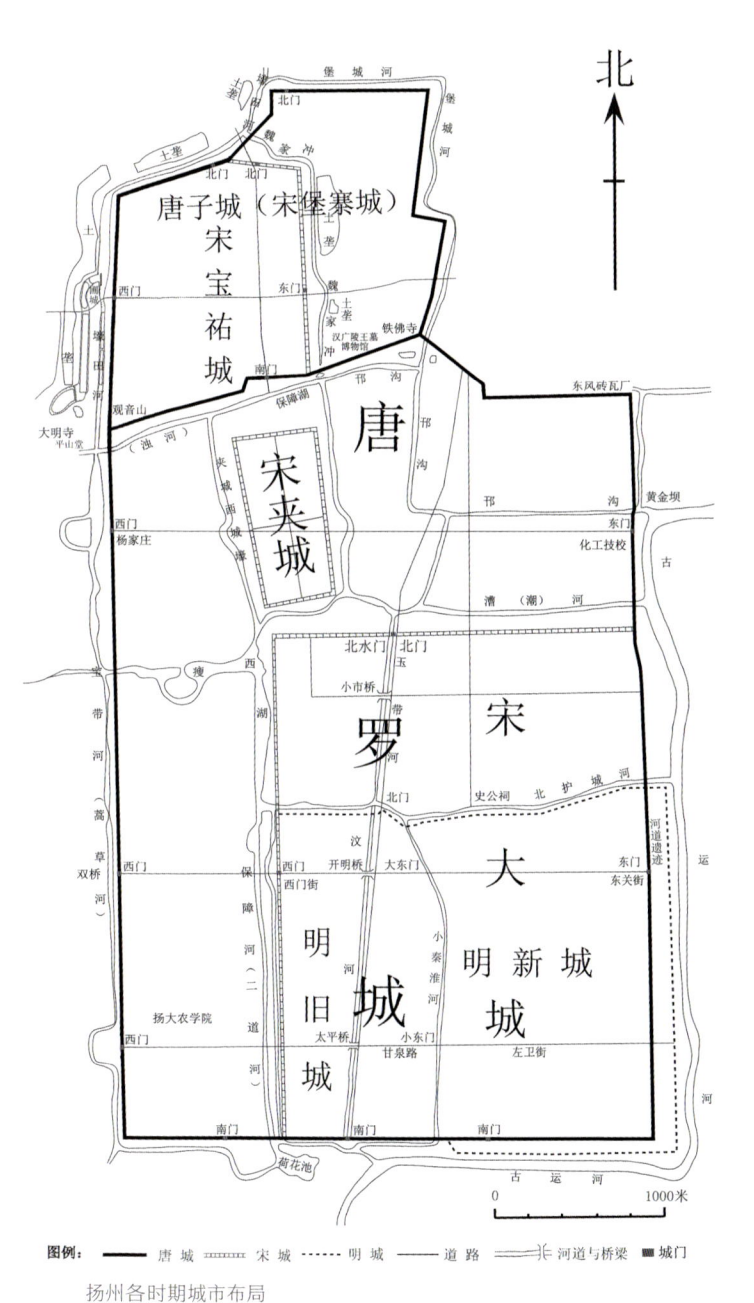

扬州城因运河而生，自春秋吴王筑邗城之始，已逾2500年，历代营建叠压，保存至今的各时期城址水系凸显大运河与扬州城市营建的紧密联系。持续的考古发掘工作，逐渐廓清了历代城址的沿革，推动了中国城市考古学的发展，堪称城市考古的成功范例。

扬州，作为大运河的原点城市，又是大运河联合申遗的牵头城市，围绕大运河开展的考古工作持续进行中，一座座古城址、墓葬、窑址、古河道等相继发掘，出土了大量文物，揭示了运河城市扬州的丰富文化内涵。

扬州各时期城市布局

扬州城历史发展时间轴

春秋	邗城	吴王夫差凿邗沟，逐鹿中原。
楚汉—六朝	广陵城	吴王刘濞开运盐河，扬州成为盐铁转运枢纽。
隋	江都城	隋炀帝开凿邗沟，沟通江淮，江都宫一度具有行都地位。
唐	扬州城	运河贯穿城市南北，扬州成为南北水路交通运输中心，扼盐运、漕运、内河通海之咽喉，一跃成为仅次于两京的经济城市与国际都会。
宋元	扬州城	兵燹频仍，运河缺少疏浚，漕运衰微。
明清	扬州城	漕运、盐业的发达让扬州重现繁华；清末漕运改海运后迅速衰弱。

第二单元 运河明珠

"千秋万岁未央"铭龟钮铜印

西汉
长1.7厘米，宽1.6厘米，高1.7厘米
2015年宿扬高速公路扬州段汉墓群出土
扬州市文物考古研究所藏

铜质。方形，顶层龟形，龟首上翘，腹部悬空，刻画生动。印面篆刻阴文"千秋万世未央"，共三行六字。（魏旭）

伎乐飞天纹金栉

唐
高12.5厘米，宽14.5厘米，厚0.04厘米
江苏省扬州市三元路建设银行工地出土
扬州博物馆藏

  金栉为头饰，用薄金片镂空錾刻而成。马蹄形，下部呈梳齿状。栉面上部满饰花纹，中心主纹以卷云式蔓草作地，上饰两对称的奏乐飞天，一吹笙，一执拍板。飞天下方饰一朵如意云纹。周边饰多重纹带，分别为单相莲瓣纹带、双线夹莲珠纹带、镂空鱼鳞纹带、镂空缠枝梅花间蝴蝶纹带等。唐代扬州是金银器制造中心，是唐朝皇室所需的供应地。（扬州博物馆）

嵌宝石金耳坠

唐
通高8.2厘米,球径1.6厘米,重21.5克
江苏省扬州市三元路建设银行工地出土
扬州博物馆藏

耳坠由挂环、镂空金球和坠饰三部分组成。上部挂环断面呈圆形,环中横饰金丝簧,环下穿两颗珍珠对称而置;中部的镂空金球用花丝和单丝编成七瓣宝装莲瓣式花纹,上下半球花纹对置。球顶焊空心小圆柱和横环,上部挂环穿横环相连。金球腰部焊对称相间的嵌宝孔和小金圈各六个,部分嵌宝孔内还保留红宝石和琉璃珠等;下部有七根相同的坠饰,六根系在金球腰部的小金圈上,一根挂在金球下端中心的金圈上。每根坠饰的上段均做成弹簧状,中段穿一花丝金圈、珍珠和琉璃珠,其下坠一红宝石。耳坠制作精细,装饰华丽,是唐代金首饰中的珍品。
(扬州博物馆)

菱花形打马球图铜镜

唐
直径18.5厘米，厚1.0厘米
江苏省扬州市泰安乡金湾坝工地出土
扬州博物馆藏

镜为菱花形，镜背纹饰是四名骑士，手执鞠杖，跃马奔驰作击球状；人与球之间衬以高山、花卉纹，显现出在郊外运动场比赛的情景。马球运动源于波斯，汉代传入我国，到了唐代，此运动十分活跃，深得皇帝和贵族的喜爱，是铜镜纹饰中的一种题材。目前我国仅存三面有关打马球图案的铜镜，一件为故宫博物院的传世品，另一件收藏于怀宁县博物馆，而以扬州出土的这一面铜镜保存最好，是唐镜中的珍品。（扬州博物馆）

定窑白釉花口碗

五代
口径16.5厘米，底径6厘米，高4.6厘米
2015年江苏省扬州市蜀冈生态体育公园出土
扬州市文物考古研究所藏

  花瓣口，斜鼓腹。矮圈足。十二瓣花口，共四组，每组一尖两弧。白胎白釉，胎体较薄，质地坚硬。釉面光洁，在流釉处略泛青。（刘刚）

青白釉瓜棱形粉盒

北宋
口径6厘米，底径4厘米，通高4.8厘米
2018年江苏省扬州市杨庙社区北宋墓出土
扬州市文物考古研究所藏

  南瓜形。整体分十二道瓜棱。盒盖顶部中心下凹，出一瓜蒂形钮。盒身鼓腹，矮圈足。盒盖、盒身中部均有一周收分弦纹，外底模印行书"□（段？）家合子记"。白胎。器表施青白釉至圈足，瓜棱下凹处因釉面较厚而呈青色，外底烧造时粘有炉渣。（刘刚）

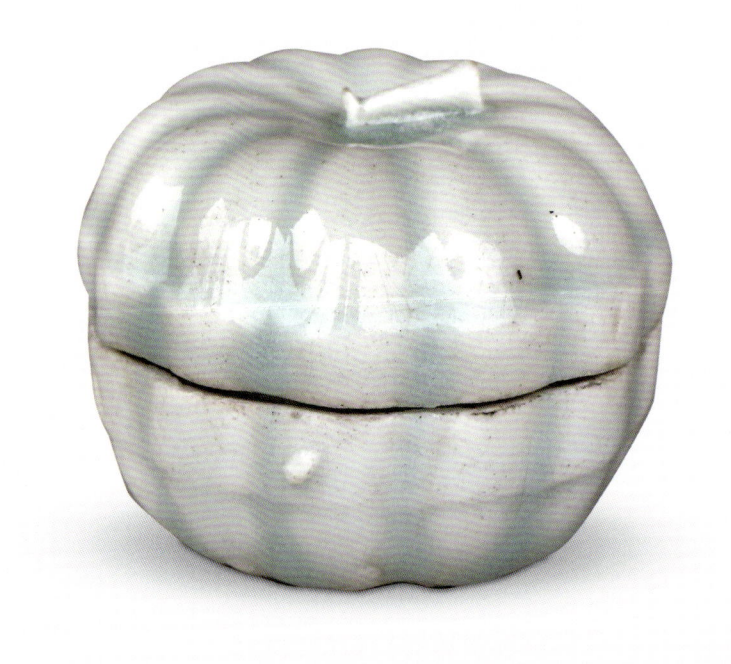

白釉菊瓣形粉盒

北宋
口径5.7厘米，底径3.4厘米，通高3.4厘米
2019年江苏省扬州市三星村宋墓出土
扬州市文物考古研究所藏

外面呈二十四瓣菊花瓣形，内部平面呈圆形；盒盖为方唇口，外立面花瓣分两层，弧形顶；盒身为尖唇，外立面花瓣分两层，平底略内凹，白胎白釉略发灰。（刘刚）

米黄釉描金月影梅纹粉盒

南宋
口径9.6厘米，底径5.2厘米，通高5.4厘米
2018年江苏省扬州市槐南村南宋墓出土
扬州市文物考古研究所藏

白胎。弧形顶，斜弧腹，圈足。盒盖顶部饰描金月影梅纹。外施黄釉至圈足外侧，釉面有开片。盒内残存白色块状物，推测为化妆品。（刘刚）

青釉苹果形盖罐

北宋
口径3.4厘米，底径3.4厘米，通高6.5厘米
2014年江苏省扬州市边城香榭丽花园出土
扬州市文物考古研究所藏

器盖为果蒂钮、子母口，表面施灰黄釉、内侧露出褐色胎体。器身为敛口、圆溜肩、弧腹、圈足外撇，最大径在肩部；内外均施青釉，局部露出黑褐色胎。（王小迎）

青白釉渣斗

北宋
口径17.5厘米，底径5.6厘米，高9厘米
2013年江苏省扬州市边城香榭丽花园出土
扬州市文物考古研究所藏

敞口、束腰。内壁饰弦纹两周，弦纹内刻有花纹，胎体轻薄，造型端庄，制作精巧。浅卧足。有圆形垫饼痕迹。（王小迎）

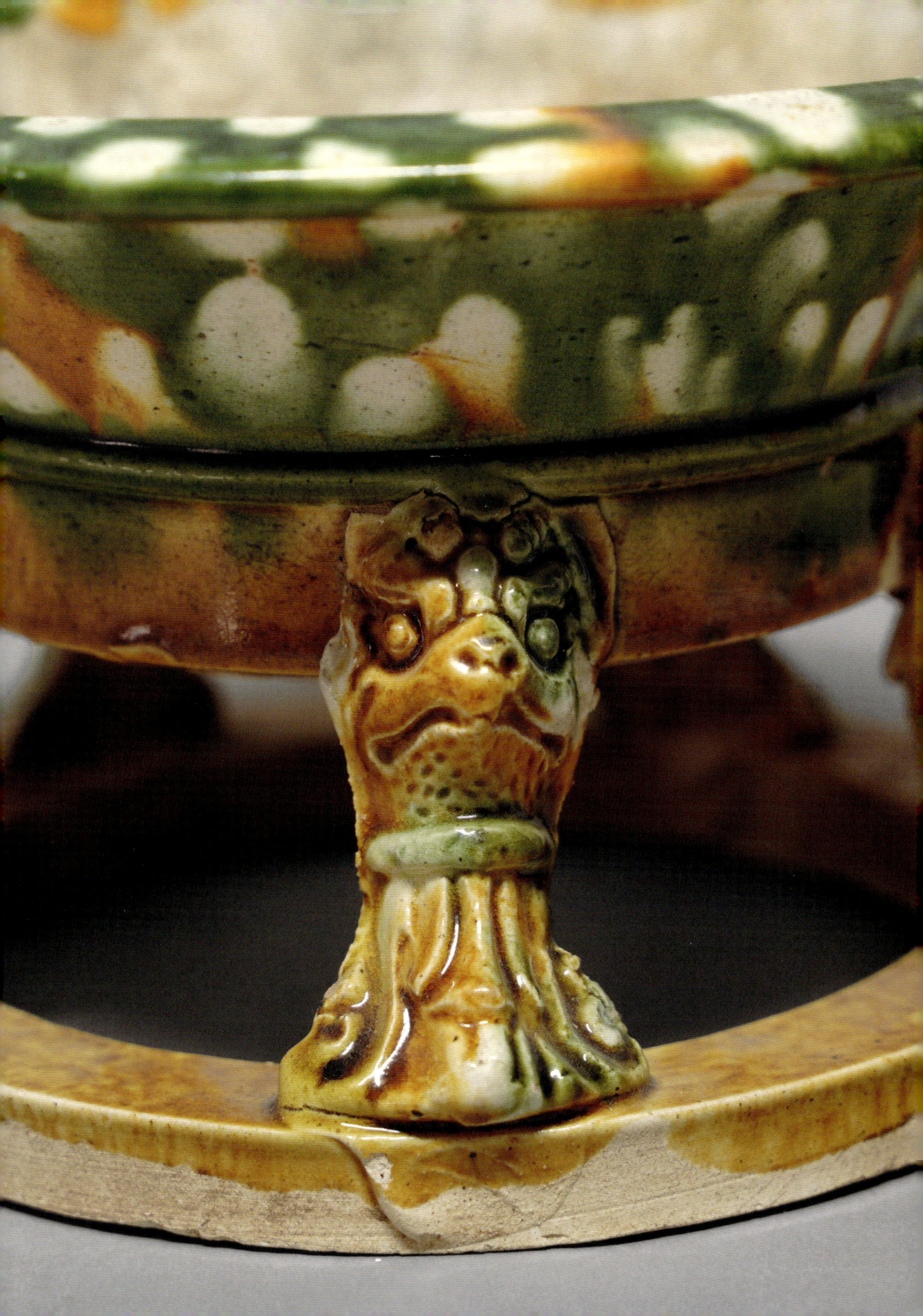

三彩文官俑

唐
宽17.9厘米，厚16.2厘米，通高66.8厘米
2019年河南省洛阳市潘寨村C5M2371唐墓出土
洛阳市考古研究院藏

　　灰白胎，模制。器形、釉面完整，头部彩绘有少量脱落。呈站立状，头戴高梁冠，冠周施墨彩，面容饱满，神情庄重，目视右前方。上身略后倾，身穿右衽交领博袖长袍。长袍整体施绿釉，领口及袖施有褐釉，双臂隐于袖中，双手拱于胸前，腰束宽带。下身着白釉长裙，长裙及地覆盖脚面，仅露出足尖。足尖施褐釉，立于高台之上，高台中空，左右各有一圆孔。（范景锐）

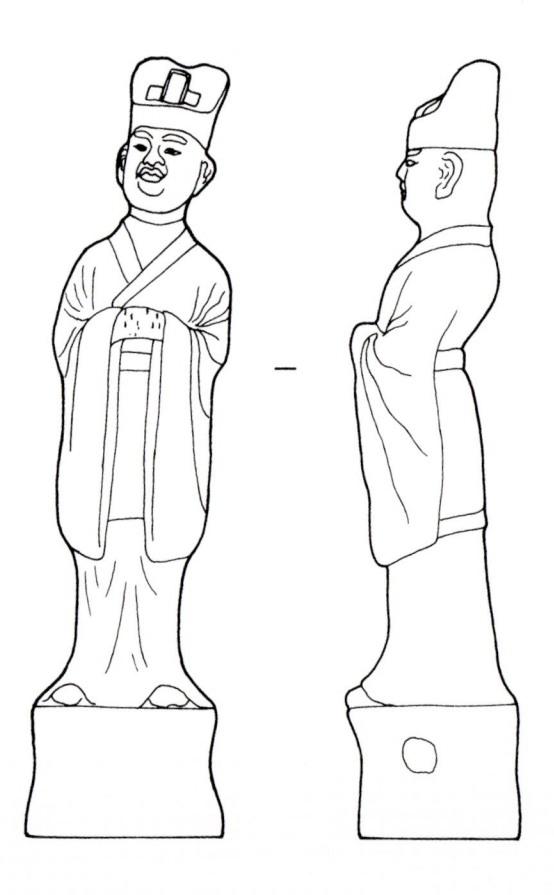

三彩武官俑

唐
宽17厘米，厚14.7厘米，通高66厘米
2019年河南省洛阳市潘寨村C5M2371唐墓出土
洛阳市考古研究院藏

形制与文官俑相同，仅头冠不同。头戴三山冠，冠面有三山、卷云纹饰，冠周施墨彩。目视前方，口微张，唇周墨绘胡须。其他特征与文官俑相同。

（范景锐）

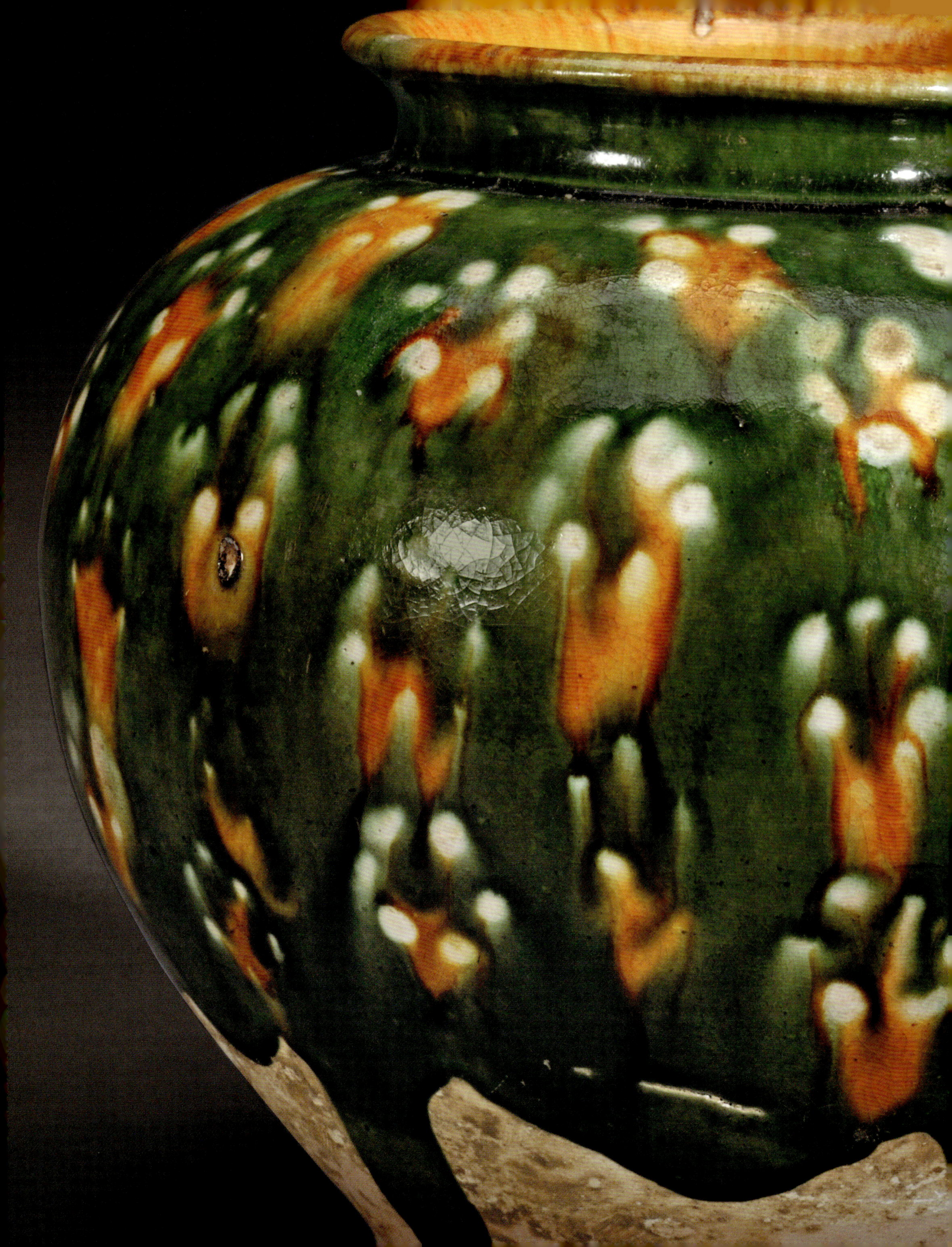

三彩罐

唐
口径10.8厘米，腹径18厘米
底径9.8厘米，高16.9厘米
2019年河南省洛阳市潘寨村C5M2371唐墓出土
洛阳市考古研究院藏

粉白胎。口外翻，短颈，圆肩，弧腹，平底。口沿内施褐釉，周身饰以白色斑点装饰的花朵纹。（范景锐）

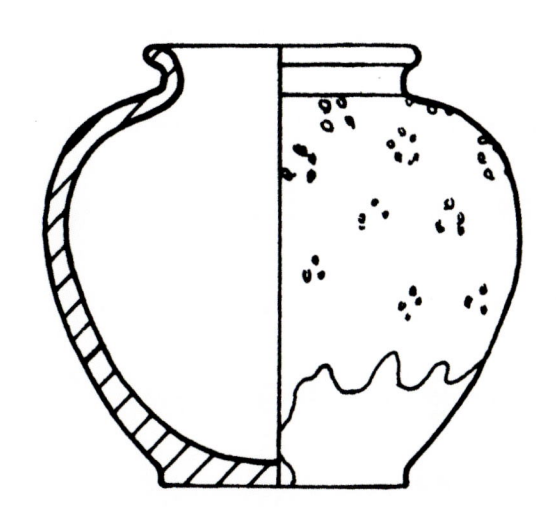

第一单元　繁华都会

三彩盆

唐
口径24厘米，底径17.3厘米，高5.7厘米
2019年河南省洛阳市潘寨村C5M2371唐墓出土
洛阳市考古研究院藏

灰白胎。方唇，直口，弧壁斜收，平底微上鼓。外壁施褐釉，口沿施绿、白、褐釉，内壁施绿釉以白色点状釉装饰，盆内底部印八瓣莲花纹，施以绿、白、褐三色釉，中心有圆形莲心。（范景锐）

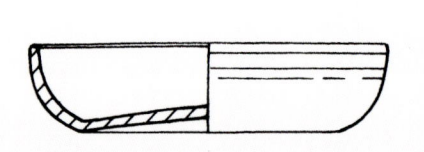

青白釉梅瓶

宋
口径10.8厘米，底径9.8厘米，高27厘米
2012年江苏省扬州市佳家花园四期建设工地出土
扬州市文物考古研究所藏

瓶广口外侈，束颈，溜肩，肩下渐收，内圈足。通体施青白釉。素面，外施釉至底部，内施釉口沿下。青白相映，略泛黄色，有深色的棕点。白胎，胎质较硬，腹部有轮制痕迹。底部墨书两字。此瓶应为北宋早期景德镇湖田窑产品。（王小迎）

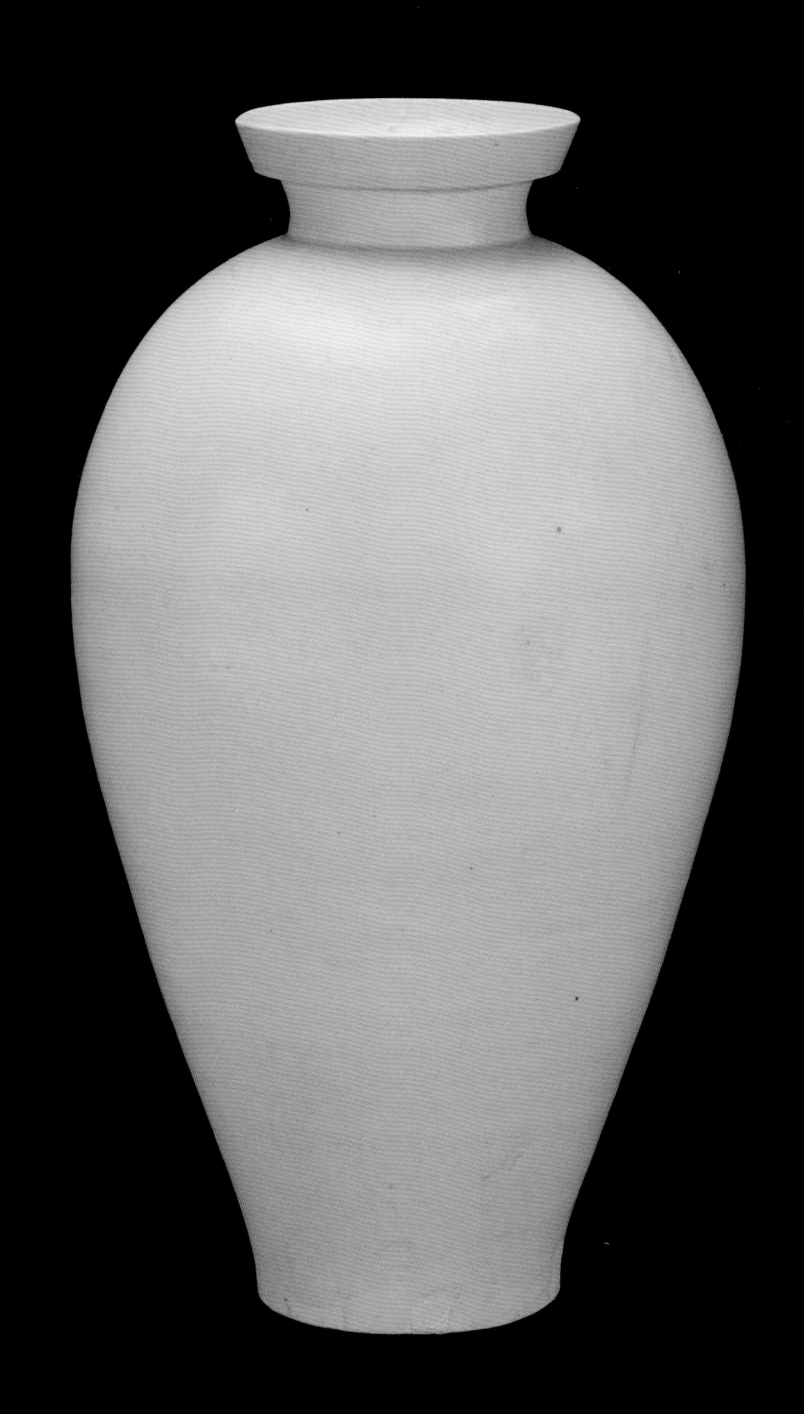

"加官进禄""宜入新春"铭金饰片（两件）

宋
A：长16.3厘米，宽6.6厘米
B：长15.6厘米，宽7厘米
2019年江苏省扬州市城北乡宋代砖室墓出土
扬州市文物考古研究所藏

共两件，金箔质地。运用裁剪、镂空、锤揲工艺。器物边缘装饰连珠纹和水波纹等。

A：中心部分为两个菱形图案相连，顶部和底部连缀花卉图案。菱形中心方格内"加官进禄"四字。

B：整体形态不规则。顶部为云纹和扇形图案；中部两侧似为如意形，内侧"宜入新春"四字；底部似为卷曲的云纹。造型富有流动性。（魏旭）

A　　　　　　　　　　B

192　　第二部分　探胜——大运河城市考古

📍 江苏扬州

曹庄隋唐墓（隋炀帝墓）

▶ 新时代百项考古新发现
▶ 2013年度全国十大考古新发现

发掘单位：
南京博物院
扬州市文物考古研究所
苏州市考古研究所

隋炀帝墓位于扬州市邗江区西湖镇司徒村曹庄组的蜀冈西峰顶部。2013年，因工程建设被发现并进行了抢救性发掘。墓葬由墓道、甬道、主墓室、东耳室、西耳室五部分构成，随葬品有陶器、铜器、漆器、玉器等180余件。其中墓葬中出土的十三环蹀躞金玉带、鎏金铺首、"隋故炀帝墓志"铭墓志等尤为重要，至此，关于隋炀帝终葬之地的千年谜团终被破解。

隋炀帝墓的发掘对于研究隋末唐初高等级墓葬形制、丧葬习俗以及南北文化交流提供了珍贵资料，有助于研究隋唐时期的历史、政治、经济、文化等，也丰富了扬州城遗址的内涵，扩展了扬州城遗址的范围，更为当时"中国大运河"申报世界文化遗产增添了又一重要依据。

隋炀帝墓、萧后墓发掘平面图

隋炀帝墓志

释文：

随故炀帝墓志

惟随大业十四年太岁戊寅三月□十

一日帝崩于扬州江都县□□□□

于流珠堂其年八月一日□□□□

西陵荆棘芜秽□□□□□□□

永异苍梧□□□□□□□□□

□□以贞观元年太岁丁亥三□三月□甲

[寅]朔十九日壬申□□□□□□□□

□葬炀帝之□□□□□□□□

□礼也方□□□□□□□□

□□共川岳□……

……

隋炀帝墓西耳室出土陶俑

萧后墓棺床东侧出土陶牛

隋炀帝牙齿

隋
2013年江苏省扬州市曹庄隋唐墓（隋炀帝墓）出土
扬州市文物考古研究所藏

　　为臼齿，齿冠黄色，根部黑色。磨耗较为严重，骨质露出。牙齿经鉴定为五十岁左右个体，与隋炀帝年龄相符合。（魏旭）

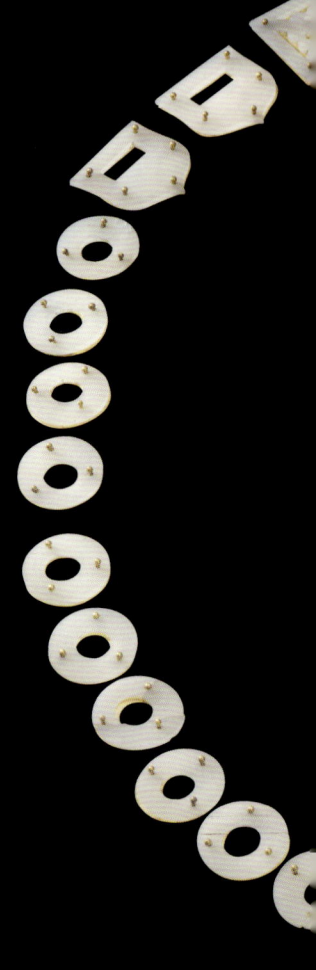

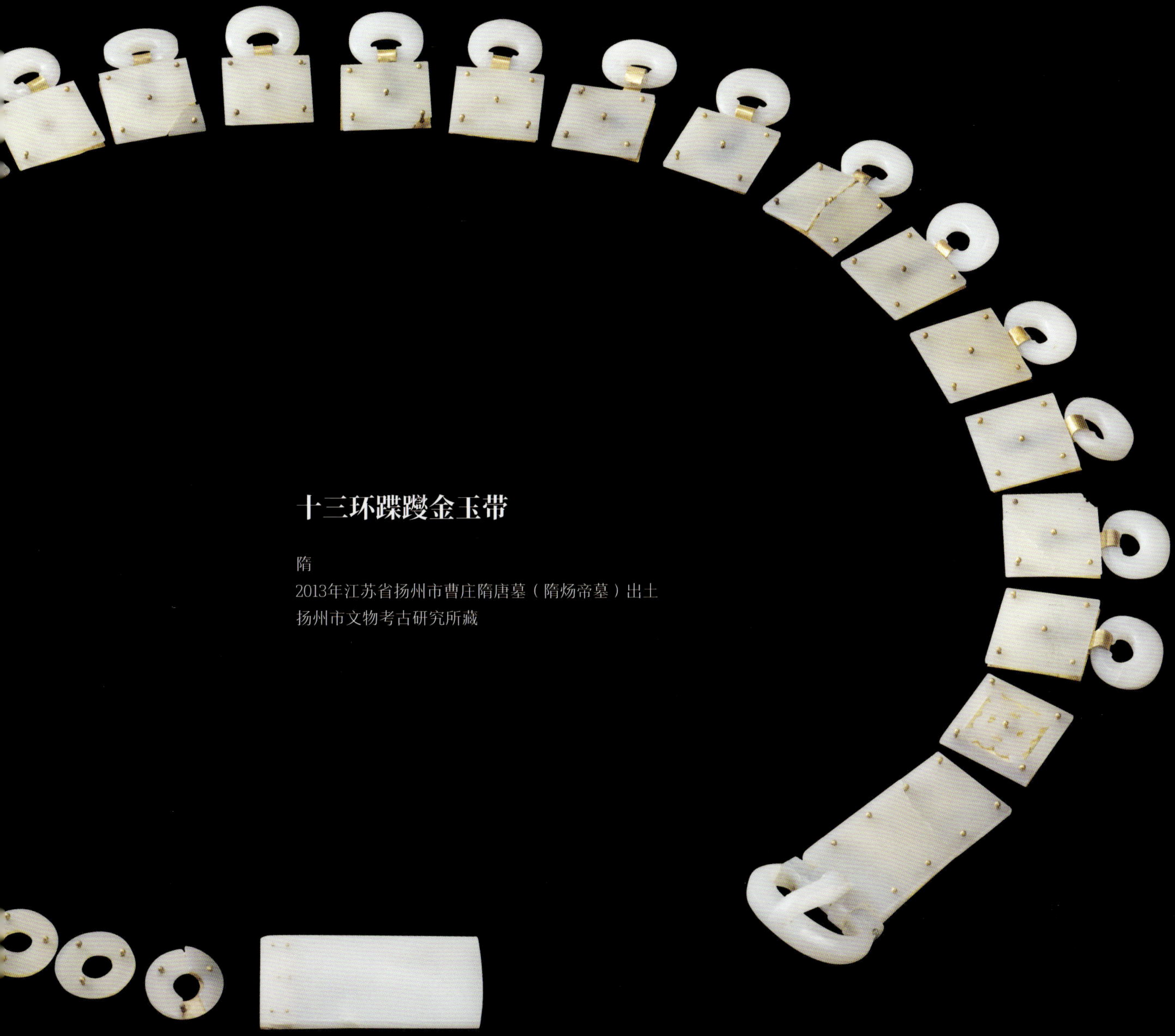

十三环蹀躞金玉带

隋
2013年江苏省扬州市曹庄隋唐墓（隋炀帝墓）出土
扬州市文物考古研究所藏

十三环蹀躞金玉带由带扣、扣柄、带銙及铊尾组成。其中玉带扣一件，椭圆形，直径5.45—3.45、厚0.26厘米；扣柄一件，尖拱有孔銙二件，底边长3.9、厚0.3厘米；方形镂空透雕柿蒂纹銙二件，边长3.8—4、厚0.26厘米；方形附环銙十三件，边长3.8—4、厚0.26厘米；圆形偏心孔扣环十三件，外径2.95、内径1.2、厚0.26厘米；长条形铊尾一件，长8.12、厚0.53厘米，共计三十三件构成。玉带扣与扣柄之间用铜轴连接，扣柄、尖拱有孔銙、方形镂空銙、方形附环銙、圆形扣环背面均有金片，玉环与金片之间用金铆钉衔接。和田玉质，玉白莹润。蹀躞带流行于北周、隋末唐初长安地区的高等级墓葬中，十三环是蹀躞带中的最高等级，为帝王使用。（王小迎）

鎏金铜铺首（四件）

隋
通高37.5厘米
兽面宽26厘米，高25厘米
环外径20.5厘米，内径15.8厘米
2013年江苏省扬州市曹庄隋唐墓（隋炀帝墓）出土
扬州市文物考古研究所藏

铺首由兽面、钮及环三部分组成，兽首面目狰狞夸张，工艺精湛，模制浇铸、錾刻，通体鎏金。隋炀帝墓计出土四件铜铺首，形制基本相同。铺首兽面形象为龙生九子之一的椒图，椒图形似螺蚌，好闭口，螺蚌遇到外物侵犯，总是将壳口紧合。人们将其形象用于门上，取其紧闭安全之意。（王小迎）

第二单元　运河明珠

钿钗礼冠饰件一组

唐
2013年江苏省扬州市曹庄隋唐墓（萧后墓）出土
扬州市文物考古研究所藏

钿钗礼冠（复原件）

中国大运河博物馆藏

据萧后墓出土的钿钗礼冠而制作的复原件，整体由呈十字形交叉的两道梁和与其相连的三道箍以及对称分布在框架构件上的十三颗花树构成，制作材料包括金、铜、铁、玻璃、汉白玉、珍珠、木、漆、棉、丝等十种，加工工艺包括铸造、锤揲、珠化、鎏金、贴金、焊接、掐丝、镶嵌、錾刻、抛光、剪裁、髹漆等十二类。

江苏盱眙
泗州城遗址

发掘单位：
南京博物院
淮安市博物馆
盱眙县博物馆

泗州城始建于北周，隋朝时毁于战乱，唐代重新兴建泗州城，它是大运河与淮河交汇处重要的枢纽州城，为唐宋时期黄河、淮河、长江水道漕运中转站，清康熙十九年（1680）被洪水淹没。

2011—2015年考古发现了这座沉睡水下三百余年的城址，为研究大运河与泗州城之间的关系提供更为翔实的物证，并对唐宋漕运及社会经济状况等方面研究具有重要价值。

> 天下无事，则为南北行商之所必历；天下有事，则为南北兵家之所力争。
> ——《泗州志》

泗州城遗址发掘现场

文保人员对泗州城遗址发现的铁镬进行清理与修复

考古发掘的香华门遗址，因迎接僧伽入城以鲜花铺地而得名

僧伽与泗州

僧伽为唐代中亚高僧，传说为观音的化身，被后世尊为"泗州大圣"。僧伽沿运河云游南北，医病治水，圆寂后葬于泗州普照王寺，建灵瑞塔供奉。

赵孟頫《泗州普照禅寺灵瑞塔碑》赑屃底座

第二单元　运河明珠

203

经幢基座

唐乾符六年（879）
残高55厘米，宽30厘米
2011—2015年江苏省盱眙县泗州城遗址出土
南京博物院藏

此经幢仅存幢座，立体八棱形，其中四面对称饰狮形高浮雕，间刻文字。文字分别为造幢记和造幢者题名。据造幢记铭文可知此经幢为唐僖宗乾符六年（879）由诸位信众共同集资所建，幢座上镌刻有造幢者题名。

经幢为唐代开始出现的周刻佛教经文的石柱，通常为八角形石柱，少数为六角形，或四方形石碑，另极少数为圆柱形。其上大都刻《佛胜陀罗尼经》。经幢自下而上一般可分为幢座、幢身和幢顶。
（杨汝钰）

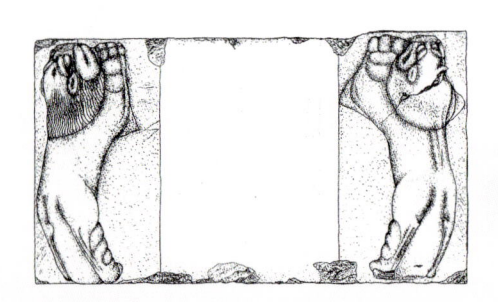

经幢基座正视图、顶视图

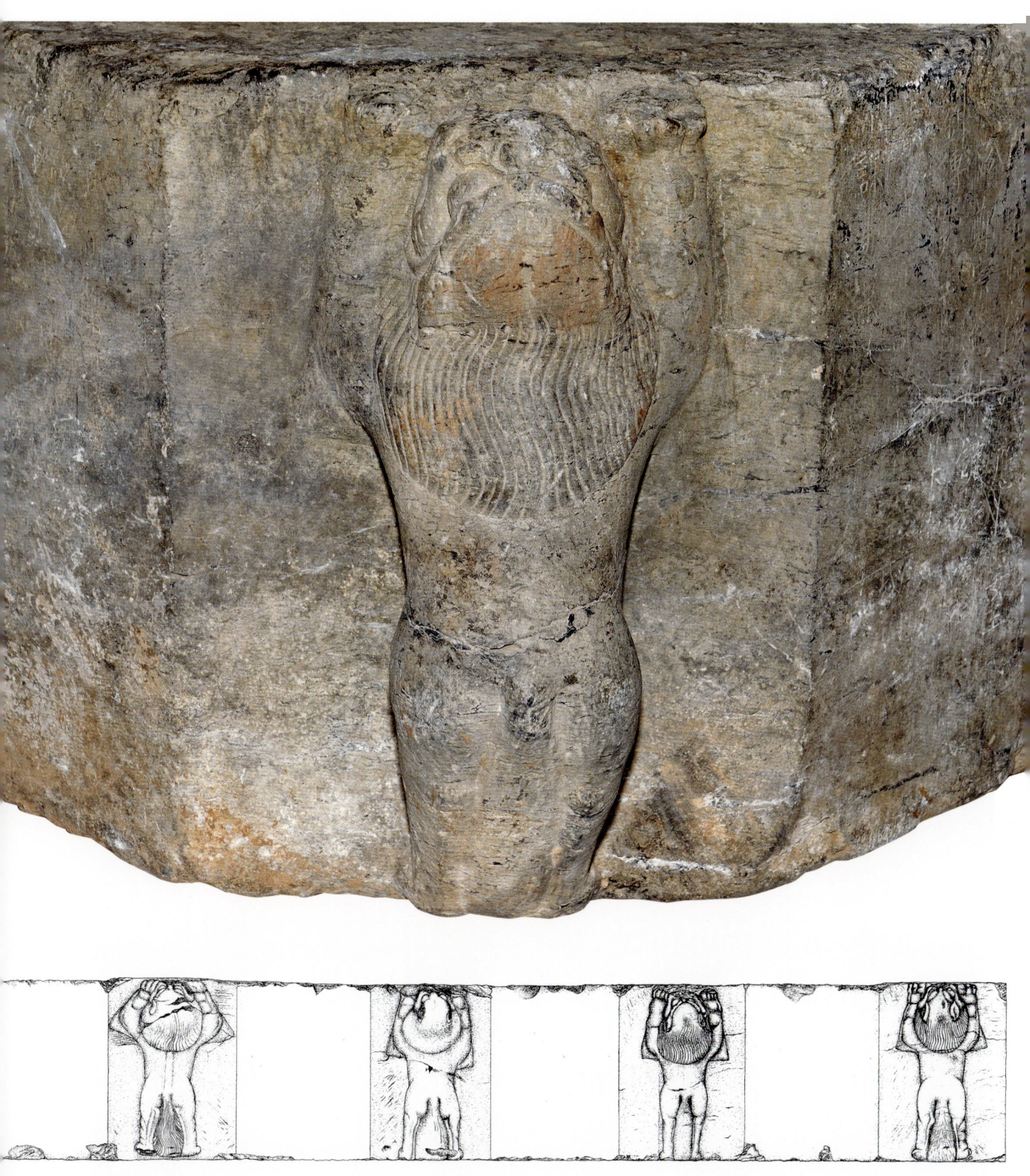

经幢基座展开图

第二单元 运河明珠

经幢底座铭文

经幢底座铭文拓片

文字碑刻,内容大致如下(从右至左竖读):

□正郎伎倞□□□度□吴□當□雁
汉戍雅徐祐嘉和梁君宫趙月
君貢徐兒 □ 宝買
敬陰 郭 常存
全范應妻
閒何憬儆 名氏孫女何□
冷 鄭宗孟益 陳鎔駭□
到傳安 韋蓮 李史曾
吳宗 妻王氏男郎奴 妻王氏 張重全建武

石香炉

明正德十四年（1519）
口径15厘米，腹径29厘米，高41厘米
2011—2015年江苏省盱眙县泗州城遗址出土
南京博物院藏

　　石质，形似鼎，方唇，敞口，口部对称立双耳。束颈，鼓腹，下接三足。炉内壁为浅盆状，有加工痕迹。腹部刻铭文"泗州在城在于涧溪住人（？）居住信士孙鸾喜舍香炉一座，永保平安。正德十四年孟秋吉日舍"。可知其为信众孙鸾于正德十四年（1519）所舍。（杨汝钰）

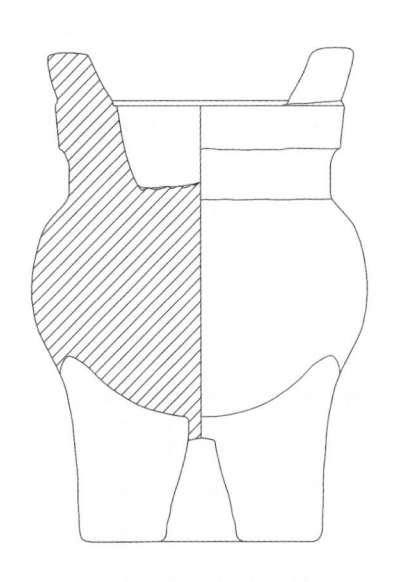

石香炉

明正德十四年（1519）
口径18.6厘米，腹径31.6厘米，高39.4厘米
2011—2015年江苏省盱眙县泗州城遗址出土
南京博物院藏

石质，形似鼎，方唇，敞口，口部对称立双耳。束颈，鼓腹，下接三足。炉内壁为浅盆状，有加工痕迹。腹部刻铭文"泗州在城住人居士申仲贤及（？）弟仲良喜舍香炉二座，永保平安吉祥如意。正德己卯孟春造"。可知其为信众申仲贤、仲良兄弟于正德己卯年（1519）所舍。（杨汝钰）

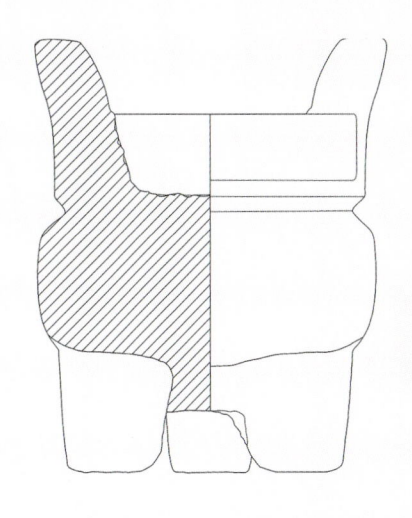

铜筒瓦

明
长84.8厘米,宽15厘米,高8.3厘米,厚0.8—1厘米
2011—2015年江苏省盱眙县泗州城遗址出土
南京博物院藏

筒瓦为古建筑屋顶构件,截面为半圆形,素面无纹饰,多为黏土烧制。此瓦为铜制,瓦内外壁有两周分铸铸接痕迹,一端有圆形穿孔。瓦背部间隔分布两个长条形凸起。(杨汝钰)

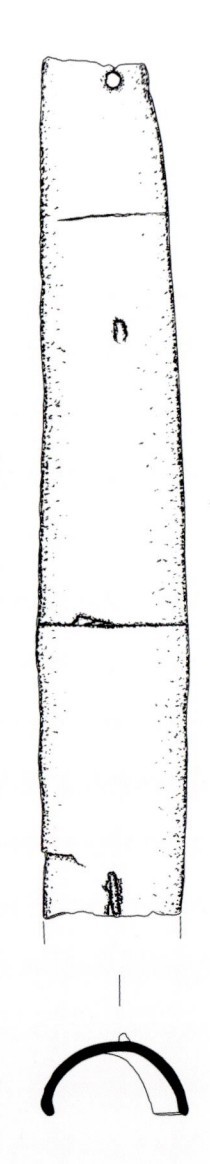

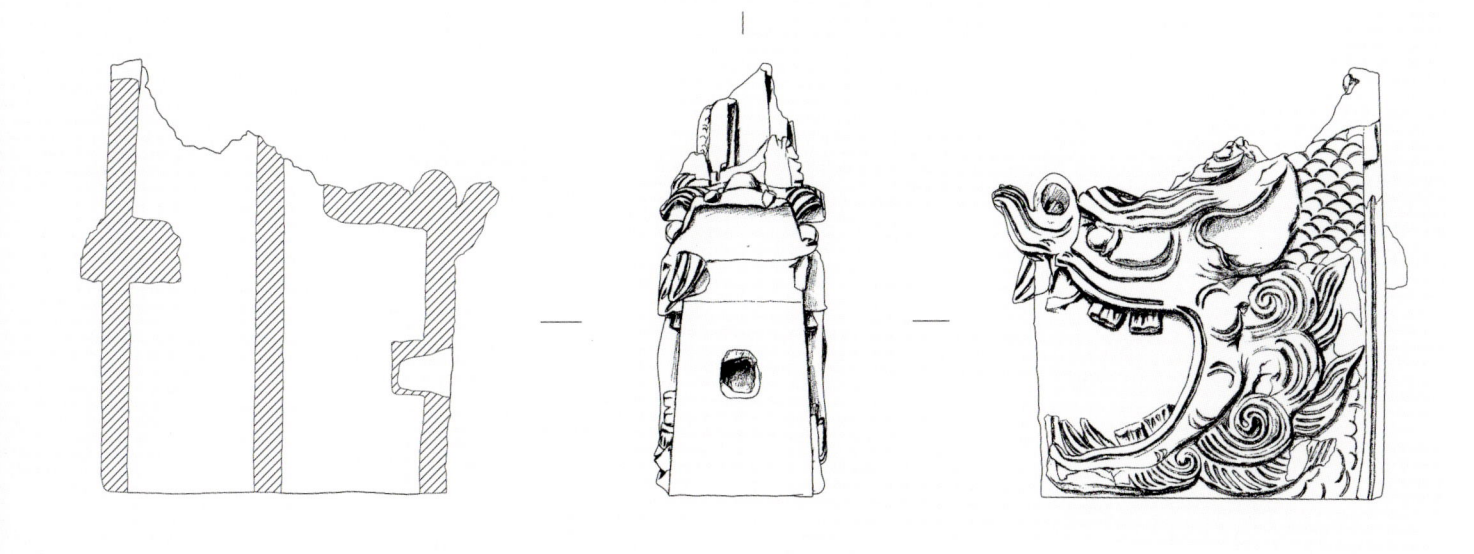

鸱吻

明
长46.8厘米，宽20.4厘米，残高50.4厘米
2011—2015年江苏省盱眙县泗州城遗址出土
南京博物院藏

鸱吻为古建筑正脊两端的装饰物，由晋代鸱尾发展而来，吻部突出，出现于唐中期。形似螭龙，头顶犄角，怒目喷视，炯炯有神，张口獠牙，吻部吞脊，尾部残缺。形制中空，内部一道竖状间隔。（杨汝钰）

北京
路县故城遗址

▶ 新时代百项考古新发现
▶ 2016年度全国十大考古新发现

发掘单位：
北京市文物研究所
通州区文化委员会

路县故城遗址位于北京通州区潞城镇的古城村。据史料记载，路县始设于西汉高祖十二年（公元前195），属渔阳郡。路县临古潞水而建，与驰道交汇，属于粮草水运中转的口岸县城。

2016年，考古工作人员对路县故城遗址进行了考古调查、勘探和试掘工作，清理出城墙、壕沟、沟渠、道路、灶址、灰坑、墓葬等遗迹，出土一批典型的汉代器物，以陶器为主，此外还有铜器、铁器、石器、骨器等。

路县故城城址平面示意图

路县故城遗址与周边遗址位置示意图

路县故城外胡各庄村墓葬群

第二单元 运河明珠

213

陶壶

西汉
口径23.5厘米,腹径35.5厘米
底径22.5厘米,通高67厘米
2016—2017年北京市通州区路县故城遗址出土
北京市考古研究院藏

该陶壶仿铜器形态,博山式盖,子母口,顶部峰峦叠嶂,束颈,圆鼓腹,圈足,两侧附衔环铺首。属北京地区出土陶壶中体量较大者。(刘慧)

彩陶魁

东汉
口径20.2厘米，柄长9.2厘米
底径11.5厘米，通高9.6厘米
2016—2017年北京市通州区路县故城遗址出土
北京市考古研究院藏

魁是周秦汉晋之际使用较为广泛的一种饮食器皿，主要用来盛羹。《说文·斗部》记载："魁，羹斗也。"在民间使用的是用木材制造，在中上等阶层中使用的则多为金、玉、铜或漆制造，常在柄部有龙首装饰。（孙勐）

釉陶虎子

东汉
长18.5厘米,宽7.9厘米,高12.1厘米
2016—2017年北京市通州区路县故城遗址出土
北京市考古研究院藏

  该器为泥质灰陶。呈伏虎状,虎首高昂,小耳,圆眼鼓睛,圆口向上,虎身肥胖,后臀饱满,小尾下垂,四肢蹲曲,俯卧于地。内空。背部有桥形提梁。伏虎器由兽形匜演变而来,从先秦到西汉主要是用于洗涤污秽的盥洗器,东汉以后,主要用作收溺,故俗称"虎子"。(刘风亮)

釉陶庖厨俑

东汉
宽14厘米，通高27.1厘米，厚14厘米
2016—2017年北京市通州区路县故城遗址出土
北京市考古研究院藏

  此俑为泥质灰陶，陶质较硬，通体施绿釉，施釉均匀。头戴毡帽，身穿右衽无袖交领衫，跽坐于地，身前置方形长案，双手交叉伏案，作庖厨状。此类绿釉庖厨俑流行于东汉晚期较大型墓葬中，反映出东汉晚期贵族阶级的庖厨场景以及厨师的衣帽服饰特征，同时也说明当时施釉技术已基本成熟。（刘风亮）

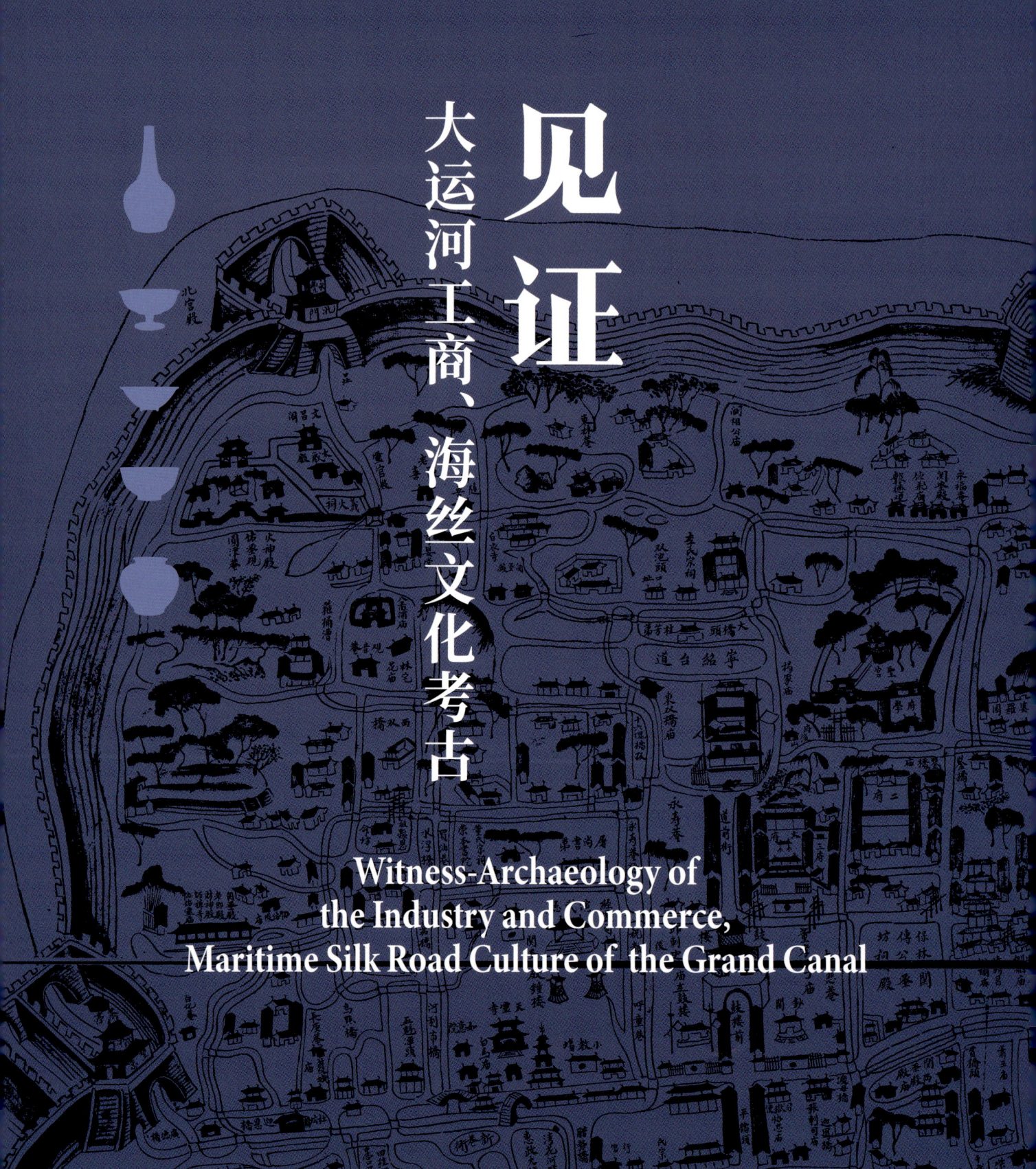

Part III
第三部分

见证
大运河工商、海丝文化考古

Witness-Archaeology of the Industry and Commerce, Maritime Silk Road Culture of the Grand Canal

Section 1 | 第一单元

窑火传薪
Ceramic-making Craftsmanship

大运河沿线考古发现了众多窑业遗存，
这得益于水运所带来的便利。
唐宋以降，
制瓷业的发展受大运河的影响十分显著，
瓷器通过运河销往各地，
制瓷技术也沿着运河传播开来。

Archaeology along the Grand Canal led to the discovery of remains of ancient kilns, which were enabled by the convenient water transport. Since Tang and Song Dynasties, porcelain-making has been greatly influenced by the Grand Canal. Porcelain trade expanded across China thanks to the canals. Porcelain-making technology also got disseminated along the canal.

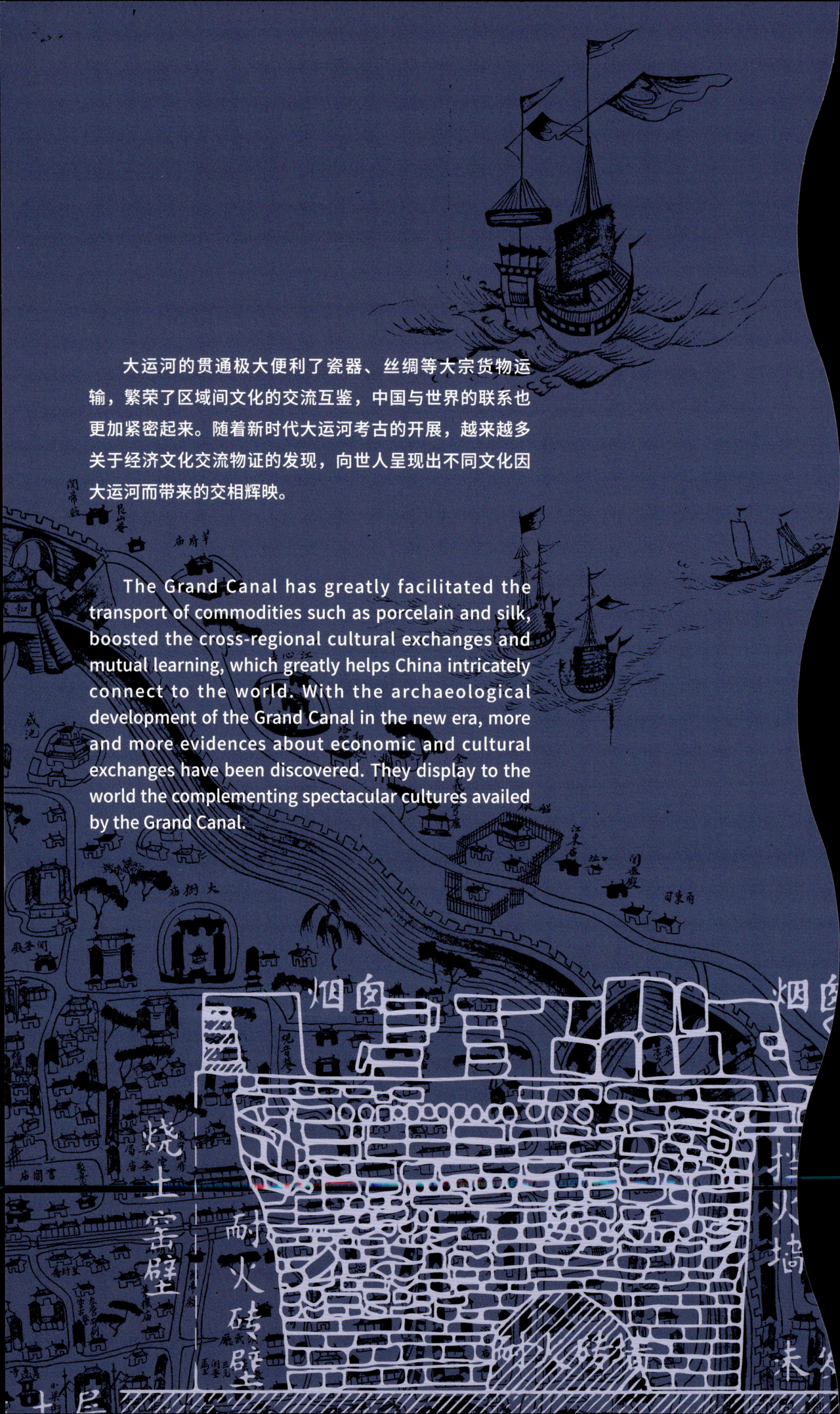

大运河的贯通极大便利了瓷器、丝绸等大宗货物运输，繁荣了区域间文化的交流互鉴，中国与世界的联系也更加紧密起来。随着新时代大运河考古的开展，越来越多关于经济文化交流物证的发现，向世人呈现出不同文化因大运河而带来的交相辉映。

The Grand Canal has greatly facilitated the transport of commodities such as porcelain and silk, boosted the cross-regional cultural exchanges and mutual learning, which greatly helps China intricately connect to the world. With the archaeological development of the Grand Canal in the new era, more and more evidences about economic and cultural exchanges have been discovered. They display to the world the complementing spectacular cultures availed by the Grand Canal.

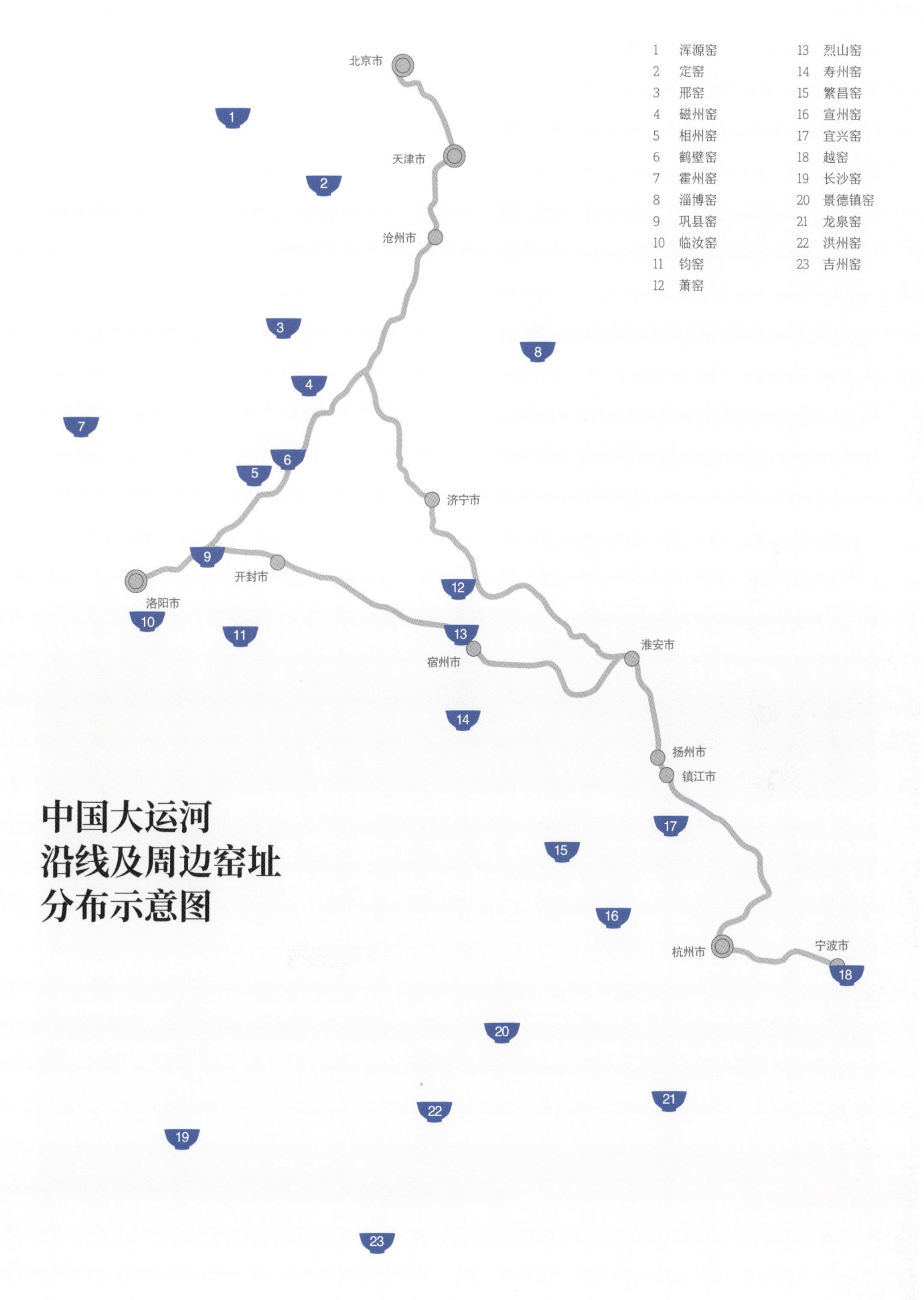

中国大运河沿线及周边窑址分布示意图

1	浑源窑	13	烈山窑
2	定窑	14	寿州窑
3	邢窑	15	繁昌窑
4	磁州窑	16	宣州窑
5	相州窑	17	宜兴窑
6	鹤壁窑	18	越窑
7	霍州窑	19	长沙窑
8	淄博窑	20	景德镇窑
9	巩县窑	21	龙泉窑
10	临汝窑	22	洪州窑
11	钧窑	23	吉州窑
12	萧窑		

第一单元　窑火传薪

上林湖遗址航拍正射影像图

越窑秘色瓷钵

唐
口径21.5厘米，底径5.8厘米，高8.7厘米
2016年浙江省慈溪市上林湖后司岙窑址出土
浙江省文物考古研究所藏

该件秘色瓷大钵器形较大，制作规整，釉色精致，是越窑秘色瓷器类中不可多得的精品。资料显示，该类秘色瓷大钵在遗址中未见出土，也罕见于国内博物馆，可见其稀有性。（谢西营）

越窑秘色瓷八棱净瓶

唐
口径2厘米，底径8厘米，高21.5厘米
2016年浙江省慈溪市上林湖后司岙窑址出土
浙江省文物考古研究所藏

　　八棱净瓶是越窑秘色瓷中的一类典型器物。该类净瓶曾于陕西扶风法门寺地宫和西安张叔尊墓出土，在故宫博物院和余姚博物馆也有收藏。1983年慈溪文物工作者曾于慈溪上林湖后司岙窑址一带采集到八棱净瓶残片。2015—2017年上林湖后司岙窑址考古发掘工作过程中，也曾出土少量八棱净瓶。该件净瓶底部刻有"公"字，同类"公"字也见于法门寺地宫出土八棱净瓶底部。（谢西营）

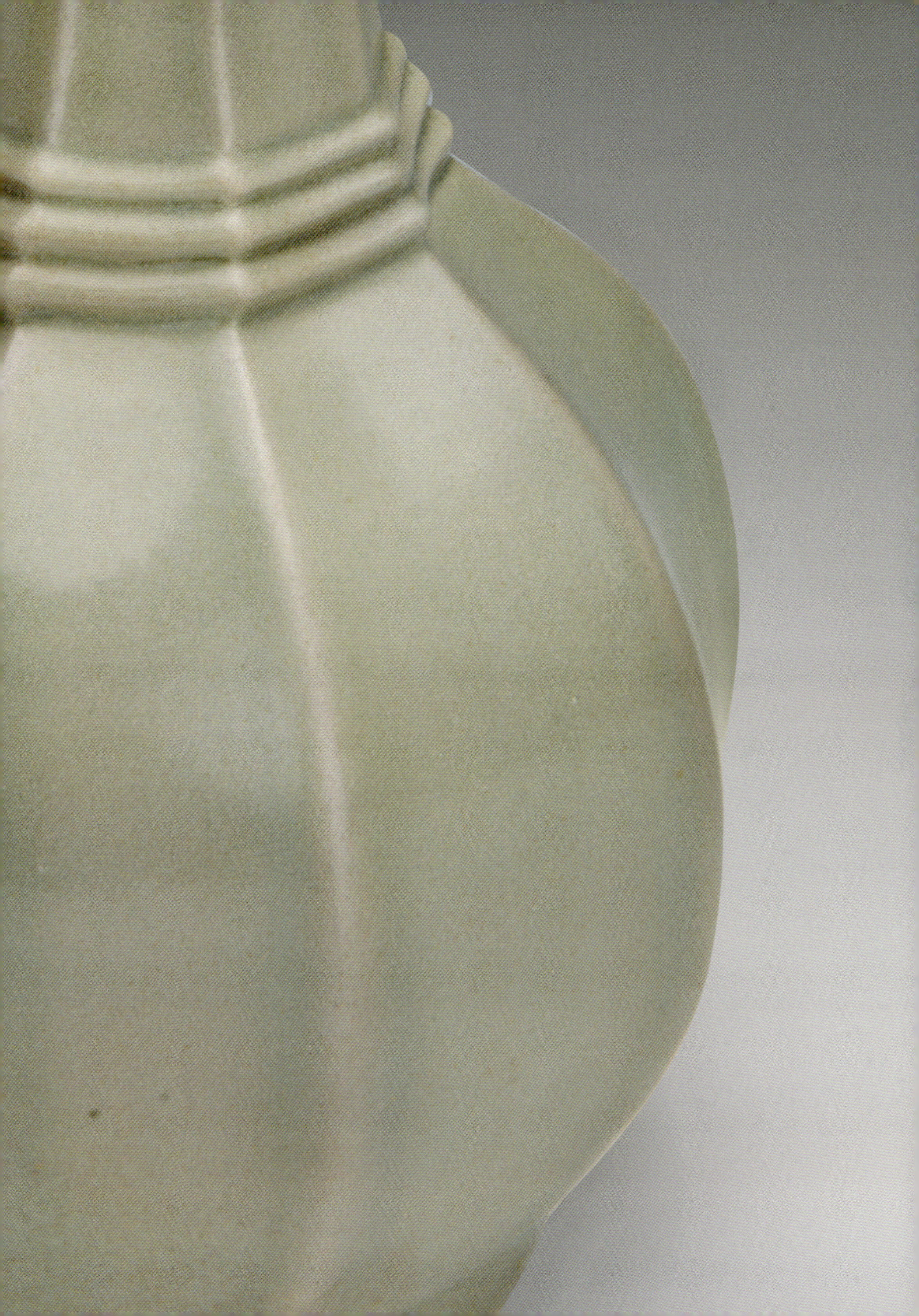

越窑青釉花口大碗

唐
口径17.7厘米,底径7.7厘米,高7.6厘米
2016年浙江省慈溪市上林湖后司岙窑址出土
浙江省文物考古研究所藏

该类花口大碗流行于晚唐时期的越窑窑场。在窑址之外,同类型大碗曾出土于陕西扶风法门寺地宫中。尽管该件碗釉色偏黄,与法门寺出土者釉色呈天青色存在明显差距,但从其器形、制作工艺来看,也当属于秘色瓷的范畴。其釉色青黄,应归因于其烧造过程受到氧化的缘故。(谢西营)

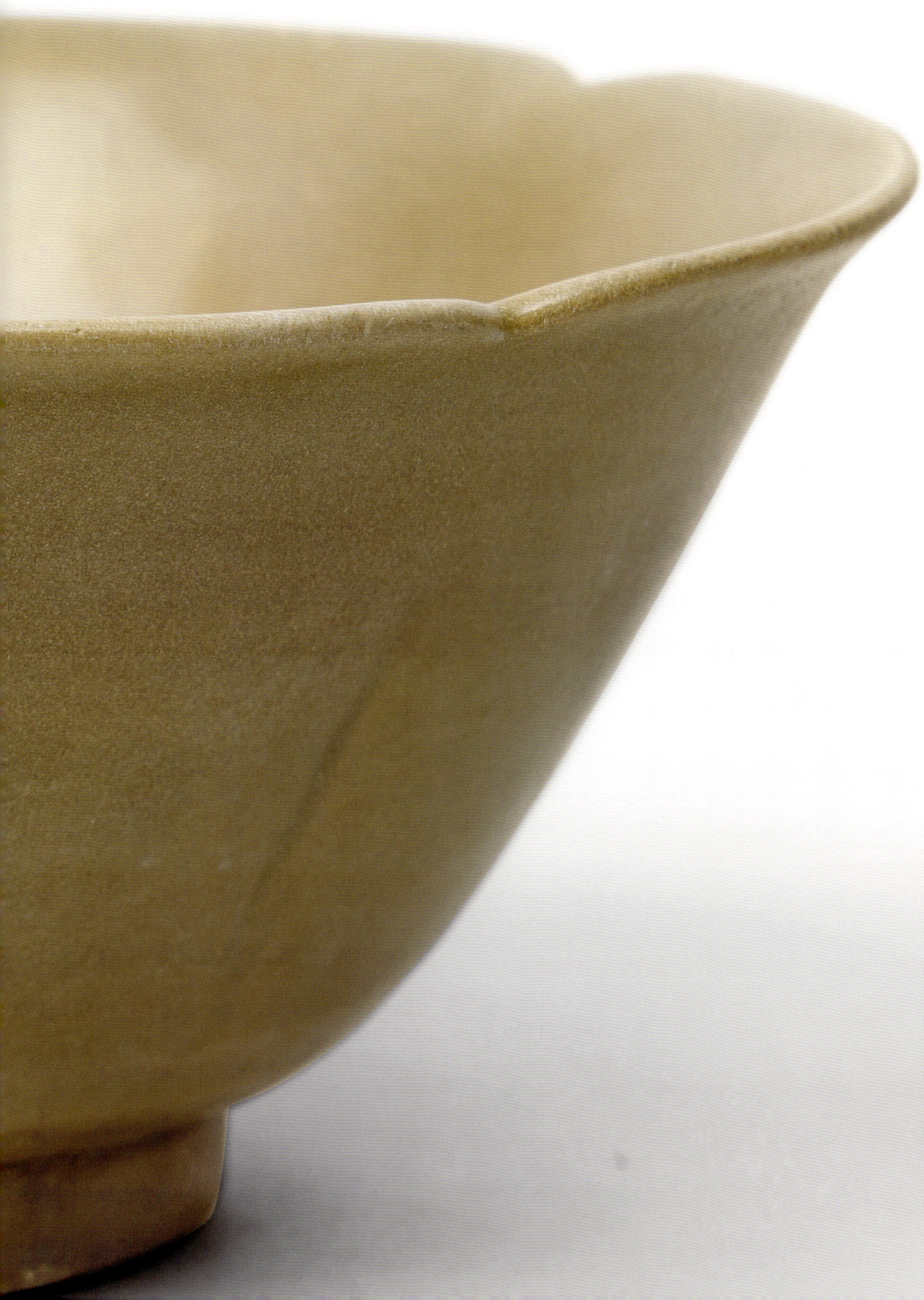

越窑青釉划花海棠杯

唐
残长14.2厘米，宽8.4厘米，底径5.2厘米，高4.2厘米
2016年浙江省慈溪市上林湖后司岙窑址出土
浙江省文物考古研究所藏

  此类杯口部和腹部造型卷曲有致，整体造型呈海棠花样式，故名海棠杯。该类瓷器造型流行于晚唐时期，在南北方窑场中均有烧造，尤在越窑中最为典型。此类器型最早应来源于萨珊金银器中的多曲长杯，具有浓郁的西域风格，显示出密切的多民族文化交流。（谢西营）

越窑青釉镂空熏炉盖

唐
盖径17厘米，高10厘米
2016年浙江省慈溪市上林湖后司岙窑址出土
浙江省文物考古研究所藏

  熏炉是唐代越窑青瓷中的一类常见器形。该件熏炉盖造型圆润，顶部镂刻抽象花叶装饰。据相关学者研究，该类熏炉应该是由早期的笼形熏炉演变而来。类似器物曾于台州三门县出土。此外，该类器物也见于印度尼西亚黑石号沉船和新加坡亚洲文明博物馆，由此可见该类器物也曾通过海上丝绸之路外销。（谢西营）

📍 河北内丘

邢窑遗址

▶ 新时代百项考古新发现
▶ 2012年度全国十大考古新发现

发掘单位：
河北省文物研究所
邢台市文物处
内丘县文物旅游局

邢窑是我国古代以烧制白瓷而著名的窑场，20世纪80年代初首次被发现。2012年的窑址发掘证明，内丘城关一带正是邢窑遗址的中心窑场，与史载相吻合。此次发掘不仅面积大，而且遗迹种类和出土遗物丰富。发现的北朝、隋唐时期窑炉在同时期瓷窑址中非常罕见；出土的一批北齐至隋初的青瓷器物完善了邢窑的发展演进过程；隋唐三彩器的发现，表明邢窑也是烧制三彩陶器的重要窑口之一；发现的"高""上""大"刻款器物残片为邢窑刻款瓷器的研究增添了新内容。

邢窑遗址窑炉遗迹

邢窑白釉深腹杯

隋
口径11.8厘米，底径4.6厘米，高7.5厘米
河北省内丘县邢窑遗址出土
内丘县文物保管所藏

　　敞口，深腹，假圈足。上腹壁较斜直，下腹弧内收，足底外侧有削棱一周。灰胎稍粗，釉下施白色化妆土，透明釉，里满釉，内底有积釉，外釉近底，釉面布满细碎开片。白瓷杯造型美观，敞口、深腹、立体的造型是隋代常见也是最具典型特征的品类。（王会民）

邢窑白釉高足杯

唐
口径9厘米，底径5厘米，高8厘米
河北省内丘县新城唐墓出土
内丘县文物保管所藏

敞口，圆唇，弧腹，腹底部有下凸的圆形平台，其下与束腰形立柱粘接，立柱下部外侈明显，近似喇叭形。杯外壁有较清晰的轮旋痕，杯内满釉，釉白光润，整器造型美观，比例适中，稳重大方。（王会民）

邢窑"翰林"款白釉罐

唐
口径8.5厘米，底径8厘米，高19.8厘米
河北省内丘县西永安村唐墓出土
内丘县文物保管所藏

圆唇外卷，矮直领，长溜肩上弧。肩腹交接处腹径最大，往下腹壁较斜直内收，小平底，底外侧有削棱一周。细白胎，里外壁可见较明显轮旋痕，无化妆土。里外壁满釉，唯外底无釉，釉面光亮，白釉泛青灰。外底中心刻划楷书"翰林"二字。该"翰林"罐溜肩较长，整体较瘦高，与常见圆润瓷罐有所不同，为少见品类。（王会民）

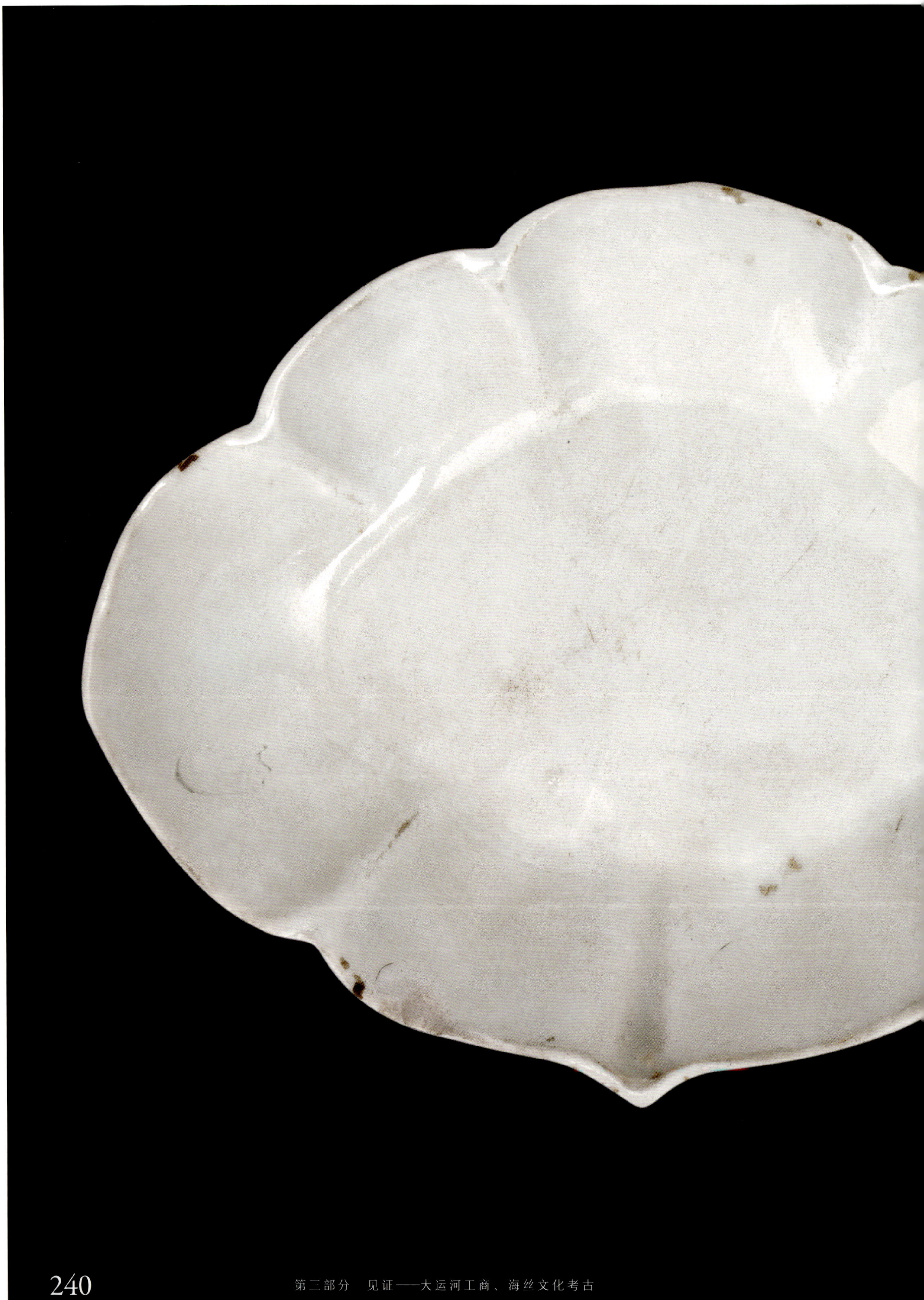

邢窑"盈"款白釉圈足花口盘

唐
口径10.4厘米，底径8厘米，高3.1厘米
河北省内丘县西永安村唐墓出土
内丘县文物保管所藏

  花口圈足盘，敞口近似椭圆形，圆唇，腹壁较斜直，内外底较平，近椭圆形圈足较高而直。口部非对称七处削边（两长边一边三处，一边四处），削边口下内壁胎出筋较粗，对应外壁有深浅不一的凹槽。胎稍厚，口部有碴块。里外满釉，唯圈足底圈无釉，釉白泛青灰。圈足外底中心刻划楷书"盈"字。整器造型别致，为少见品类。（王会民）

邢窑白釉三足洗

唐
口径10.2厘米，高4.5厘米
河北内丘县东张麻村出土
内丘县文物保管所藏

敞口，撇沿较明显，外壁约中腹一周凸棱，对应内壁有凹槽一周，形成折腹的效果。上腹较直，下腹弧内收。内外底较平，外壁腹底交接处等距离粘接兽形矮足三个，足下部明显外侈。（王会民）

邢窑白釉唇口碗

唐
口径14.7厘米，底径8.5厘米，高5.2厘米
河北省内丘县邢窑遗址出土
内丘县文物保管所藏

敞口，弧腹，圈足，足外侧有削棱一周。白胎，外壁有轮旋痕。里外满釉，足底无釉，釉色白中微泛黄，开片不明显，釉面有黑色斑点和轻微流釉痕。（王会民）

安徽淮北
烈山窑遗址

发掘单位：
安徽省文物考古研究所
淮北市文物局
淮北市博物馆

2017—2018年，安徽省文物考古研究所等单位对烈山窑址进行了考古发掘，发掘清理了各时期窑炉六座，出土大量陶瓷器和窑具残片，其产品受到北方定窑、磁州窑和巩县窑的技术影响，为古代瓷业"北瓷南传"传播路线提供了重要证据；生产宋三彩和大型琉璃建筑构件或通过运河直接供应北宋皇宫，规模较大的宋金时期馒头形窑炉亦为国内窑址所罕见。

烈山窑作为通济渠安徽段大运河沿岸的瓷窑址，借用雷河、濉河与大运河便利的水系向南北方运输外销瓷器，该窑址为寻找大运河瓷器贸易产品来源确定了重要的坐标点，也为构建大运河文化带提供了重要支撑。

烈山窑窑址航拍图

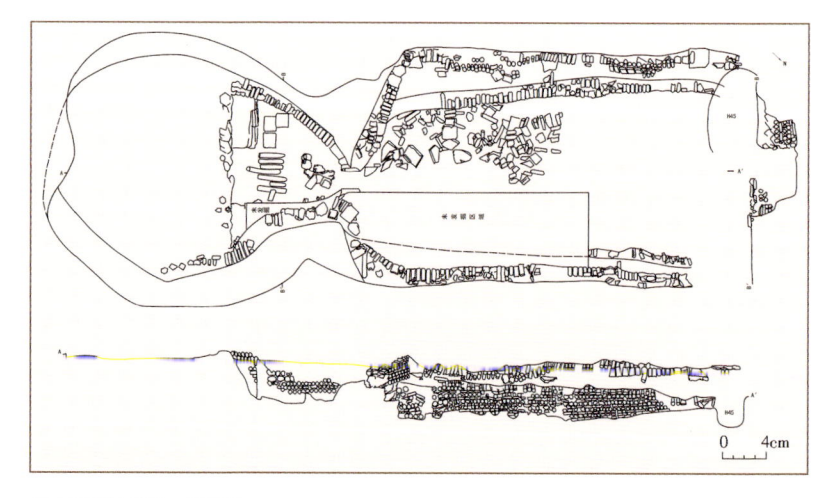

烈山窑窑址平面、剖视图

烈山窑黄釉印花砖

北宋
边长31.5厘米,厚4.5厘米
2017—2018年安徽省淮北市烈山窑遗址出土
淮北市博物馆藏

模制,平面呈正方形。正面施黄釉,饰花卉纹。据检测,其釉为高温钙釉,砖体型较大,不易烧成,说明在北宋初期,烈山窑的烧造技术已经比较高超。开封铁塔的宋代瓷砖上发现有"宿州土主吴靖"字样,说明烈山窑生产的印花大砖很可能是向高等级政府机构及寺院提供的建筑材料。(王玲玲)

烈山窑白釉褐彩碗

元
口径21.6厘米，底径6.8厘米，高7.8厘米
2017—2018年安徽省淮北市烈山窑遗址出土
安徽省文物考古研究所藏

敞口，圆唇，弧腹，圈足。内施白釉，饰折枝花卉，有涩圈。外上腹部施白釉，釉下施白色化妆土至腹部。（陈超）

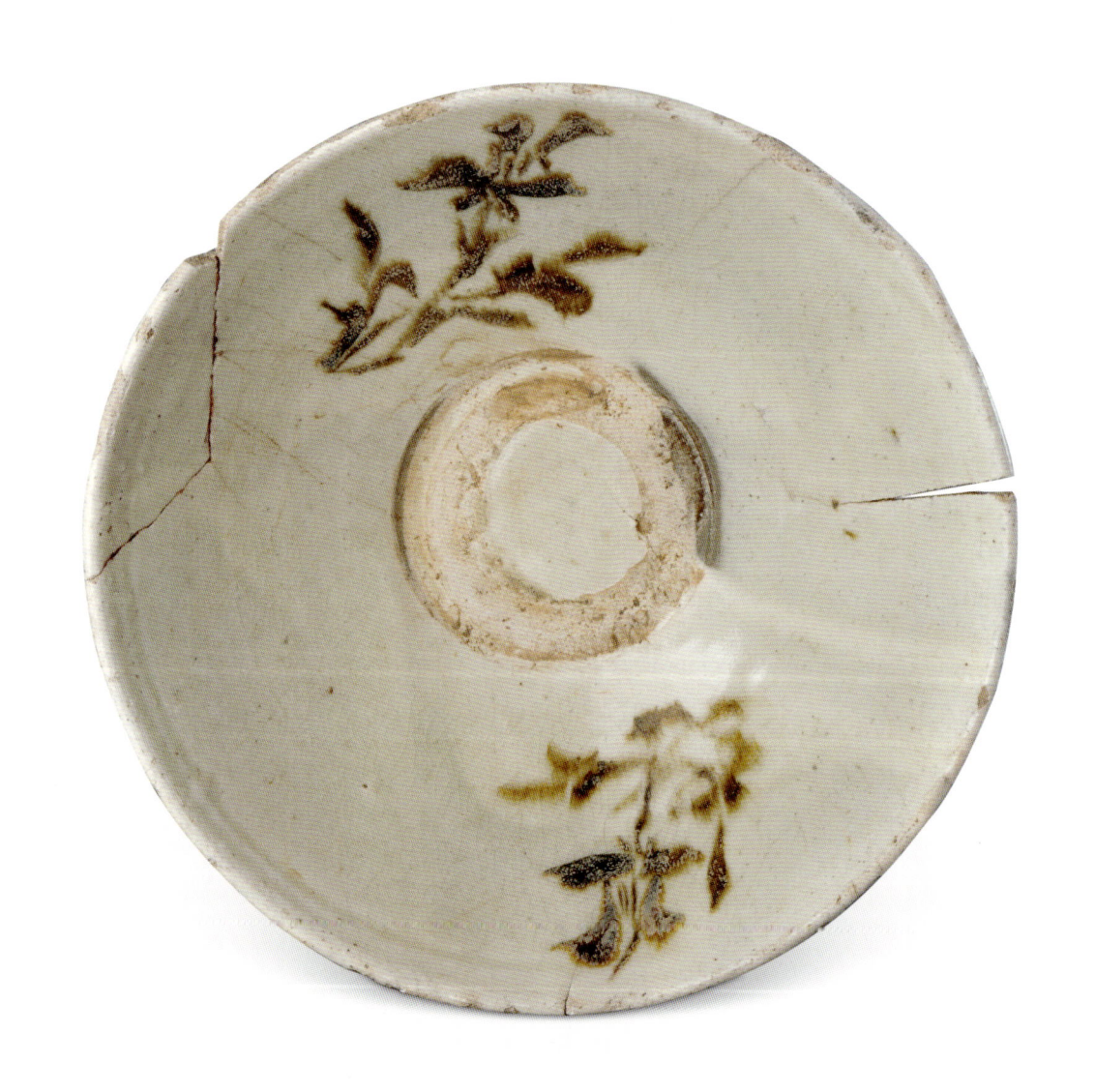

烈山窑素烧龙首面枕片

北宋
长12厘米，宽10.8厘米，高3厘米
安徽省淮北市烈山窑遗址出土
安徽省文物考古研究所藏

　　黄褐色胎，泥片贴筑，平面近正方形。正面有四道宽棱包围龙首面，阔嘴，龇牙，阔鼻，圆眼，支叉龙角，四周分布了密集的鬃毛。两角之间有一小气孔。四周是宽棱，反面有泥塑痕迹，残留指印。（陈超）

烈山窑素烧瓷力士像

北宋
长3.9厘米，宽2.1厘米，高4.9厘米
安徽省淮北市烈山窑遗址出土
安徽省文物考古研究所藏

砖红色胎，模制，椭圆形。器表浮雕人物，人头顶冠，椭圆形脸，脸向右偏，露一耳，眼睛有神，嘴角上扬，胳膊上缠有绸带，右手向左上方举剑，左手放臀后，腰间系腰带，右腿弯曲，脚往前跨，左腿弯曲，人物整体呈飞奔状，形象生动。（陈超）

烈山窑素烧花盆

元
长8.8厘米,宽4.2厘米,高5.9厘米
安徽省淮北市烈山窑遗址出土
安徽省文物考古研究所藏

浅黄色胎,通体残缺严重,正面及侧面四道宽棱包围菊花纹,底部有一足,足上饰云纹。(陈超)

烈山窑印花模具残片

北宋
残长10.65厘米，宽5.8厘米，高1.65厘米
2017—2018年安徽省淮北市烈山窑遗址出土
淮北市博物馆藏

  印花模子就是在瓷坯上印压图案的专用工具。这件模具敞口，斜平沿，弧腹折收。外有宽棱包围的线条纹、鱼纹和龙纹。淮北烈山窑是北方白瓷向南传播的中转站。其生产的白瓷器采用了定窑的覆烧技术，这些覆烧瓷的装饰工艺正是运用了压模技术为瓷器进行印花图案的。也可以说是改进后的覆烧工艺催生出印花瓷的诞生，它大大降低了生产成本，减轻了窑工的劳动强度，增加了产品产量。（王玲玲）

烈山窑白釉倒流壶

元
腹径5.5厘米，底径3.9厘米，残高4.8厘米
2017—2018年安徽省淮北市烈山窑遗址出土
淮北市博物馆藏

  壶嘴残，一侧有提手，弧腹，饼底内凹，中部有一厘米的穿孔。倒流壶，因壶底中心有一通心管又称内管壶。这种壶在宋代最为出名。至元代，其工艺更为成熟。"倒流"壶的制作工艺比较奇特，烧制需经过三道工序，每道工序都较复杂。将这三道工序烧制好后，然后依次连接起来才组成了构造精巧的元代"倒流"壶。其奇特的构造、巧妙的内部设计，充分体现了古代能工巧匠的智慧和创造力，是我国陶瓷艺术中的一朵奇葩。（王玲玲）

烈山窑素烧围棋

元
直径1.7厘米，厚0.5厘米
2017—2018年安徽省淮北市烈山窑遗址出土
淮北市博物馆藏

扁圆形，其制作技法为捏制。白色或灰色胎，较致密。围棋子也被称为"忘忧"。宋代，由于瓷器生产水平的发达，使得陶瓷成为之后围棋子的主流材料。此外，这种素烧棋子的生产技术相当成熟，成品已经能达到最理想的黑白分明的效果。（王玲玲）

烈山窑动物瓷塑一组（五件）

元
2017—2018年安徽省淮北市烈山窑遗址出土
安徽省文物考古研究所藏

第一单元　窑火传薪

江苏苏州
陆慕元和塘古窑址群

发掘单位：
苏州市文物考古研究所

明清时期，苏州陆慕地区专为宫廷烧制建筑用砖，因颗粒细腻，质地密实，敲之作金石之声，称为"御窑金砖"。陆慕元和塘古窑址群是一处唐宋至明清时期的烧陶遗址，2021年至今考古发现了窑炉、晾坯区、沉淀池等众多窑业遗迹，出土了宋代陶器与明清金砖实物，是苏州已发现的古窑遗存中分布范围最广、延续时间最长、数量最多、面积最广、保存最完整、等级最高的窑业遗存。

据南宋《中兴礼书》记载，绍兴十三年（1143）在苏州设置平江官窑，为南宋皇室烧造祭天大典的陶质礼器。此次考古出土大量具有仿青铜器风格的陶器，纹饰与《宣和博古图》《三礼图》相对应，陶瓷考古领域长期悬而未决的"平江官窑"地点终获确认。

元和塘古窑址发掘现场

> 窑砖出齐门外六里陆墓镇，坚细异他处。工部兴作，多于此烧造。
> ——明　王鏊《姑苏志》

元和塘古窑址航拍图

明嘉靖十五年（1536）款金砖

残长66厘米，残宽30.5厘米，厚11厘米
2024年江苏省苏州市陆慕宋泾桥南遗址出土
苏州市考古研究所藏

  原器作方形，通体磨光。砖体边侧模印长条形戳印款识"嘉靖十五年夏季分造二尺方砖"及"南直隶苏……照磨刘铤、县丞陈昇、窑户小甲邵佩自造"。

  金砖，是大型方砖的雅称。明永乐年间，明成祖迁都北京，大兴土木营建紫禁城，特派官员到苏州城北陆慕一带监烧砖材。为了保证质量，在每块金砖的侧面都要印有苏州府督造官员和匠人的姓名以及年号，最后经过严格的筛选，方可运输至京城。（陈璟）

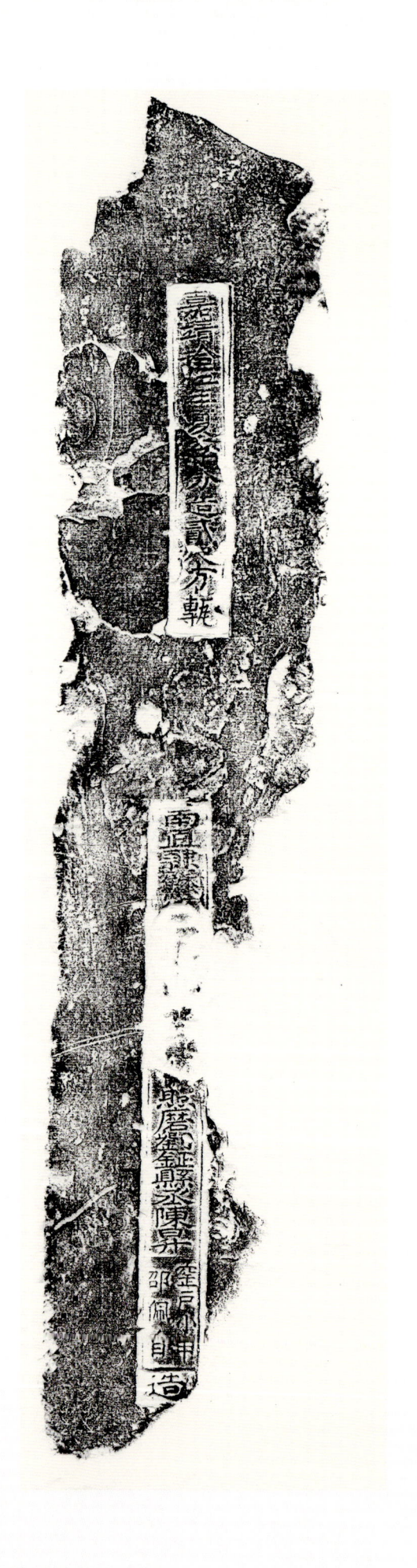

昭和八年
　　　　　　　　　　　　　　　
慶應金壽茶陳界
窪戸小甲
邵佩自造

嘉慶會辛酉
　　　　　　　　　　　　　
小造

清同治十一年（1872）款金砖

残长33.5厘米，残宽40.5厘米，厚9.3厘米
2024年江苏省苏州市陆慕宋泾桥南遗址出土
苏州市考古研究所藏

  原器作方形，通体磨光。砖体边侧模印长条形戳印款识"同治十一年成造细料二尺见方金砖"及"监运□"。金砖作为明清时期宫殿建筑使用的高质量铺地方砖，其得名的原因有三：其一，是因砖料细腻坚实，敲之有如金石之声；其二，由于金砖制作工艺复杂，工费高昂，造价堪比黄金；其三，是因砖材经由大运河运抵京城，专供皇室使用，亦取"京砖"谐音之意。（陈璟）

同治早年間村民捐款舖路碑

"姑苏齐门外陆墓镇"铭蟋蟀盆盖

清
盖径11.4厘米，厚1.06厘米
2024年江苏省苏州市陆慕宋泾桥南遗址出土
苏州市考古研究所藏

　　器盖圆形，平顶，子母口。盖外侧模印"刘海戏金蟾"人物故事图，刘海浓眉大眼，短发齐垂，袒胸露乳，赤足而行，一派飘逸洒脱之相，不时挥舞着手中的钱串，用于戏弄一旁的金蟾。盖内中心为旌旗形戳印款识"姑苏齐门外陆墓镇"，周圈饰弦纹及锯齿纹。苏州陆慕蟋蟀盆的烧制历史悠久，素以制工精巧驰名天下。所用泥料为陆慕本地所产，细洁纯净，烧制出的蟋蟀盆细腻光洁，敲之清脆，有如金玉之声。（陈璟）

第一单元　窑火传薪

"古燕赵子玉造"铭蟋蟀盆盖

清
盖径9.85厘米，厚1.53厘米
2024年江苏省苏州市陆慕宋泾桥南遗址出土
苏州市考古研究所藏

器盖圆形，盖沿残，顶部微隆起，子母口。器表抛光，盖底中心为长方形戳印款识"古燕赵子玉造"。

我国斗玩蟋蟀的历史由来已久，其中用于饲养蟋蟀的容具，亦有"南盆"与"北罐"之分，赵子玉即为"北罐"的代表人物。传统认为，赵子玉为清代初年京畿地区人士，所造精品素有"子玉十三种"之说，深受文人追捧。"子玉罐"多为清宫旧藏。是品为陆慕窑址出土，是目前已知的唯一科学考古发掘品，对于进一步研究相关产地及匠人信息提供了新的实物材料。（陈璟）

澄泥砚

清
长8.92厘米，宽6.37厘米，厚1.49厘米
2024年江苏省苏州市陆慕宋泾桥南遗址出土
苏州市考古研究所藏

砚作长方形，砚体袖珍，砚堂与墨池相连，砚额两侧饰草叶纹，砚背光素。

澄泥砚，为中国"四大名砚"之一。在诸多名砚中，澄泥砚因其"出于陶灼，本非自然"，为历代文人所称道。苏州陆慕一带窑业兴盛，驰名之品莫过于金砖、蟋蟀盆，但细腻精巧的澄泥砚却鲜见相关文献的记载。宋泾桥南遗址考古发掘出土的澄泥砚数量众多、品类多样，或可补文献之阙。（陈璟）

髹漆陶尊

宋
口径14.6厘米,腹径20厘米
底径13.2厘米,高18.5厘米
2019年江苏省苏州市陆慕元和塘古窑址出土
苏州市考古研究所藏

灰陶质,器表髹漆。直口,厚方唇,直颈,颈上刻两圈六边形纹饰,颈下有一横向凸弦纹,颈至上腹有一对宽扁耳,耳上刻有菱形纹饰。鼓腹斜向下收,下腹有一横向凹弦纹。圈足外撇呈喇叭状,上方有一横向凸弦纹。外施黑漆,漆层剥落严重。(刘芳芳)

灰陶龙纹鼎

宋
口径19.4厘米，底径13厘米，高9.5厘米
2016年江苏省苏州市陆慕元和塘古窑址出土
苏州市考古研究所藏

折沿，方唇微凸，弧腹，底内收，平底。上腹部以云雷纹为地，模印蟠螭纹，由扉棱纹分区，下腹部饰凸棱纹，兽首形三足。（刘芳芳）

灰陶灯

宋
口径8.34厘米，底径14.95厘米，高19.57厘米
2016年江苏省苏州市陆慕元和塘古窑址出土
苏州市考古研究所藏

豆形灯，顶盏为深腹碗形。灯座为浅盘，底部有一圆形开孔。灯柱较粗，空心。顶盏与底座之间有一圆饼状隆起和一球形隆起。（刘芳芳）

灰陶佛像模具

宋
最宽16.7厘米,高24.7厘米
2019年江苏省苏州市陆慕元和塘古窑址出土
苏州市考古研究所藏

灰陶质,微残,正面凹塑拱手坐莲佛像,背面光素无纹。(刘芳芳)

河北邯郸
南上宋遗址

发掘单位：
河北省文物考古研究院
邯郸市文物保护中心
邯山区文保所

南上宋遗址位于河北省邯郸市区东部，2022年发掘面积共计300平方米，发现主要遗迹为引堤和接驳遗迹，出土遗物以瓷器为大宗，共出土瓷器一千余件，根据产品的总体特征来看，均系同期磁州窑场（观台窑二期前段）产品。南上宋遗址的发掘明确了漳河故道的位置，出土的成摞瓷碗初步明晰北宋时期磁州窑产品水路消费情况：自漳河沿岸磁州窑场启运，沿线经磁县、成安、邯郸、永年、曲周等县，向东北汇入御河（永济渠）。

T0202探方漳河东岸车辙与散落瓷器

南上宋遗址正射影像

第一单元 窑火传薪

磁州窑白釉钵

北宋
口径16.8厘米，底径7.6厘米，高16.2厘米
2022年河北省邯郸市南上宋遗址出土
河北省文物考古研究院藏

敛口，圆唇，深鼓腹，圈足。黄灰胎，质坚致。器内满釉，内底一周凹弦纹，中有五处窄长条状支钉痕迹。器外施釉至腹底，釉色白中泛黄，釉下施化妆土。（胡强）

磁州窑白釉盆

北宋
口径21.2厘米，底径7.5厘米，高13.8厘米
2022年河北省邯郸市南上宋遗址出土
河北省文物考古研究院藏

微敛口，平折沿，深腹，上腹较直，下腹弧曲，高圈足。灰黄胎，器内满釉，釉色灰白光亮，釉面有细小的冰裂纹，釉下施化妆土。口沿施釉后刮去，可证此类器烧造方式为对口烧；内底满釉，说明其烧造时置于上层。（胡强）

磁州窑白釉碗

北宋
口径18.4厘米，底径6.4厘米，高9.1厘米
2022年河北省邯郸市南上宋遗址出土
河北省文物考古研究院藏

圆唇，口微敛，斜曲腹，圈足，足较高。灰黄胎，器内外满釉，釉色白中泛黄，釉下施化妆土，器物内底呈小平台状，残留三支烧痕，显示其烧造方式为摞烧。（胡强）

磁州窑白釉盏

北宋
口径12.6厘米,底径4.4厘米,高6.4厘米
2022年河北省邯郸市南上宋遗址出土
河北省文物考古研究院藏

圆唇,口沿微侈,斜直腹,圈足。内底呈小平台状。黄白胎,施化妆土,器内外满釉,釉色白中泛灰,釉面光亮,有细小冰裂纹。(胡强)

磁州窑白釉行炉

北宋
沿径11.5厘米，口径4.3厘米
底径6.2厘米，高10.5厘米
2022年河北省邯郸市南上宋遗址出土
河北省文物考古研究院藏

炉直口，尖圆唇，宽沿弧曲下卷，沿面内侧与炉壁交接处起突棱一周，筒形腹，直壁稍外侈，炉体下置束腰台状足，足较高。浅黄胎，器内外满釉，足内无釉，釉色莹白光亮。釉下施化妆土。同类器物上常见墨书或黑彩题记"香花供养"四字，可证行炉属佛教焚香用具，宋代各瓷窑址均大量烧造，风行一时。（胡强）

第一单元　窑火传薪

Section 2 | 第二单元

扬帆四海
Global Trade

大运河，连接陆上丝绸之路与海上丝绸之路，
极大地繁荣了与世界之间的交往，
大运河沿岸的港口城市成为对外贸易商品的中转集散地，
不同的文化在交融中焕发出新的活力，
新时代大运河的海丝考古也迈出了坚实的一步。

The Grand Canal, which connects the land-based and maritime Silk Road, has greatly prospered the exchanges with the world. The port cities along the Grand Canal have become transit depots for foreign traded commodities. Different cultures have sparkled new vitality through mingling and exchange. In the new era, solid progress has been made to the maritime silk road archaeology along with the Grand Canal.

江苏如东
国清寺遗址

发掘单位：
南京大学
如东县博物馆

国清寺始建于唐元和年间（806—820），是最后一批遣唐使、日本佛教天台宗山门派创始人圆仁入唐求法的起点。2017—2018年考古发现了唐宋时期国清寺的建筑殿址、附属建筑遗迹、环寺围沟等遗迹，首次印证了圆仁在《入唐求法巡礼行记》中对"掘港国清寺"的记载，是认知由掘港经当时的运盐河、如皋、海陵到达扬州的重要历史空间标志点。

国清寺遗址主要遗迹分布图

青白釉墨书款刻花碗

宋
口径19厘米，底径6厘米，高7.2厘米
2017—2018年江苏省如东县掘港国清寺遗址出土
如东县博物馆藏

侈口圈足，内外施青釉，外壁釉不及底，露灰胎，无釉处可见墨书"清□"二字，足底可见墨书"国"，外腹部饰一周刻划不规则的竖向凹弦纹。"国清"二字证明该遗址就是历史上真正的国清寺所在地。（管婧婧）

福清窑墨书款茶盏

宋
口径14厘米，底径5厘米，高7厘米
2017—2018年江苏省如东县掘港国清寺遗址出土
如东县博物馆藏

敞口，圆唇，斜弧腹，浅圈足，内外施酱釉，外壁釉不及底，露胎处可见墨书款"国清"二字。福清窑位于闽江下游，距离出海口极近，是福建省东南沿海最大的一处黑釉瓷烧造窑厂。（管婧婧）

灰陶供养人构件

宋
长4.5厘米，宽4.5厘米，高12.5厘米
2017年江苏省如东县掘港国清寺遗址出土
如东县博物馆藏

灰陶质，空心，体态丰腴，袒胸露乳，长发中分垂于肩，细眉、开眼、笑颜，颈戴项圈，双手合十位于胸前，双腿盘坐于圆台型莲花座上，莲花座高收，莲瓣上仰，不出尖。（管婧婧）

吉州窑黑釉剪纸贴花茶盏

宋
口径13厘米，底径4厘米，高7厘米
2017年江苏省如东县掘港国清寺遗址出土
如东县博物馆藏

此类茶盏器形和纹饰主要流行于宋代。剪纸贴花瓷器是民间传统剪纸与制瓷技艺的结合，初创于唐代，兴盛于宋代，而以吉州窑的剪纸贴花盏最负盛名。此盏侈口，圆唇，斜弧腹，浅圈足，白灰色胎，内外施黑釉，内腹可见十四朵梅花。（管婧婧）

怀仁窑黑釉褐彩线条碗

宋—元
口径18厘米,底径7厘米,高9厘米
江苏省如东县掘港国清寺遗址出土
如东县博物馆藏

此类瓷碗主要流行于宋元时期,黑釉铁锈花又称黑釉褐彩,是创烧于宋元时期的北方釉中彩瓷器品种,多见于河北磁州窑、山西怀仁窑等窑口。此件瓷碗圆唇,弧腹,圜底,圈足,足心略凸,内外施黑色釉,外腹部黑釉不及底,釉色肥润,局部点缀褐彩,内腹部饰两周铁锈斑线条,线条清晰饱满,含蓄沉稳。(管婧婧)

龙泉窑青釉高足杯

宋—元
口径12.2厘米，底径3.6厘米，高8厘米
2017年江苏省如东县掘港国清寺遗址出土
如东县博物馆藏

此类高足杯器形和纹饰主要流行于宋元时期。从渊源来看，高足杯来源于西方，南北朝至隋朝传入中国，宋代的高足杯造型简约，装饰简洁。此件高足杯侈口，杯壁略外撇，弧腹斜收，杯足中空，上小下大。灰色胎，内外施青釉，釉色肥润，莹润青翠，足心不施釉。杯内底饰一朵折枝花卉，外壁饰一周仰莲瓣纹，莲瓣短粗，稳重端庄。（管婧婧）

龙泉窑青釉盘

宋—元
口径11.4厘米，底径4.3厘米，高3.3厘米
2017年江苏省如东县掘港国清寺遗址出土
如东县博物馆藏

此件青瓷盘圆唇，敞口外撇，折沿，弧腹，饼足，灰色胎，内外施青釉，碗内腹部饰一周菊瓣纹，菊瓣边缘微隆，典雅清丽。此类青瓷盘主要流行于宋元时期，胎体较厚，釉色粉润，素面如玉。（管婧婧）

江苏张家港
黄泗浦遗址

▶ 新时代百项考古新发现
▶ 2018年度全国十大考古新发现

发掘单位：
南京博物院
苏州市考古研究所
张家港博物馆

黄泗浦遗址是唐宋时期长江入海口南岸的港口集镇，唐代高僧鉴真第六次东渡日本从此启航。2008—2019年经七次考古发掘，发现了唐宋河道、房址、水井等遗迹，出土了大量来自全国各地窑口的瓷器，见证了千年前黄泗浦"出江大口"的盛况，为研究中外文化交流、陆路和海运交通等提供了新的考古学资料。

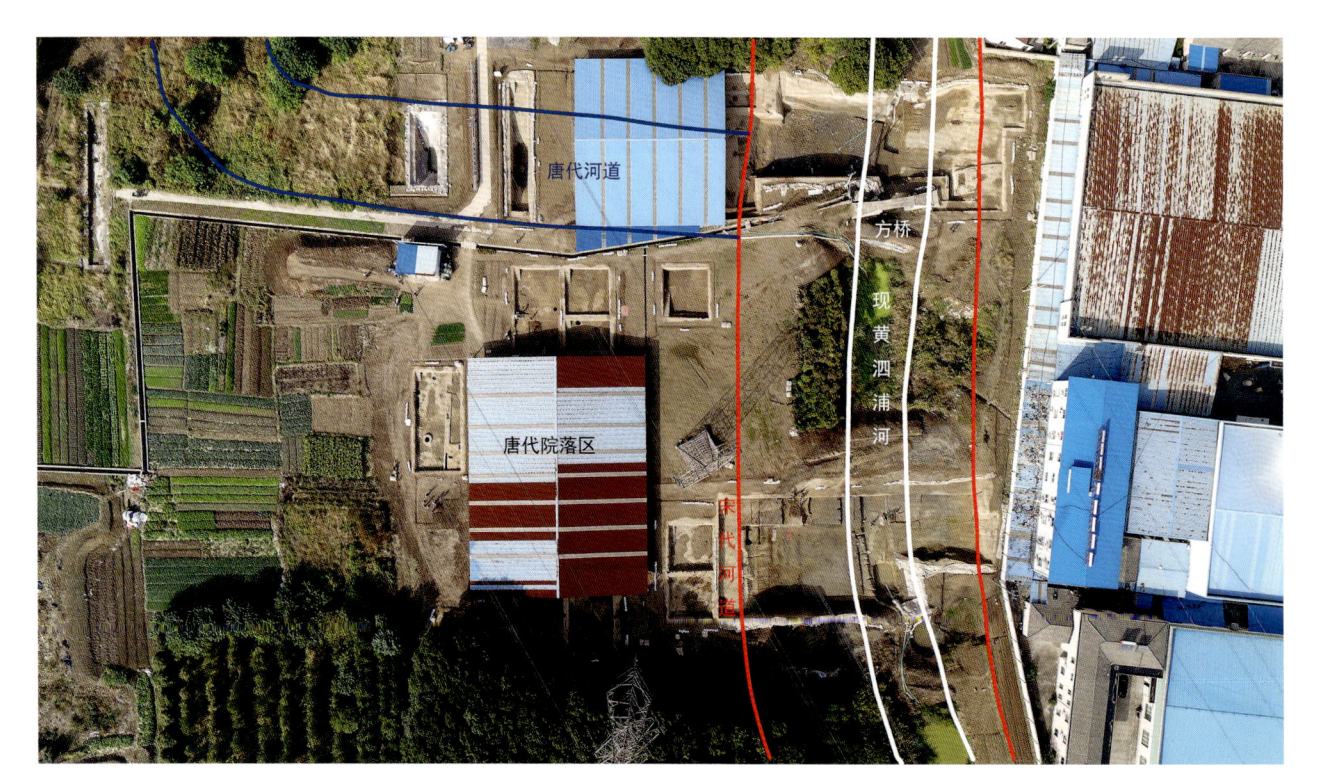

黄泗浦遗址唐宋河道示意图

黄泗浦遗址唐代建筑基址

黄泗浦遗址唐代仓廒遗迹

黄泗浦遗址宋代河道中的栈桥遗迹

黄泗浦遗址南朝水井遗迹

鉴真于天宝十二载十月二十九日戊时，从（扬州）龙兴寺出至江头……乘船下至苏州黄泗浦（黄泗浦）。十五日壬子，四舟同发，有一雉飞第一舟前，仍下碇留。

——日本 僧人真人元开《唐大和上东征传》

第二单元 扬帆四海

283

白釉绿彩大盆

唐
口径36厘米,底径15.6厘米,高9厘米
2008—2019年江苏省张家港市黄泗浦遗址出土
张家港博物馆藏

敞口微侈,浅斜腹,矮圈足。胎壁轻薄,胎骨结构细密坚硬。施白釉绿彩,白釉柔和,绿釉淡雅,相得益彰。

白釉绿彩是瓷器装饰彩之一,即在白瓷上用绿彩绘制纹饰,始见于北齐武平六年(575)的白釉绿彩四系罐和长颈瓶。在"黑石号"唐代沉船的出水文物中,也发现了一件极为相似的白釉绿彩大盆,说明这类白釉绿彩瓷器曾作为外销瓷远销海外。(田笛)

铭文砖

宋
长37厘米，宽16厘米，厚5.8厘米
2008—2019年江苏省张家港市黄泗浦遗址出土
张家港博物馆藏

陶质，下半部分残缺，上刻"祝延皇帝万岁保国安，释迦如来舍利宝塔，民捨钱钱施主悉当成佛"等文字，于黄泗浦遗址宋代河道底部出土。在遗址东部发掘区的唐代建筑基址、唐代河道、宋代水井和明代桥墩等区域还发现了较多的文字砖。这些铭文显示了黄泗浦遗址内应有一座佛教寺院，可能还存在佛塔。（朱滢）

长沙窑青釉瓜棱执壶

唐
口径7.1厘米，腹径13.4厘米
底径10厘米，高19.1厘米
2008—2019年江苏省张家港市黄泗浦遗址出土
张家港博物馆藏

敞口，长直颈，瓜棱状圆鼓腹，棱形长斜流，扁粗执手。表面施青釉，釉色莹亮，光泽细腻柔和，有细小开片。

长沙窑作为唐代重要的窑口之一，开放包容，主动创新。烧制的瓷器种类丰富，器形有碗、碟、杯、钵、洗、瓶、坛、罐、壶、乳钉纹高足杯、托盘、灯盏、水注等。产品以青釉为主，兼烧少量褐釉、酱釉、白釉、绿釉器。不仅在国内广受推崇，且远销海外，是唐代海上丝绸之路外销的主流产品。（朱滢）

茶碾

唐
碾槽长28.5厘米,宽5.5厘米,高6厘米
碾轮直径11.2厘米,厚1.8厘米
2008—2019年江苏省张家港市黄泗浦遗址出土
张家港博物馆藏

茶碾由碾槽和碾轮组成。碾槽，石质，灰白色，碾身呈船状，平底，中有沟槽。碾轮，陶质，褐色，圆饼形，中心有孔，方便插置执柄，碾轮中心较厚，边缘渐薄。与碾槽配套研磨茶末。（朱滢）

明州罗城遗址（望京门段）唐宋城墙外侧局部

明州罗城遗址（望京门段）宋代城墙外侧包砖

明州罗城遗址（望京门段）明清城墙包石

青白釉莲瓣纹炉

南宋
口径13.5厘米，底径7.2厘米，高9.1厘米
2019年浙江省宁波市明州罗城遗址（望京门段）出土
宁波市文化遗产管理研究院藏

直口，平唇，上腹直，下腹折收，腹较深，高圈足，足心外凸；灰白胎，施青白釉，外壁满釉，内壁仅口沿施釉，釉色莹润有光泽；外壁刻浅浮雕状重莲瓣纹。

此炉器型端秀，胎质细洁，釉色细腻，刻划莲瓣纹刀法熟练、立体感强，是宋人摹古思潮影响下烧造的典型器物。宋代周紫芝《北湖暮春十首》云："梦断午窗花转影，小炉犹有谁时香。"亦是宋人香事活动的印证，也是文人士大夫平日生活情趣的映照。（卜汉文）

米黄釉炉式盆

南宋
口径15.6厘米，底径12厘米，高14厘米
2019年浙江省宁波市明州罗城遗址（望京门段）出土
宁波市文化遗产管理研究院藏

　　该盆敞口，方唇，斜直腹，圜底，底部有一圆孔，下承三个兽形足；外壁分布三组凹弦纹，其余皆素面；灰白胎，胎质坚，施米黄釉，内壁半釉不及底，外壁釉至圜底，釉面遍布细碎开片，釉面莹润有光泽。

　　北宋以来，在摹古思潮的影响下，烧造瓷质摹古彝鼎祭祀礼器，用于祭祀和清供，成为宋代文人士大夫的共同追求。此器造型端庄古朴，釉面温润凝腻，不规则开片若隐若现，耐人寻味，是文人案头清供的陈设佳品。（卜汉文）

越窑青釉四系罐

宋
口径11.2厘米，底径8.5厘米，高29.5厘米
2019年浙江省宁波市明州罗城遗址（望京门段）出土
宁波市文化遗产管理研究院藏

此罐敞口圆唇，束颈，溜肩鼓腹，平底略内凹，挖足粗率；腹部有修坯痕，肩部对称分布四个桥形系；灰胎，胎质细腻坚致，内外壁满施青釉，釉色不均匀，釉面有杂质；外底有垫烧痕。

越窑是南方青瓷著名窑口，窑址位于浙江省宁绍地区，越窑青瓷以其釉质温润如玉见长。四系罐造型在东汉瓷器初兴之时就已出现，遗址延续到明清时期。此罐口沿略有形变，釉色泛黄，制作粗疏，应为日常储物或汲水之用器物。（卜汉文）

越窑青釉执壶

晚唐
口径8.8厘米，底径8.8厘米，残高22.2厘米
2019年浙江省宁波市明州罗城遗址（望京门段）出土
宁波市文化遗产管理研究院藏

侈口，圆唇，弧颈，斜肩，肩出八棱形短流，曲柄，鼓腹，下承圈足；细灰胎，满施青黄釉，外壁下腹釉面过烧，柄上刻两条直线；足端有泥点垫烧痕。越窑此种形制执壶始见于唐中期，多为酒器用品，时代特征明显。（卜汉文）

越窑青釉灯盏

五代—北宋
口径11.6厘米，底径5.1厘米，高3.5厘米
2019年浙江省宁波市明州罗城遗址（望京门段）出土
宁波市文化遗产管理研究院藏

撇口，圆唇，斜直腹，平底微内凹，灯芯环位于腹壁近底部；灰胎，内壁满施青釉，施釉不均，外壁无釉。此器造型简单，朴素实用。

《尔雅·释器》记载："灯源于豆，瓦豆谓之镫。""镫"同"灯"，豆为贮藏熟食的盛器，灯为陶质。古人照明方式主要有烛灯与油灯两种方式，烛灯带有用来插蜡烛的插孔，以狮形烛台、羊形烛台为代表。油灯则带有用以放置油脂燃料的浅盘状灯盏，随着制瓷技术的成熟，青瓷灯具的使用变得普遍。（卜汉文）

龙泉窑青釉莲瓣纹碗

南宋
口径13.3厘米，底径4厘米，高5.7厘米
2019年浙江省宁波市明州罗城遗址（望京门段）出土
宁波市文化遗产管理研究院藏

碗敞口，圆唇，斜弧腹，内底上鼓，小圈足，足端圆润，有叠烧痕迹；灰胎，胎质细腻，内外壁满施青釉，釉色粉青，足端刮釉；外腹壁刻浅浮雕式莲瓣纹。

莲瓣纹碗为龙泉窑经典器型之一。此碗釉面润泽，有玉质感；内壁光素，外壁刻划重莲瓣纹，运刀流畅，瓣面丰满，堪称龙泉窑同类器物中的精品。《大正藏》经典说，莲花有四德，一香、二净、三柔软、四可爱。以莲瓣纹为刻划纹样，除了受佛教文化因素影响外，亦有"出淤泥而不染，濯清涟而不妖"的精神寄托。（卜汉文）

越窑青釉花口碗

晚唐—五代
口径14厘米，底径6.3厘米，高4.3厘米
2019年浙江省宁波市明州罗城遗址（望京门段）出土
宁波市文化遗产管理研究院藏

  花口碗是越窑青瓷经典器型之一，历代均有烧造。此碗口沿等距捺十出花口，花口下有五道压印痕；圆唇，浅弧腹，内底近平，圈足矮直，有叠烧痕迹；灰胎，施青绿釉；内底及足端有松子状支钉痕。胎质坚硬细腻，釉质细润，釉面匀净，为大批量叠烧而成的器物。（卜汉文）

南广窑青白釉碗

南宋
口径14厘米，底径5厘米，高4.85厘米
2019年浙江省宁波市明州罗城遗址（望京门段）出土
宁波市文化遗产管理研究院藏

碗侈口，尖圆唇，斜弧腹，内底较平，矮圈足，内足墙外撇，外底心突出；灰白胎，胎质细腻坚致，内外满施青白釉，内外口沿处刮釉，外底施釉不均；内底饰一周弦纹，近口沿处有较明显的轮旋痕。

南广窑为宋代民窑，位于福建省福鼎县潘溪乡后坪南广村附近，生产器物以碗、碟、执壶等器物为主，釉色主要为青釉、青白釉、影青釉为主。此器造型规整，釉色莹润，为日用器物。（卜汉文）

第二单元　扬帆四海

龙泉窑青釉盘口瓶

南宋
口径5.5厘米，底径4.9厘米，高13.8厘米
2019年浙江省宁波市明州罗城遗址（望京门段）出土
宁波市文化遗产管理研究院藏

瓶盘口，圆唇，束颈，垂腹，圈足斜削；颈部饰粗、细弦纹两圈；内外施釉，釉层略厚，釉色莹润，圈足刮釉；修足不甚规整，外底心突起，外底有垫饼渣痕。该器物造型秀丽典雅，线条简约流畅，有天然去雕饰，清水出芙蓉之感。此类盘口瓶多陈设在南宋文人雅士书斋几案上或枕屏旁，多用于插花，南宋文人笔记《梦粱录》记载了宋人四艺，"烧香，点茶，挂画，插花，四般闲事"。此瓶亦可斟酒，或作为箸瓶用来放置焚香时铲灰用的匙和夹香饼的箸。（卜汉文）

铜塔刹

元
长7.7厘米，宽0.8厘米，厚0.6厘米
2019年浙江省宁波市明州罗城遗址（望京门段）出土
宁波市文化遗产管理研究院藏

  佛教建筑宝塔可分为塔刹、塔身、塔座、地宫四个部分。其中，塔刹为宝塔的顶端部分，"刹"是梵语"刹多罗"的简称，有土田、国土的意思，置于最高处的塔刹引申出了"佛国"的涵义，以表示"佛国"。塔刹由刹顶、刹身、刹座组成。刹顶多为金属制成，形制大小不一，刹顶主要包括宝珠、宝瓶、日轮、仰月、火焰、宝盖（伞盖/华盖）等。（卜汉文）

Part IV

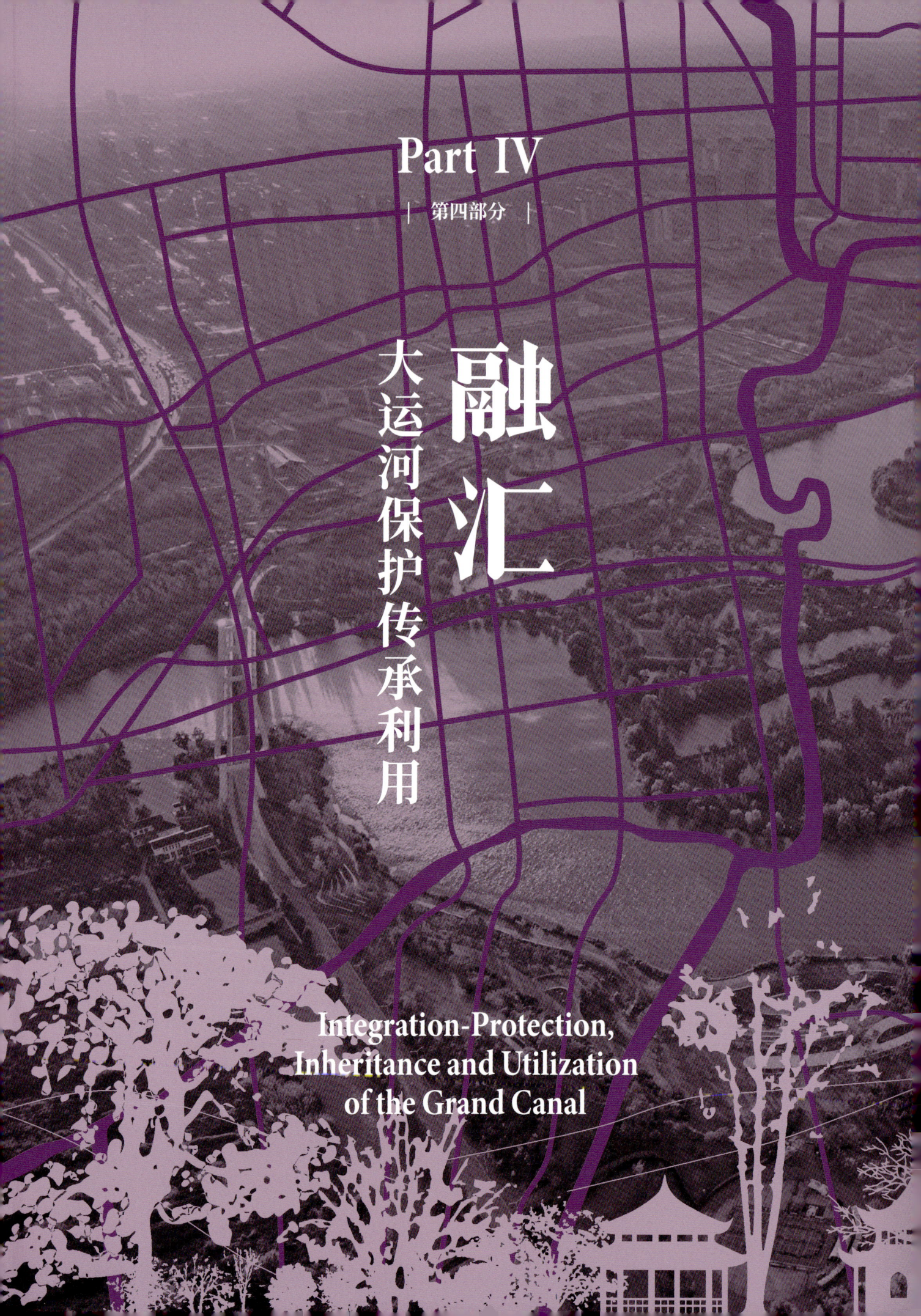

| 第四部分 |

融汇

大运河保护传承利用

Integration-Protection, Inheritance and Utilization of the Grand Canal

2017年6月，习近平总书记作出重要批示："大运河是祖先留给我们的宝贵遗产，是流动的文化，要统筹保护好、传承好、利用好。"

大运河考古承担了新的历史使命，加强考古成果的转化和利用，助推了大运河文化带和大运河国家文化公园建设，推动了大运河沿线多家专题博物馆的相继建成开放，保护、传承与利用相互交融、相互促进，为增强文化自信、凝聚民族精神力量奏响了当代的运河之歌！

In June 2017, the General Secretary Xi Jinping made an important comment: "The Grand Canal is a precious legacy left by our ancestors; it's a living culture. We should make overall plans to protect, inherit and make good use of it."

The archaeology of the Grand Canal has shouldered a new historical mission then. Strengthening the transformation and utilization of archaeological achievements helped boost the construction of the Grand Canal Cultural Belt and the Grand Canal National Cultural Park. It also promoted the sequential openings of many thematic museums along the Grand Canal. Protection, inheritance and utilization led to the complementary mingling and enhancement, sounding a contemporary psalm of canal for enhancing cultural self-confidence and rallying national spirit!

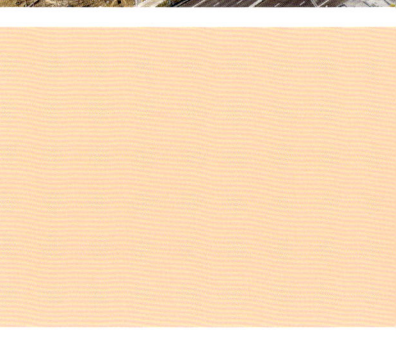

考古遗址公园

1 汶上大运河南旺枢纽国家考古遗址公园
2 内丘邢窑遗址博物馆
3 慈溪上林湖越窑国家考古遗址公园
4 杭州德寿宫遗址博物馆
5 淮安板闸考古遗址公园
6 宁波望京门遗址公园
7 扬州隋炀帝陵遗址公园

中国大运河博物馆"运载千秋"展厅  　　　　　　　　第一部分"寻迹"

第三部分"见证"

第二部分"探胜"

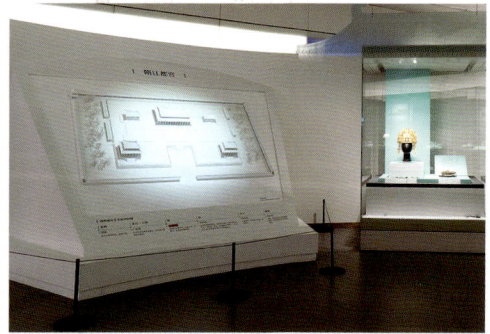

第四部分 "融汇"

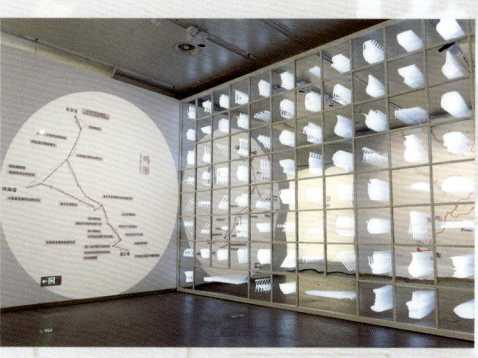

结语

Epilogue

千里碧波，运载千秋。

时间的蓄力，文明的积淀，大运河承载着中华民族悠久历史。寻迹、探胜、见证、融汇，大运河考古清理着历史的淤土，印证着历史的印记，讲述着大运河前世今生的故事，在探索中传承，在交流中共鸣。新时代的大运河考古，为延续历史文脉平添张力，为传承中华优秀传统文化谱写新篇！

Meandering Waterways, Lasting Bliss .
As time accumulates and civilization settles, the Grand Canal carries the rich history of the Chinese nation. Through tracing, exploring, witnessing, and integrating, archaeological excavations along the Grand Canal unearth the layers of history, affirming its indelible marks and recounting its past and present. Through exploration, it embraces inheritance; through communication, it resonates. The archaeological exploration of the Grand Canal in the new era infuses fresh vitality into the continuation of historical context and charts a new course for the perpetuation of China's splendid traditional culture!

研究文章

大运河考古展现的历史画卷

林留根（中国考古学会大运河考古与保护专业委员会主任）

中国大运河，是世界上开凿时间最早、规模最大、长度最长、时间维度最长、空间跨度最大的运河，是农业时代人类杰出智慧和创造的代表，具有突出的世界遗产价值。大运河是一部百科全书，包罗万象，蕴含着中国人民尊重自然、利用自然、改造河山的杰出智慧；大运河是华夏血脉，生生不息，涵养凝聚着磅礴的民族精神和力量。与世界上其他五百余条运河相比，中国大运河起源最早、规模最大，是工业革命前的水利工程杰作。她的起源、发展、繁盛的历史与中华文明同步，世界上没有一条运河像大运河这样与一个民族跌宕起伏的历史命运密切关联，也没有任何一条运河像大运河这样与一个延续发展五千年不断裂的文明相伴而生，赓续发展。她不仅是一条水道或者说黄金水道，她是有人格的，有理想的，因此大运河成为标志着中华民族文化身份的重要文化遗产。

大运河考古是以大运河为研究对象的专题考古，就是对大运河本体以及与大运河相关的文化遗存进行考古调查、发掘与研究，搞清楚大运河变迁的历史及其在中国历史进程中发挥的政治、经济、军事与文化的功能，揭示大运河所蕴含的历史价值、科学价值、社会价值、文化价值，为大运河文化带建设和大运河国家文化公园建设服务。通过考古学的视角，可以看到一条历史与现实交替的深沉博大的运河，一条历经沧海桑田真实生动的运河的历史画卷。

一、大运河考古全面展开

大运河文化内涵极其丰富，数十年来，特别在进入新时代以来，大运河考古取得了丰硕的学术成果，重要的考古发现与考古成果有上百项之多。河南浚县黎阳仓遗址、洛阳回洛仓遗址、商丘南关码头遗址、开封州桥遗址、江苏淮安水利枢纽工程、漕运院部遗址、板闸遗址、新路遗址、盱眙泗州城遗址、镇江京口闸遗址、宋元粮仓遗址、扬州隋炀帝与萧后墓、山东南旺水利枢纽工程、聊城七级码头遗址、土桥闸遗址、安徽淮北柳孜隋唐大运河遗址等。运河考古发现充分揭示了中国大运河作为世界遗产所具有的原真性和完整性，对大运河的价值阐释发挥了关键作用，在当下大运河文化带建设和大运河国家文化公园建设的背景下，大运河考古越来越凸显出其举足轻重的作用。据不完全统计，我国大运河考古的遗址点有四百多个。新时代以来大运河沿线八省（市）共开展两百余项运河考古工作，八十余项考古工作取得重要成果，入选全国十大考古新发现7处，百年百大考古发现2处，新时代百项考古新发现6处。这些都展现了新时代大运河考古工作的最新成果。

以下是较为典型和具有代表性的重要点（段）：

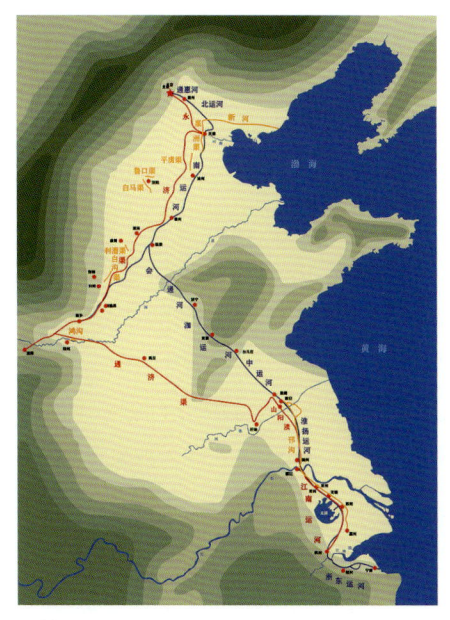

图例
― 汉代运河分布
― 隋代运河线路
― 清代运河线路
● 运河所经之处

历代运河变迁图
（图片来源于扬州中国大运河博物馆）

北京：白浮泉遗址、万寿寺东路遗址、东不压桥遗址、西板桥遗址、张家湾古城遗址（善人桥遗址）、通惠河玉河遗址、清固伦和敬公主园寝、路县故城遗址、北运河故道、小圣庙遗址、花板石厂遗址、南新仓、广源闸遗址、中仓仓墙遗址。

天津：十四仓遗址、天津卫故城遗址、西青区大运河国家文化公园项目考古勘探、张官屯明代窑址、海丰镇遗址。

河北：邯郸大名府故城遗址、邯郸南上宋遗址、永济渠（衡水段）考古勘探、永济渠（邯郸段）考古勘探、临漳邺城遗址、大清河流域文物资源调查与考古勘探、沧州旧城遗址、雄县古州城遗址。

山东：济宁河道总督署遗址、济宁市南旺分水枢纽工程、南阳京杭大运河故道调查勘探、德州北厂漕仓遗址考古勘探。

河南：濮阳会通河台前段滚水坝旧址、永济渠隋代黎阳仓遗址、荥阳故城遗址、巩义洛口仓遗址、黄冶窑遗址、白河窑遗址、含嘉仓城与含嘉仓遗址、隋代回洛仓遗址、漕渠遗迹、新潭遗址、隋唐洛阳城遗址、隋唐洛阳城西苑水利设施遗址、白马寺遗址、偃师古沉船、开封州桥及附近汴河遗址、虹桥遗址、金明池、运河南关段（码头遗址）、夏邑县济阳镇大运河古道、通济渠商丘虞城芒种桥乡段、通济渠商丘永城段、商丘古城、宋国故城。

安徽：濉溪柳孜运河遗址、灵璧县凤山大道隋唐运河遗址、灵璧二墩子运河遗址、灵璧小田庄运河遗址、宿州木牌坊运河及码头遗址、淮北烈山窑遗址。

江苏：徐州古城遗址、盱眙古泗州城遗址、下邳故城遗址、淮安清口水利枢纽遗址、淮安里运河砖工堤与码头、淮安板闸遗址、淮安丁英丁裕家族墓园、淮安卫与大河卫、淮安城（新路遗址）、镇江南水桥宋代运河遗迹、镇江铁瓮城西侧孙吴水道遗迹、镇江宋元粮仓漕河遗迹、镇江明清府城南水关石闸遗迹、镇江嘉定桥遗迹、镇江拖板桥遗迹、镇江京口闸遗址、镇江登仙桥闸遗迹、镇江网巾桥六朝造船作坊遗址、镇江西津渡遗址、镇江宋元粮仓遗址与京口驿遗址、镇江古城遗址、扬州运河沉船遗迹、扬州宋大城北水门遗址、扬州城遗址、扬州隋炀帝墓、苏州古胥门瓮城遗址、苏州陆慕元和塘古窑址群、南通如东掘港国清寺遗址、如皋隋唐掘沟遗址、常州金龙四大王庙遗址。

浙江：嘉兴海宁长安闸遗址、嘉兴子城遗址、嘉兴东塔寺遗址、慈溪上林湖后司岙秘色瓷窑址、南宋德寿宫遗址、杭州良渚古城遗址、杭州市平安里吴越捍海塘遗址、杭州市临安洪起畏夫妇合葬墓、杭州市劝业里遗址、杭州市净慈寺遗址、余姚巍星路窖藏、南宋临安城遗址、绍兴宋六陵遗址、绍兴大湖头遗址、绍兴亭山遗址群、宁波永丰库元代仓储遗址、宁

大运河考古展现的历史画卷 315

波唐宋子城遗址、明州罗城遗址（望京门段）。

陕西：漕渠与昆明湖。

二、运河水道、水工考古

运河河道本体与相关水工设施是运河遗产的核心内容和核心价值，中国大运河全长3200公里的运河水道，列入世界遗产的河道段有1101公里，近三分之一，许多运河河道本体和重要水工遗产掩埋于地下，情况不明。新时代以来的考古工作，持续发力，取得了重要成果。

汉唐漕渠与昆明池遗址：漕渠是汉武帝为解决长安粮食问题在元光六年（公元前129）开凿的运河，隋开皇四年（公元584），文帝"命宇文恺部率水工，凿渠引渭水，自大兴城东至潼关三百余里，名曰广通渠"。十余年来的汉唐漕渠与昆明池遗址考古，确定了汉唐昆明池的池岸线，进、出水口，发现了与文献记载一致的漕渠与昆明池间的沟渠联系，清晰而明确地揭示出汉唐时期国家水利工程的宏伟面貌。

三国两晋南北朝时期，南北长期对峙。曹操为统一北方，开凿睢阳渠、白沟、利漕渠、平虏渠等运河，构成了黄河两岸重要的水路交通网；孙权开破冈渎，沟通秦淮河与太湖水系，占据江东；梁武帝凿上容渎；西晋惠帝开西兴运河。魏晋南北朝早期运河的开凿，为隋唐大运河的开通奠定了基础，成为隋唐大运河的先导工程。扬州隋炀帝墓、南京建康城运渎遗址、长干里梁代国门遗址、镇江破冈渎、铁瓮城、丹阳齐梁南朝陵墓与萧港河遗址、延陵旧县遗址的考古调查与发掘成果表明：江苏六朝至隋的早期，运河体系为全国最早形成的最为完备的运河体系。

安徽省文物考古研究所和河南省文物考古研究院对通济渠宿州段、淮北段、商丘段、郑州段的考古调查与发掘，成果丰硕。安徽省对灵璧小田庄、灵璧二墩子、灵璧凤山大道、薄山路、泗县朝阳路、宿州西二铺、泗县草庙路桥等多处地点进行了局部发掘，对隋唐运河不同河段结构、河道演变以及文化遗存埋藏情况有了比较全面的认识。灵璧凤山大道隋唐运河遗址：首次在运河考古中发现利用自然河道拓宽通济渠的证据，实证了《隋书》中关于通济渠开通的记载，完整地揭露河段并呈现运河开挖、使用、淤塞、清淤及废弃的全过程，确认了主、副航道的漕运模式。出土的大量文物，反映了南北瓷器贸易广泛，也为研究当时社会背景提供了参考。通济渠商丘段始于战国时期的鸿沟水系，宋金之际因黄河泛滥而大部分埋于地下。通过长期对商丘段多处的考古工作，印证了历史文献中所记载的唐宋时期通济渠的岸线形态、建筑方法、建材选择以及河道规模、工程技术等情况。

台前滚水坝遗址

《隋书·炀帝纪》："（大业四年，608）正月乙巳，诏发河北诸郡男女百余万开永济渠，引沁水，南达于河，北通涿郡。"2023年河北省文物考古研究院对永济渠（河北段）进行了全面系统的考古调查与勘探，开展永济渠（衡水段、邯郸段）考古勘探，确定了故城县永济渠故道武城遗址，调查了景县安陵遗址、阜城弓高城遗址；进一步明晰了永济渠相关遗迹及故道在衡水、邯郸境内的保存及流经情况，摸清了永济渠沿线的文物资源。对邯郸南上宋遗址进行了系统发掘，揭示了漳河故道东岸的遗迹，并出土了包括瓷器、铁器、砂器在内的1195件文物。发掘区东部发现一处南北向引堤，表面布满车辙，经解剖发掘，发现其与西部的土岸遗迹原为一体，共同组成漳河故道的东岸。遗址出土的大量瓷器进一步证实了磁州窑产品的运输路线，与唐宋时期的文献记录相符，为研究北宋时期治理漳河的重大历史事件提供实证资料。

濮阳会通河台前段滚水坝遗址：会通河台前段是河南省唯一一段京杭大运河故道，元世祖于至元二十六年（1289）下令开凿，清末漕粮改由海运，会通河逐渐淤废。河南省文物考古研究院对修建于清乾隆二十三年（1768）的滚水坝旧址进行了考古发掘，为明晰会通河河南段的河道走向、形制结构、附属遗产提供了实物资料。

淮安清口枢纽历史上是黄河、淮河、大运河的交汇之处，也是大运河上最具科技含量的枢纽工程之一。清口枢纽是一个水利工程遗产区，在其49平方公里的范围内分布着53处各种类型的文化遗产，如古河道、古堤

河北故城段永济渠两岸聚落遗址

大运河考古展现的历史画卷

板闸遗址正视图

坝、古涵闸、古寺庙等重要遗迹。明、清两朝投入了巨大的财力、物力和人力，对其不断地维护治理，并在极为复杂的水系格局下兴筑不断，保证了大运河工程的运输功能持续畅通。为厘清复杂的水系与复杂庞大的水利工程之间的关系，2008—2012年，南京博物院与淮安市博物馆对包括顺黄坝、天妃坝遗址在内的清口水利枢纽工程进行了一系列的考古发掘工作。顺黄坝位于今码头镇御坝村境内，其沿古黄河南岸而建，使黄河水沿堤坝向东北入淮河尾闾进入东海，远离运河河口，从而保证了漕运的畅通和安全，是历史上黄河南侧缕堤的关键工程。历史上由于黄河经常泛滥，此处经常决口。为抵挡黄河的洪水，顺黄坝经不断堆筑而逐年延长和加高。其坝体大部分在20世纪70年代遭到破坏，目前仅存约一百九十米长的坝体。考古工作主要围绕残存坝体展开，揭露了包括埽工、石工、木桩及草绳在内的多种遗迹现象，出土了陶瓷片、骨器、铁器等遗物，这些发现为研究顺黄坝的建筑技术、水工技术以及明清时期黄河在清口地区的变迁提供了宝贵的实物资料，丰富了对当时社会生活和文化的认识。天妃坝遗址坐落在淮安市码头镇码头村，沿古黄河南岸而建。考古发掘揭露了明代砖工和清代石工两段不同时代的堤坝结构，其中明代砖工是首次发现。出土了丰富的遗物，包括多种瓷器残片和生活用品，为研究当时的社会生活和文化提供了实物证据。天妃坝遗址是明清时期清口治水的最重要实物见证，对于研究明清时期古运河变迁、运口位置、黄淮交汇形势等都具有重要的价值。

淮安板闸为明永乐十四年（1416）平江伯陈瑄所设，是大运河清江浦段上五闸之一，以节制水流，便利通航，自此开启繁华盛景。2014年11月至2015年9月，淮安市博物馆对该遗址进行了抢救性发掘，总面积约五千五百平方米。此次发掘发现了水闸、古河道和建筑基址等遗迹，出土了三千余件器物，对于研究明清水利史、税收史及古代水利工程学等都具有重要意义。

三、运河聚落、市镇、城市考古

古代吴越地区是最早开凿运河的区域。江苏无锡发现的商周时期的梅里遗址，与泰伯渎和吴故水道关系密切；浙江绍兴小南山和亭山遗址群显示出越国山阴古水道的聚落景观。《越绝书》载："山阴故水道，出东郭，从郡阳春亭，去县五十里。"山阴古水道的开凿，解决了越国都城区域的东西水运交通，提高越国水运交通水平，推动了越国的经济发展和国力增强，为浙东运河的开凿奠定了基础。绍兴亭山遗址群是东周时期越国核心区域的大型聚落，考古发现了高等级礼制性公共建筑、祭祀坑、古代河

泗州城遗址发掘现场工作照

道、船坞、临水码头、河岸护坡等众多遗迹。亭山遗址群全方面揭示了在依山面海、河道纵横的沼泽环境下，东周时期越国的社会组织结构、生业经济、交通贸易等社会生活状态。绍兴大湖头遗址是东周时期的越文化聚落遗址，出土的成组原始瓷句鑃、錞于、青铜兵器、生产工具、木桨等实物资料，展示了一幅两千多年前越国耕战一体的生产生活图景。

江苏溧阳古县遗址，确认为六朝"永平""永世"县治所在。遗址周边发现水渎与水坝遗存，显示古县遗址是与六朝早期运河系统具有密切关联的一座县城遗址。据《景定建康志》、《三吴水考·卷二》、《（乾隆）江南通志·卷十三·舆地志》等文献记载"古县渎在溧阳县南十五里，晋永世县故址，与千里渎相连"。孙吴时期古县周边"开渎筑埭，拓荒垦种，发展农桑"。考古发现了城内干道和城外环城路网，揭露了南城门、东城门、西城门和城外的排水系统，出土了大量的同期生产生活遗物。

泗州城地处淮河下游、汴河之口，遗址总面积249万平方米，为唐宋时期黄河、淮河、长江水道漕运中转站。元统一全国后随着京杭大运河的开通，加之汴河的逐年淤塞，泗州城漕运地位最终丧失。为治理水患，明、清两代推行"蓄清刷黄"政策，多次加高延长洪泽湖大堤，淮河及洪泽湖水位逐年提高。康熙十九年（1680），千年泗州城最终沉没于洪泽湖水下。2010—2014年，南京博物院主持对泗州城遗址进行了考古发掘工作，至2014年底共发掘清理28500平方米。对香华门及其月城、南城墙局部、汴河故道及两侧明清建筑遗存进行了大面积发掘，并较为完整地揭露了普照禅寺（大圣寺）、灵瑞塔、观音寺等建筑基址。泗州城遗址大量遗迹平面格局保存基本完好，是我国罕见的保存完整城市形态和结构的中古时代城市遗址，对研究我国古代州城制度、城市格局、城市建筑具有重要价值。

北京路县故城遗址，位于北京市东南部，海拔在19.5—20.5米之间。遗址西北方临近路县故城遗址公园，南侧接壤即将建设的东古城街，东面毗邻北京副中心行政办公区的水系——镜河北段。2016年，为了配合北京城市副中心的建设，北京市文物研究所和通州区文化委员会在通州区潞城镇开展了大规模的考古工作，揭露了汉代路县故城遗址及其周边的墓葬群。该遗址平面近似方形，面积约35万平方米，揭示了丰富的汉代文化遗存，包括道路、城壕、沟渠、房址等，出土了大量陶器、陶片、瓦片等文物。此外，以故城为中心，发现了大量的战国至明清时期的墓葬，其中以战国至东汉时期的墓葬最为丰富，为研究汉代历史文化提供了宝贵的实物资料。2020年，北京市文物研究所启动了对路县故城遗址的保护与展示工程，并在同年9月至12月间进行了深入的考古发掘，总发掘面积达3500平方米。近年来的路县故城遗址考古工作，首次明确了北京地区汉代城市和手工业遗存的遗迹组合，标志着两汉时期手工业遗存的首次大规模发现。陶窑、炼炉与水井、房址、灰坑、道路等遗迹的空间分布和功能组合，为深入了解和复原路县故城遗址的制陶、冶铸等手工业生产活动提供了关键资料，丰富了我们对汉代手工业生产的认识。

邯郸大名府故城遗址，位于河北省大名县，其历史可追溯至北宋时期，形制与当时的汴梁城及洛阳西京府城相似，显示出京府建制的特点。2015—2016年，为配合大名府故城遗址公园的建设，河北省文物考古研究院对大名府故城遗址进行了全面的调查和勘探，遗址由宫城、内城（子城）和外城组成，外城形状不规则，总周长约20.3千米，面积约20平方千米，形成一个南北向长方形。地表上保留的城墙遗迹不多，但仍可见部分保存较好的段落，如东城墙与北城墙转角处的城墙残段。通过考古发掘，厘清了内城城墙的始建、使用、废弃年代，正式确定了北宋时期北京大名城的城市主体布局与北宋时期东京汴梁城相似均为受"皇权至上"观念影响的三重城，"回"字格局，属于都城级别城市，为北宋时期城市研究提供了新的考古实物资料。

四、运河盐业、手工业考古

西汉前期，吴王刘濞建都广陵（今扬州），炼铜铸钱，伐木造船，煮海为盐。为便于运输海盐，开凿了西通扬泰、东达海滨的茱萸沟，也称运盐河。运盐河初期西接吴国的邗沟，东至海陵仓（即海边盐场）。随着汉代以来海岸线的逐渐稳定，盐场沿着海岸从南向北日益增多，特别是唐宋以来，捍海堰、范公堤与连接盐场的复堆河、串场河形成之后，运盐河就与东边通州盐场及泰州所属的盐场直接连接而专以运盐。

2023年，江苏省文物考古研究院对沿海盐业遗存进行调查。在连云港地区新发现了一批商周时期制盐遗址，在盐城东台和大丰地区新发现了晚唐五代至宋、元、明、清不同时期与盐业相关的遗迹90余处。后北团遗址为明清时期的盐业生产遗址，2023年考古发现了明清时期的盐灶、淋卤坑等制盐相关遗迹，出土遗物多是当时普通盐民日常用品，为研究古代盐业发展史提供了珍贵材料。东台缪杭遗址是一处唐宋时期的盐业生产遗址，2023年考古发现了与盐业生产中引蓄水、晒灰制卤、淋卤等相关的遗迹现象，唐代制卤遗迹系两淮地区首次发现，印证了文献中"团煎法"的记载，即制卤后再转运他处煎盐。江苏省文物考古研究院所开展的盐业考古工作丰富了江苏盐业考古的资料，填补了两淮盐业考古的空白。

大运河的开凿与贯通带来了以陶瓷业、造船业为主要产业的运河沿线手工业经济的发展和繁荣。河北邢窑、浙江越窑、龙泉窑、安徽淮北烈山

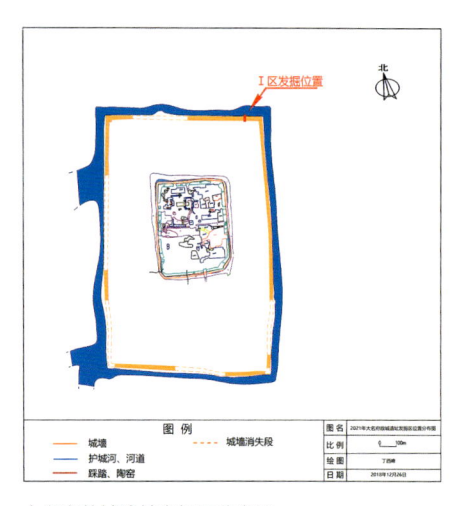

大名府故城遗址发掘区分布图

东台缪杭遗址2022年度发掘区（上为北）

2022年苏州陆慕元和塘古窑址发掘现场

窑、江苏苏州陆慕元和塘古窑址群考古见证了大运河的手工业经济所取得的辉煌成就。

淮北烈山窑烧造于宋元时期，或为文献中记载的"宿州窑"。2017—2018年考古共发现6座各时期窑炉，出土成吨陶瓷残片。其产品受到北方定窑、磁州窑和巩县窑的技术影响，为古代瓷业"北瓷南传"传播路线提供了重要证据。生产的宋三彩和大型琉璃建筑构件或通过运河直接供应北宋皇宫。规模较大的宋金时期馒头形窑炉亦为国内窑址所罕见。

江苏苏州陆慕元和塘古窑址群是运河沿线手工业考古的重要成果。明王鏊《姑苏志》记载："窑砖出齐门外六里陆墓镇，坚细异他处。工部兴作，多于此烧造。"明清时期，苏州陆慕地区专为宫廷烧制建筑用砖，因颗粒细腻，质地密实，敲之作金石之声，称为"御窑金砖"。2021年至今，苏州市考古研究所发现了窑炉、晾坯区、沉淀池相关遗迹，出土了宋代陶器与明清金砖实物，确认是苏州已发现的古窑遗存中分布范围最广、延续时间最长、数量最多、面积最广、保存最完整、等级最高的窑业遗存。

五、大运河考古遗产保护利用与传承

运河考古所发现的重要遗存与遗址得到了前所未有的保护和利用。大运河南旺枢纽国家考古遗址公园、北京大运河源头遗址公园、淮安板闸考古遗址公园、宿州市大运河遗址公园、柳孜隋唐运河考古遗址公园、回洛仓遗址公园、宁波明州罗城望京门考古遗址公园、隋炀帝陵考古遗址公园等都已经建成开放，取得了良好的社会效益。

州桥是北宋东京城御街与大运河汴河段交叉点上的标志性建筑，明崇祯十五年（1642）被黄河洪水灌城后的泥沙淤埋。2018年起，河南省文物考古研究院和开封市文物考古研究所联合对开封北宋州桥遗址进行发掘，发现州桥东面桥台雁翅、地栿、桥面，并在州桥东侧桥面上发掘出一座明代金龙四大王庙，河道两侧发现石刻壁画。新发现出土各类文物标本六万多件，发现不同时期各类遗存遗迹117处，包括宋代堤岸石壁巨幅长卷，三尊铜像，北宋、金、元、明、清瓷器标本5.6万余件。考古成果丰富，场面壮观。州桥遗址发掘探坑的深度达17米，地下水位也很高，发掘难度极大。文物部门与考古队精心组织、筹划部署，在考古发掘、文物保护、遗址展示三方面同步推进。开封市民也可通过预约的方式参观发掘现场，近距离感受州桥的魅力，考古发掘取得重大社会效益。开封市州桥遗址考古为大运河文化公园建设提供了很好的样板。通过整体揭取的方法获得的州桥遗址考古剖面亮相于2021年6月建成开放的扬州中国大运河博物馆，成为博物馆中的网红，一跃为热搜榜顶，成为观众最受欢迎的考古展品。

洛阳回洛仓遗址已经成为国家考古遗址公园。回洛仓遗址位于隋唐洛阳城的东北部，现洛阳市瀍河区瀍河乡小李村与马坡村西一带。钻探结果表明，仓城结构呈长方形，由中部管理区、东西两侧的仓窖区、道路以及漕渠几部分组成。据推算，仓城内的仓窖数量约为700座。2012年1月至2014年12月，洛阳市考古研究院对该遗址进行了第一次考古发掘，清理出完整的仓窖4座、主要道路2条、漕渠1处。四座仓窖形制一致，呈口大底小的圆缸形，表面和底部经过修整和夯打，并保留有火烧过的青膏泥、木板以及席组成的"防潮层"痕迹。在仓窖近底部，尤其是墙壁周围，发现了大量炭化的草秆和草叶，以及腐朽的圆形木棍，表明在仓窖上方可能建有以草为顶的房屋式结构。通过对仓窖底部采集的土样进行浮选和植硅石检测，确认了仓窖中曾储存的粮食品种为单一的"黍"。隋代的回洛仓仓储能力极为惊人，例如3号仓窖体积为401.135立方米，可储存粮食约55万斤，推算整个仓城可存储大约3.85亿斤粮食。然而，入唐以后，回洛仓不再出现在历史记载中，考古发掘也证实其使用时间极为短暂，隋亡后便遭到废弃。第二次考古工作于2015—2016年进行，发掘面积扩展至2000平方米，主要清理两座仓窖和一个灰坑。出土与仓储管理相关的完整铭文砖及残砖数件，详细记载了仓城的名称、管理机构、储粮数量、粮食来源、仓窖位置、粮食入窖的具体时间以及相关官员的姓名，为研究隋代的仓储制度、粮食储藏管理和漕运情况提供了宝贵的实物资料。

山东济宁河道总督署是明清运河及相关河道的管理机构，至清光绪二十八年（1902）裁撤后废弃，存续时间近六百年。20世纪40年代总督

汴河剖面（扬州中国大运河博物馆藏）

署地上房屋已破坏殆尽，2020年考古发掘基本揭露出了清代河道总督署的结构布局，为研究明清运河修治与漕运制度提供了新材料。基本揭露出清代河道总督署的门前中轴道路、大门、院内中轴道路、甬路、过厅、疑似大堂、皂隶房等重要遗迹，为研究明清运河修治、漕运制度和河道总督署提供了新材料，考古工作为下一步的保护利用提供了学术支撑。

宋六陵位于浙江省绍兴市，是南宋时期历代帝陵所在，其中包括北宋徽宗和南宋高宗、孝宗、光宗、宁宗、理宗、度宗七座帝陵以及昭慈孟太后等七座后陵，后代习称为宋六陵。2018年以来先后组织发掘了四组陵园遗址，发现陵园建筑及帝后陵石藏墓葬等多处重要遗迹，出土有官用瓷器、瓦作构件和石制遗存等，为探索南宋帝后陵寝制度的演变轨迹提供了重要依据。据《建炎以来系年要录》等史料记载，宋高宗曾至少五次经浙东运河往返于临安与宁波之间避乱，留下了"泥马渡康王""缘木古渡""灵芝福地"等诸多传说故事。南宋时开凿御河，亦称攒宫江，属浙东运河支流，全长5.5公里，直通宋六陵。南宋定都杭州，浙东运河成为沟通都城与绍兴皇陵的重要纽带。宋六陵遗址凝聚着运河与南宋王朝的家国梦，已经被列为第四批国家考古遗址公园建设项目。

大运河沿线的港口码头见证了中华文明与世界文明的交流互鉴。黄泗浦遗址是唐宋时期长江入海口南岸的港口集镇，是隋唐时期遣唐使船停泊的港口。唐代高僧鉴真第六次东渡从扬州尹娄河下长江，在黄泗浦补给，再由此启航。根据日本僧人真人元开《唐大和上东征传》记载：鉴真于天宝十二载（753）十月二十九日戌时，从（扬州）龙兴寺出至江头……乘船下至苏州黄恤浦（黄泗浦）。十五日壬子，四舟同发，有一雉飞第一舟前，仍下碇留。南京博物院于2008—2018年经6次考古发掘，发现了唐宋河道、房址、水井等遗迹，出土了大量来自全国各地窑口的瓷器，见证了千年前黄泗浦"出江大口"的盛况，为研究中外文化交流、陆路和海运交通等提供了新的考古学资料。江苏如东国清寺遗址，始建于唐元和年间（806—820），是最后一批遣唐使之一、日本佛教天台宗山门派创始人圆仁入唐求法的起点。2017—2018年考古发现了唐宋时期国清寺的建筑殿址、附属建筑、环寺围沟等遗迹，首次印证了圆仁在《入唐求法巡礼行记》中对"掘港国清寺"的记载，是认知由掘港经当时的运盐河、如皋、海陵到达扬州的重要历史空间标志点。国清寺遗址与黄泗浦遗址公园建设已经初步建成开放，成为见证中外文化交流的海上丝绸之路申遗遗产点。

大运河是中国古代劳动人民创造的一项伟大工程，它是春秋以降在我国中东部跨越若干流域、沟通南北若干经济文化区域的水路交通大动脉；它是古代中国中央集权国家重要经济制度漕运的见证；它是超大型的系统性、综合性、组群性文物；它是具有突出文化价值的遗产运河；它是凸显

回洛仓3号仓窖发掘现场

回洛仓遗址公园

水利工程和技术价值的文化线路；它是人类和自然的大型联合工程，形成独特的线性文化景观。

考古学是认知地下、水下文物的科学方法，当然也是认知大运河地下文物及其价值的重要途径，从一定意义上讲，离开考古学的认识论和方法论，大运河文化遗产的研究和保护都将缺乏物的依据，以至于只能就现状谈现状，而无法通过文化遗存的实在，去说明大运河的真实性、完整性。中国考古学会大运河考古与保护专业委员会首席学术顾问张廷皓先生认为："对大运河文化遗产真实性、完整性判断和历史价值、现实意义的认知，不能仅仅依靠所谓大历史观的分析，作大而化之的笼统说明，而要进行长期扎实的考古学研究加以完善，这是我国政府对联合国教科文组织和世界遗产组织的庄严承诺，也是有志于研究大运河文化遗产的新时代考古工作者的光荣使命。"

我认为做好大运河考古研究的逻辑链条应该是："循其踪、穷其源、辨其形、索其隐、察其今、通其变、明其史、究其因。"结合第四次文物普查，推动对大运河沿线的地下文物开展全面深入的考古学调查，统一规范和标准，形成分省（市）的《大运河文化遗产考古调查与研究报告》，在重点地段开展专项考古调查，形成专题考古调查研究报告，加强学科基础工作，推动大运河考古、保护、价值阐释的基础数据整理，建立比较完整的数据库。大运河考古可以为文化公园建设提供基础材料和核心材料，提供具有认识价值和理解价值的实物资料，为文化公园的价值凝练、主题表达以及规划布局提供技术支撑。因此，我们需要制定大运河考古规划，凝练关键的重大课题，有计划地发掘研究好大运河相关遗产，及时公布考古成果。同时要做好大运河考古遗址的保护与展示工作，结合文旅融合和社会研学的需求，加快考古成果的转化与利用，利用考古遗存、考古现场、考古实物资料，更加充分、更加生动、更加科学地向世界阐释大运河在中国文明史上乃至人类文明发展史上具有的杰出普遍价值。

大运河安徽段考古工作回顾和思考

宫希成（安徽省文物考古研究所）

运河安徽段地处淮北平原，是隋代建成的通济渠运河的中段，由河南省永城市入安徽境，经淮北市濉溪县、宿州市埇桥区、灵璧县、泗县，进入江苏省泗洪县，自西北向东南横贯安徽省境，长约180公里。穿越宿州市、灵璧、泗县城区和多个小城镇，沿线人口密集，现在绝大部分已淤塞湮没于地下，部分地段河仍可见河道遗迹和隆起的堤坝，有一部分被现代公路占压，在泗县境内尚存长约二十多公里有水的故道。

通济渠沟通了黄河、淮河、长江三大水系，构成隋、唐、北宋时期内陆交通的主干道之一，是中国古代规划思想和高超的建造工艺技术的体现，对促进南北方文化交流、保障中国社会经济持续繁荣发展发挥了重要作用。但是，北宋以后南北分治，因战乱不断、社会动荡，通济渠运河处于失管的状态，日渐淤塞、损毁严重，逐渐丧失原有的功能。由于大部分河道已经掩埋于地下，文献中又没有详细的记录，后人对通济渠原貌无法了解，就出现了关于运河的种种传说，以至于学术界对通济渠的废弃时间、具体线路和走向等都有不同的说法。

一、运河安徽段考古工作概况

1999年，省道303改建过程中，对濉溪县百善镇柳孜村进行抢救性考古发掘，发现河道、石构建筑和沉船、瓷器等重要遗迹遗物，确认为运河遗存，并被评为当年全国十大考古新发现。从此安徽段运河考古工作开启，已经消失的运河又重现在世人面前。至2024年，陆续对宿州市区西关和木牌坊（埇上嘉苑）、灵璧县田庄和凤山大道、泗县曹苗、邓庄等约二十处地点进行了发掘。

2013年，因运河保护和大运河申报世界文化遗产的需要，又对柳孜遗址进行了第2次发掘，同时在泗县曹苗、邓庄、刘圩、马铺、朱桥、宗庄6处地点对运河河道与河堤进行解剖发掘。柳孜遗址第2次发掘揭露出34米长的一段河道，新发现两岸河堤、桥墩、道路等重要遗存。宿州市西关遗址、木牌坊遗址和灵璧县凤山大道遗址揭露出较完整的运河河床剖面，发现宋代石筑码头和宋代木船。这些发掘地点，基本涵盖了运河安徽全段湮没的遗址和有水的故道。

同时，因编制运河总体保护规划需要和配合城乡建设工程，安徽省文物考古研究所多次组织对运河安徽段全线进行详细的调查，对重点地段进行较详细的勘探。通过这些调查、勘探和发掘工作，发现了丰富的遗物，对运河不同河段的结构、河道演变以及文化遗存埋藏情况等信息有了比较全面准确的了解，为运河遗存保护和研究工作打下了坚实的基础。

运河本体：通过考古勘探和发掘，已经可以准确划定安徽段运河本体

泗县城东运河故道（2013年拍摄）

灵璧凤山大道遗址发掘航拍

濉溪种道口遗址南河堤坡

的走向和具体位置，重点保护的地段都设立了界桩和保护标志。大致上，运河线路大部分与今S303省道公路并行，部分河段还被压在公路下。早期运河河道宽约四十米，在个别点段存在变化，局部有宽度达到六十多米，两岸河堤各宽约二十米。但是，河道内的泥沙淤积速度比较快，使河床不断抬高，需要不断地清淤才能保证正常通航。因此，河道内会留下大量遗物和一层层泥沙，河堤也留下一次次增筑的痕迹。在淤积严重的时候，在局部河段也采取缩窄河道、加高河堤的办法以保证通航。根据发掘出的迹象判断，隋代运河是平地下挖、两边筑堤而形成河槽，水量较大时，河槽的水会高出两侧的地平面，随着河道不断淤积，河堤也不断增筑加高，到后期水位高出地面应是常态，故当地有"地上河"之说。沿线河堤边还发现几株近千年的榆树，与《大业杂记》中记载的"通济渠广四十步，渠旁皆筑御道，种榆柳"基本接近。此外，在柳孜等多个地点发现"木岸狭河"固堤遗迹。

附属设施：柳孜遗址发现了分列于南北两岸的石筑桥墩，长约14米、宽约9米、高约5米，依托河堤用石块砌筑，临水面陡直，在石块之间填充支山石并用碎土石整平，局部用白灰粘合。桥墩附近的河道中遗留有大量的粗大木材，在北河堤外侧，还发现了约14米宽的道路，直接通达北墩，建造年代为北宋早期。文献记载，在运河沿线曾推广一种无柱木拱桥，名曰"飞桥"，"垒巨石固其岸，取大木数十相贯，架为飞桥，无柱"，"至今沿汴皆飞桥，为往来之利，俗曰虹桥"。著名的《清明上河图》中绘有这种虹桥，此桥很可能就是无柱"飞桥"的形式。

在宿州木牌坊发掘区，河道两岸也发现类似的石筑台墩，南北对称，用规整的石板错缝顺砌、灰浆粘缝。南侧暴露部分长2米、宽1.3米、深2米，北侧暴露部分长2米、宽2米、深1.05米。可惜发掘时受条件限制，未能全部揭露。发掘者认为是码头，但其形制、砌筑方法等与柳孜桥墩基本相同，也可能是又一座运河桥。

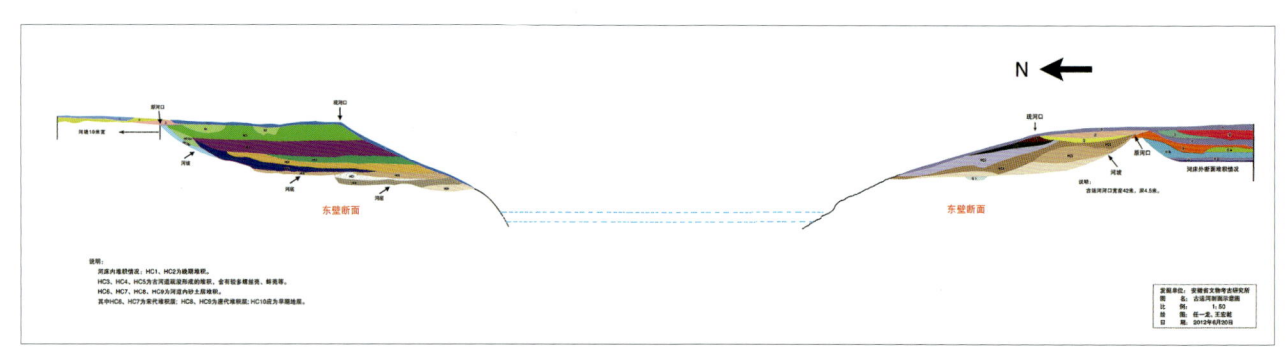

隋唐大运河（通济渠）泗县长沟段古运河剖面示意图

326　　研究文章

白瓷骰子（柳孜遗址出土）

青白釉抱球童（柳孜遗址出土）

青黄釉执壶（凤山大道遗址出土）

出土文物：安徽段共发现沉船10艘，其中唐代船8艘、宋代船2艘。除唐代船有2个独木舟外，其余均为木板平底货船。唐代货船船体修长窄狭，平头方艄，通体架设空梁，不设桅杆且无帆，其动力主要靠背纤。造船用榫钉结合与油灰捻缝技术，列板缝线非常密实。船体结构严密、工艺精良、用材合理，反映了当时的运河漕船造船工艺的特点。宋代船体型较唐船肥阔些，装载量较大。

历次考古发掘出土文物约两万件。按质地分有陶器、瓷器、铁器、铜器、石器、骨器、木器等七大类。其中瓷器数量最多，初步统计有定窑、长沙窑、吉州窑、磁州窑、建窑、钧窑、越窑、耀州窑、龙泉窑、萧窑、烈山窑、巩县窑、繁昌窑、景德镇窑、鹤壁集窑等窑口产品，基本包含了唐宋时期南北方各主要窑口的产品，反映了因运河开通而带来的商贸和文化交流的繁荣。按用途分有建筑材料、生活用具、生产工具、茶具、玩具、乐器、泥（瓷）塑制品、娱乐用品及赌博用具等等，涵盖了当时社会生活的方方面面。透过这些文物，我们可以看到当年运河岸边的风土人情、生活状况和精神面貌，隋堤垂柳、拱桥路人，街头熙熙攘攘、叫卖声不绝于耳，呈现出一幅祥和而又喧嚣的市井生活图卷。

二、运河考古成果转化

2014年，中国大运河成为世界文化遗产，安徽段柳孜遗址及附近河段遗址、泗县城东河段列入其中。申遗成功之后，对运河遗产的保护利用工作大大提速，运河沿线的各级人民政府分别根据本地情况制定了大运河遗产保护措施，完善了遗产档案和保护标识，对重要点段进行了环境整治，建立了遗产保护监测机制。近年来，大运河文化带和大运河国家文化公园建设更是作为国家战略在稳步推进实施。在申报世界文化遗产过程中，考古成果揭示了大运河深刻的文化内涵，为大运河价值阐释提供了重要的学术支撑和一系列申报主体内容。那么，在新形势下，考古工作仍应该继续为大运河遗产的保护和活化利用提供科学的基础资料和理论支持，把大运河遗产保护利用与沿线经济社会全面可持续发展相结合，让大运河遗产资源充分发挥作用。

有计划安排考古资料整理出版工作。目前已经出版了《柳孜运河遗址第二次考古发掘报告》《泗县灵璧运河考古报告》《宿州木牌坊运河遗址发掘报告》《宿州西关运河遗址考古发掘报告》及相关图录、著作等十余部图书。已发掘的地点都安排及时整理研究，尽量缩短考古资料公布发表的周期，基本做到了考古发掘资料无积压。加快考古成果的整理出版，尽快公布安徽段运河考古成果，不仅让学界及时了解安徽运河考古

凤山大道运河剖面揭取展示于宿州博物馆

的最新发现，吸引更多的学者关注安徽运河考古，提升安徽运河考古的研究水平，还为运河的保护利用工程和大运河文化带建设、大运河国家文化公园规划建设提供翔实的基础资料。

注重运河考古成果的展示宣传。较重要的发掘，都在发掘结束后举办小型成果展览。沿线各地方博物馆都有常设的以大运河为主题的展览，并将最新的考古成果及时吸收补充到展览内容中。考古机构为各博物馆提供丰富的展品，使更多的考古发掘品及时向公众展出，如灵璧凤山大道隋唐运河遗址剖面的揭取，移植到宿州博物馆，博物馆开辟专门空间进行展示，创造性地制作了一件大运河艺术藏品和展品。这件总长度60米，高度4米的长幅运河剖面在博物馆内生动展示在观众面前，让更多民众能够直观认识到大运河开挖、使用、淤废的历史变化，同时也能让民众感受到隋唐大运河流淌的声音。深埋于地下的文物以考古的方式转换到博物馆，让更多无缘到发掘现场的民众能够直观体验和感受、触碰历史。

举办学术活动。结合考古项目进展、运河保护项目进展和考古资料出版情况，多次组织以"大运河遗产"为主题的学术研讨会。以开放的态度，既让更多的学者参与到对安徽段运河考古成果的研究中来，又促进了本省运河考古和研究队伍的成长。十几年间，以年轻人为主体的大运河遗产考古、研究和保护专业队伍，从初涉运河的稚嫩逐渐成长成为骨干力量，已经发表著作、论文等过百。

三、问题与思考

通济渠是中国大运河的重要组成部分，是由国家投资开凿和管理的巨大工程体系，是超大规模水利水运工程的杰作。安徽段的考古工作，虽已取得不菲的成果，但还需要不断总结，更深入地去研究和发掘其丰富的文化内涵和历史价值、科学价值。

运河考古工作需要顶层规划。2012—2013年间，笔者在主持安徽段各申遗点的考古发掘过程中，曾起草了一份关于安徽段运河考古的工作规划。可惜由于种种因素和条件制约，最终未能实施。从申遗成功之后的实践看，除了申遗期间的几个地点是主动考古项目外，其余的考古发掘项目均为配合城乡建设工程而开展的抢救性发掘，缺乏清晰明确的学术目标和组织支持。需要根据已有的考古成果，理清尚未解决的问题并结合保护展示的需求，制定一个总体规划，有组织、按计划开展运河考古、拓展运河研究范围。

运河遗产内涵丰富。河道遗址内出土的大量遗物反映了当时的商品贸易和社会风貌，尤其是瓷器反映了唐宋时期瓷器贸易流通线路，也反映出当时民众对瓷器的审美需求的变化。河堤本体会保留有开凿、修治、运输及运河管理的重要痕迹，比如河堤内坡会残留有船篙印记、牛蹄脚印、人类脚印，根据方向可以直观反映漕船运输过程中的拉纤史实。河堤增高加宽的变化，运河在治理维护清淤时的痕迹，以及残留于河堤内坡中的木岸狭河遗存与《宋史》中治河技术相印证，让我们认识到朝廷为维持漕粮正常运输通航的努力。桥梁、码头等重要遗存的发现，丰富了大运河安徽段的文化内涵，也拓展了运河研究领域。此外，通过调查勘探，我们已经发现数量不菲的与运河相关的邮驿递铺、村落集市以及古蕲县界碑、灵璧花石纲遗址、张氏园亭遗址、柳孜塔院遗址等各类文化遗存。这一系列通过考古手段获取的第一手资料已成为研究隋唐宋工程建设、漕运、科技、商贸、社会、文化的重要材料。

但是，从已有研究成果的内容看，主要集中于宏观论述和出土器物研究，对与运河本体相关的水工技术研究较少。如多处发现的"木岸狭河"遗迹、柳孜发现的桥梁遗迹、宿州发现的码头遗迹等，都是考古发掘队进行初步的研究给出的初步结论，缺乏进一步深入的细致研究。从考古发掘看，2013年以后就没有安排具有明确的学术目标的主动性考古发掘项目，而为配合建设工程而开展的抢救性发掘，都还停留在弄清工程用地范围内运河本体的情况，虽增加了对运河不同点段的了解，但对运河研究上并没有大的突破。

大运河是一项伟大的古代系统工程，对与运河相关的开凿技术、河工设施、管理设施、桥梁码头、仓储运输以及运河内出土的瓷器、铁器、陶器、漆木器、石器、骨、木炭、水生植物和动物等内容进行深入综合研究，也是一项系统工程，涉及面广，需要进行多学科的合作研究。因此顶层设计规划是十分必要的。

运河安徽段穿越多个城镇、村庄，沿线人口密集，运河遗址正受到现代城市发展和农村建设的强烈冲击。虽然各级政府正在积极加大力度进行保护，但面临的形势依然严峻。考古工作还要关注沿线聚落、关注古今沿运河城镇的历史变迁过程，深入发掘古代大运河对周边城镇变化和经济发展的推动影响。抓住机遇，协助各级政府建立长效化、常态化的运河保护机制，在大运河保护展示的重大工程如运河文化公园的建设上更好地融入考古成果，为社会和经济可持续发展作出贡献。相信随着考古发掘研究与保护利用工作的不断深入，这个被岁月掩埋的蕴藏着无数宝藏的地下文化长廊，将重现出它曾经的辉煌。

一河览古今 一桥越千载
开封州桥及附近汴河遗址考古发掘的收获与思考

刘海旺、周润山（河南省文物考古研究院）

河南大运河主要分布于河南省北部、东部区域，包括隋唐宋大运河河南段、京杭大运河河南段两部分。隋唐宋大运河河南段主要指通济渠河南段（洛河、汴河）、永济渠河南段（卫河），京杭大运河河南段为会通河南段。流经洛阳、郑州、开封、商丘、焦作、新乡、鹤壁、安阳、濮阳等9个省辖市和巩义、滑县、永城3个直管县（市），通济渠河南段全长约331公里。

开封州桥及附近汴河遗址是通济渠河南段的重要遗产点段。自2022年9月起，该遗址经常出现在全国各大新闻媒体上，其考古发掘成果一经公布便引起了社会各界的广泛关注，具有较大的社会价值和学术研究意义，获得了"2022年度河南文物考古十大新闻""2022年度国内十大考古新闻""2022年度河南省五大考古新发现""2022年度全国十大考古新发现"等殊荣。本次开封州桥及附近汴河遗址考古发掘是开封北宋东京城历史上规模最大、成果最为丰硕的一次考古发掘，为继续深化北宋东京城的研究、加强北宋东京城的大遗址保护、贯彻落实河南大运河文化带战略奠定了坚实的基础。

一、发掘背景

州桥位于今开封市中山路与自由路十字路口南约五十米，是北宋东京城御街与大运河（汴河段）交叉点上的标志性建筑，始建于唐代建中年间（780—783），后经五代、宋、金、元、明，至明末崇祯十五年（1642）被黄河泛滥后的泥沙淤埋。1984年考古部门曾对其进行局部试掘，砖石结构的桥面顶端距今地表深4.5米，保存基本完好。

"州桥及附近汴河遗址考古勘探与发掘"项目2017年被纳入《2018—2020年百城建设提质工程项目库》，2018年列入开封市十大重点文化产业项目"大相国寺周边改造"之中。被国家文物局《大运河文化遗产保护传承专项规划》列为大运河重要文物系统性保护整治工程"一般项目——重要运河水工遗存保护"名录，被河南省列入《河南省大运河文化保护传承利用实施规划》"大运河沿线重点文物保护展示工程"名录和河南省"黄河文化九大重大考古项目"之一。

开封州桥及附近汴河遗址考古发掘工作的启动是为深入贯彻落实黄河流域生态保护和高质量发展战略、大运河国家文化公园建设规划、加快推进大运河重要文物系统性保护整治工程的重要体现，是文物部门积极响应河南省委省政府关于推进黄河文化与大运河文化融合发展，持续深化北宋东京城研究，全面实施开封北宋东京城大遗址保护，建设宋都古城中轴线文化带的重大举措。

州桥在北宋东京城的位置

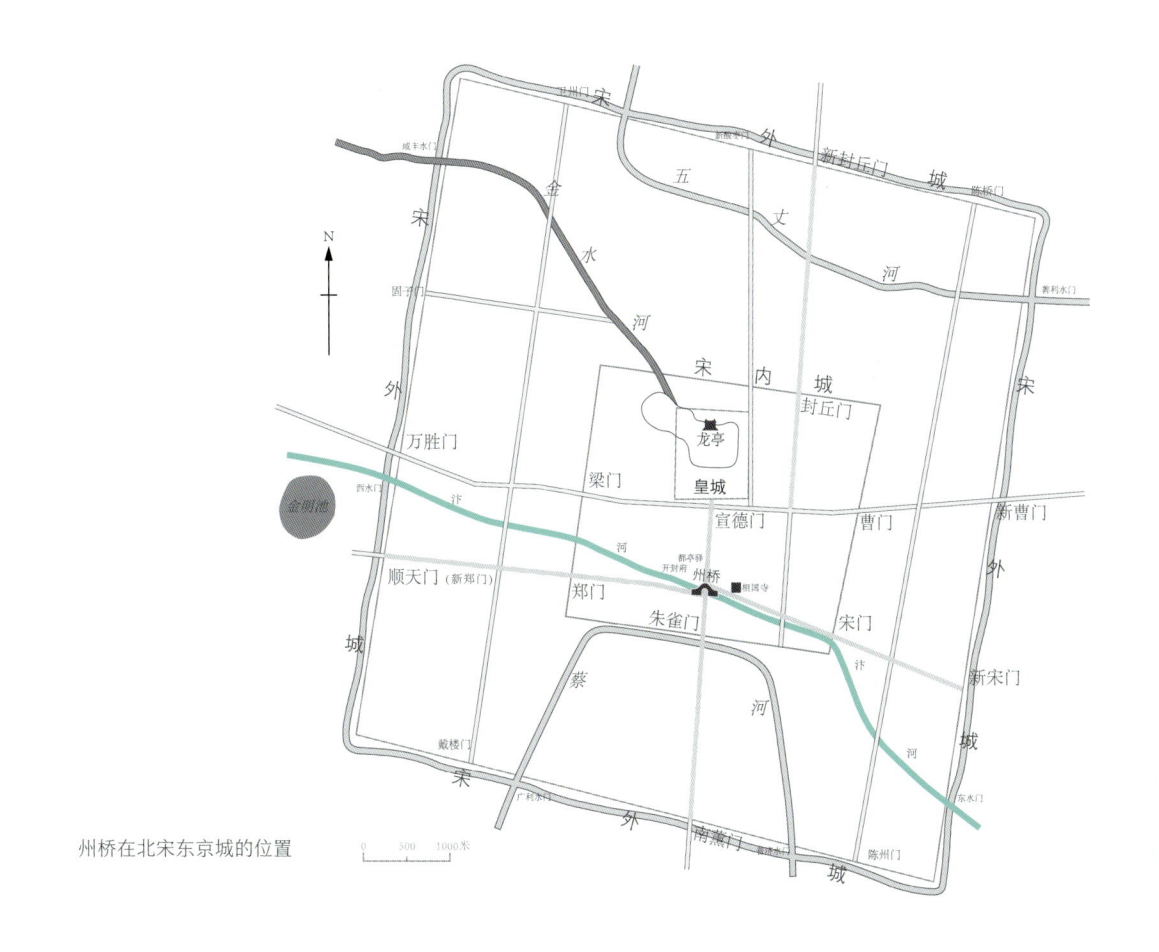

二、既往工作

州桥雄跨于汴河之上，历经宋、金、元、明各个朝代的修缮和改建，其建筑形制也不同。唐、五代时期的州桥，其具体建筑结构情况不见文献记载。宋代孟元老《东京梦华录》中较详细地记载了北宋晚期州桥的位置及其建筑情况。清初无名氏的《如梦录》记载明代晚期"州桥下即汴河，其桥脚北过县角，南至小纸坊街口，又名天汉桥……桥高水深，舟过皆不去桅……"

1984年8月，为配合开封市政公司在大南门里中山路中段修筑大型下水道工程，开封宋城考古队（今开封市文物工作队前身）对州桥遗址进行抢救性发掘，因中山路为开封的中心要道，故受环境和时间的限制，当时无法进行全面发掘，仅在下水管道工程范围内开了一条南北长20米、东西宽4米的探沟，清理出部分桥面，并打破桥面和拱圈，清理出桥孔中的淤泥，对桥址的结构形制有了初步的认识。

1988年，开封宋城考古队（今开封市文物工作队前身）对州桥遗址及附近的汴河河道进行了文物勘探。勘探区域为西至延庆观街，沿后河街向东，途经皮鞋厂院内（今三毛时代购物广场）、州桥遗址，东至百货大楼西墙（今已拆除，西部紧邻中山路）、鼓楼区文教局院内。通过此次勘探，基本弄清了州桥附近汴河河道的分布位置及宽度、深度等情况，为后期的发掘提供了基础材料。

2018年3—6月，河南省文物考古研究院联合开封市文物考古研究所对中山路东拆迁之后面积约3.5万平方米的地块进行文物勘探，初步探明汴河故道的分布区域、走向，了解河道宽度、埋藏深度、河道底部深度等情况，为州桥及附近汴河遗址的考古发掘、长期保护、研究、利用等提供较为确切的基础材料。

明代晚期汴河河道堆积（东向西）

汴河故道明代晚期建筑堆积（北向南）

三、发掘收获

考古发掘工作开始于2018年10月，迄今共布设探沟3条，实际发掘面积为4400平方米，取得了一系列重要的考古收获。

汴河河道

发掘面积为1400平方米，平均发掘深度约为11米，局部深度已达13.5米。现在南北两岸的唐宋时期河堤已经清理出来，同时清理出唐宋至明清时期的汴河河道遗存。通过考古发掘可知唐宋时期汴河宽度为25—28米，河堤距地表深度为9.5—10米，河底最深处距地表深度为13.5米。金代河道逐渐淤没、变窄，河道宽度为22—24米，河堤距地表深度为9.2—9.5米，金末汴河遭受洪水淤没。汴河在元代开始进行"木岸狭河"

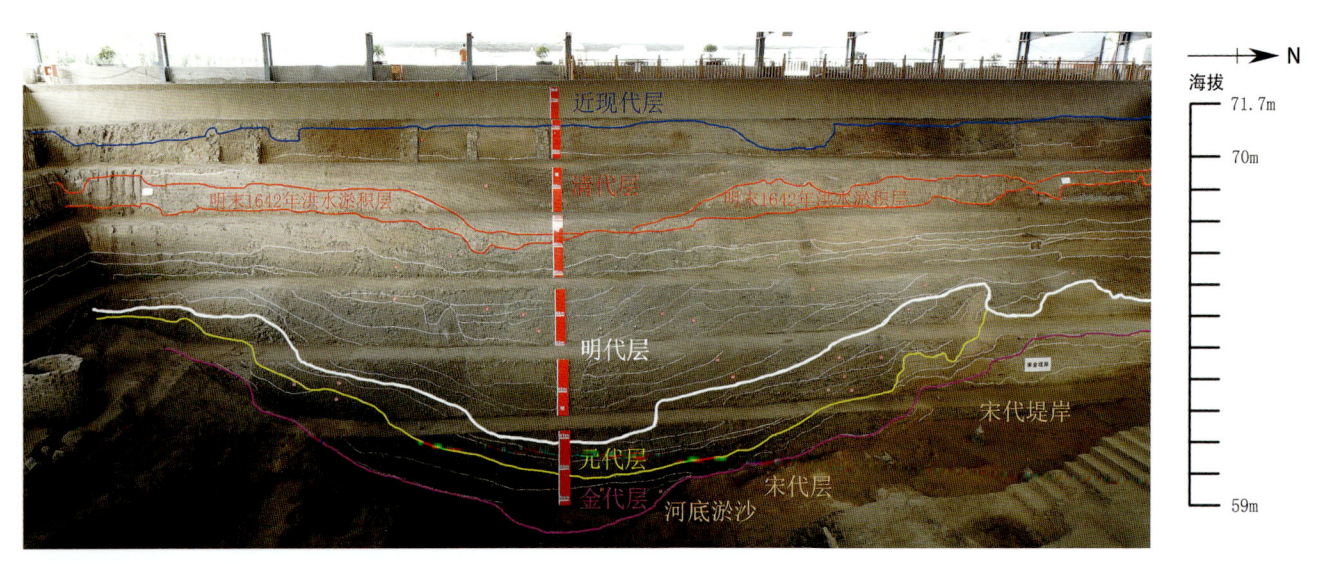

汴河西壁剖面

州桥遗址全景

明代州桥复原图

工程，河道继续变窄，河道宽度为13—15米，河堤距地表深度为7.4—8米。明代之后汴河河道开始逐渐被侵占，河道之上修建有房屋建筑。明初期河道宽度为8—10米，河堤距地表深度为6—7米；明末河道宽度变为2—4米，河堤距地表深度为4.5—5.5米，逐渐变为城内的排水沟。清代汴河经过了简单的疏浚，河道宽度为12—12.6米，河堤距地表深度为2—2.6米，河底距地表深度为4.5—5米。

目前，经过考古发掘工作州桥东侧汴河遗址自唐宋至明清时期的发展演变规律已经较为清晰。在河道底部发现有部分木板，疑似沉船，大部分被压于西侧探方壁之下，同时受地下水位影响，暂时无法继续发掘。

州桥本体

州桥本体区域探方完成发掘面积约三千平方米。经过考古发掘，在州桥桥面之上清理出部分明末洪水遗迹，倒塌的房屋、砖瓦堆积，人骨遗骸，揭示了桥面淤没于崇祯十五年（1642）洪水。同时在桥梁中间区域清理出洪水上层的清代中山路（8层道路）及清代建筑遗迹数处，道路宽度为5—6米，东侧砖砌排水沟保存较为完好。清理出明代晚期的金龙四大王庙，正门、披门、庭院、南北厢房、厨房、储藏室、月台、前廊、大殿、祭台、神台保存完好，结构布局清晰，在金龙四大王庙下部有一座青砖单拱桥券。青砖单拱桥券在州桥东侧区域，两桥涵洞相通，东西长度为8.7米、南北跨度为9.4米。根据出土遗物判断其时代不早于明代万历年间，建造时期用石磨、石碌做基础，比较简单，该桥既有桥梁的作用亦是金龙四大王庙的基础。

经过考古发掘可知，目前发现的州桥是一座砖石结构单孔拱桥，其时代为明代。桥面南北跨度为25.4米，东西宽约三十米，南北桥台东西两侧各展出雁翅，加上两侧雁翅，东西总宽约五十米。州桥桥面中间略高，向南北两侧呈坡状，与两侧路面高差约0.5—0.6米。桥台东侧雁翅上残留有栏杆地伏石，雁翅金刚墙上部用青砖错缝平砌，下部用石条平砌，桥券用青砖券成，厚六层，三券三伏，券脸用斧刃石砌筑，桥孔两侧金刚墙用青石条东西顺砌，高2.88米，矢高3.7米，总高6.58米，桥孔宽5.8米，从桥孔的侧面平视，桥孔的横截面呈现出类似城门洞的形状。

根据考古发掘结果并参考文献资料推测：宋代州桥为柱梁平桥，桥下密排石柱，桥现已不存；现存州桥为明代早期修建，是在宋代州桥桥基基础上建造的单孔砖券石板（拱）桥。

宋代石壁

《东京梦华录》记载："州桥正对大内御街，其桥与相国寺桥皆低平不通舟船，唯西河平船可过，其柱皆青石为之，石梁石笋楯栏，近桥两岸皆石壁，雕镌海马、水兽、飞云之状，桥下密排石柱，盖车驾路也。"

本次考古发掘最重要的收获是在州桥东侧的汴河河道南北两岸发现有巨幅石雕祥瑞壁画遗存，其上雕刻有海马、瑞兽、祥云等。目前揭露的北侧石壁顶部距地表深度约6.8米，石壁通高5.3米，雕刻纹饰的石块有16层，通高3.3米，揭露出来的长度约为21.2米；揭露的南侧石壁顶部距地表深度约6.7米，石壁通高5.4米，雕刻纹饰的石块有17层，通高3.4米，揭露出来的长度约为23.2米，构成巨幅长卷。石壁中一匹海马和两只仙鹤构成一组图案，每组图案的长度约为7.5米，每幅石雕壁画推测共有4组图案（已完整揭露出来3组，另有1组被明代州桥雁翅所遮挡），根据石壁上的编码推测石雕壁画总长度约为30米。

石壁的建筑方法：从目前发掘情况得知，最底部至少为两层方木，上窄下宽铺垫，方木以上先用六层高约两米左右的素面青石条错缝垒砌（最底一层青石条侧放垒砌，以上五层均为平放垒砌）。再上为十四层雕刻有纹饰的青石条平放错缝垒砌（青石条规格不一，为87厘米×20厘米、84厘米×30厘米、90厘米×16厘米），条石之间似用特殊材料砌粘，极其坚固。最上为青砖错缝垒砌。

州桥东侧汴河北岸石壁

州桥东侧汴河南岸石壁

州桥东侧汴河北岸石壁效果图

州桥东侧汴河南岸石壁上的文字"洪廿八"

北宋船灯

北宋景德镇窑青白瓷花卉纹碟

北宋景德镇窑青白瓷熏炉

北侧石壁从下向上算起，自第七层开始每块青石上均有编号，北侧石雕壁画编号自西向东为"坐十二、坐二十""上十五、上二十二"，自下向上为"上十七、士十八""由十八、山十六"，首字为自下而上编号，取自中国传统习字蒙书教材《上大人》"上士由山水，中人坐竹林。王生自有性，平子本留心"。自西而东编号采用汉字数字编号。南侧石壁砌筑模式与北壁相同，编号首字取自《千字文》"天地元黄，宇宙洪荒。日月盈昃，辰宿列张"。

四、价值及意义

开封州桥及附近汴河遗址的考古发掘，具有较高的学术价值及社会价值。北宋东京城是中国古代都城史上具有转折意义的都城。其中轴线上的州桥是最具代表意义的标志性建筑之一，印证了开封城市中轴线千年未变的历史奇观，是古今重叠型城市遗产的标志。对于研究北宋东京城的城市布局结构具有重大的意义，为探讨北宋时期国家政治、经济、文化、礼仪制度提供了重要材料。

州桥石壁是目前国内发现的北宋时期体量最大的石刻壁画，从规模、题材、风格方面均代表了北宋时期石作制度的最高规格和雕刻技术的最高水平，填补了北宋艺术史的空白，见证了北宋时期国家文化艺术的发展高度。州桥是北宋东京城中汴河与御街交汇处的标志性建筑，是运河遗产中的典型代表，规模宏大、建筑精美，其考古发掘为我国古代桥梁建筑史的研究提供了新的重要资料。

考古发掘首次完整揭露出了唐宋至清代汴河开封段的修筑、使用、兴废等发展演变过程，填补了中国大运河东京城段遗产的空白，为研究中国大运河及其发展变迁史提供了考古实证。州桥遗址见证了10至12世纪中华文明的发展高度，对其进行科学的发掘、保护与展示，对讲好黄河文化、大运河文化故事，传承中华优秀传统文化，延续历史文脉，增强文化自信，凝聚民族精神力量，具有十分重要的现实意义。

五、相关思考

开封州桥及附近汴河遗址位于城市的中心，在考古发掘工作过程中会受到多种因素的影响同时又会得到社会公众更多的关注。综合该遗址近年来的考古发掘情况，在今后的主动性城市考古发掘项目开展过程中需要注意以下的问题。

1.项目开展之前要建立强有力的工作领导小组，负责整个发掘项目的

金代钧釉碗

元代白地黑花瓷枕

明代景德镇窑青花水草浮蟹杯

明晚期景德镇窑青花花卉纹罐

组织与协调工作。

考古发掘工作表面上来看是一个比较专业、纯粹的业务工作，但是实际工作中却往往被当作是一个工程项目，考古发掘过程中会面临着诸如环保、拆迁安置、噪音、交通、管网等等方面的问题，这些问题仅仅依靠考古发掘业务单位是无法及时、高效解决的，就需要有专门的领导小组针对项目发掘过程中出现的问题协调各部门来配合工作，解决发掘过程中的各种问题，为考古发掘工作创造良好的条件。

2.要有明确的学术目标，有宏观视野，制定科学、严谨的工作计划。

必须坚持对古代城市遗址进行长期、持续、有计划的考古发掘与研究。城市考古的首要工作目标就是了解城市的形制布局和历史沿革。同时，也要密切关注城市内外重要遗迹和自然环境的性质、功能和关系。建立城市考古地理信息系统，汇总关于城市的多方全面综合信息。大遗址考古测绘要充分运用现代测绘技术，采用国家地理坐标进行控制测量和细部测量。同时建立覆盖遗址的坐标网络系统，将考古工作中获得的信息数据加载其中，最终建立符合国家标准的考古地理信息系统。最好能够搭建覆盖遗址和周边环境的数字化地理模型，服务于城址的各项研究和保护工作。

3.多学科联合攻关，专家把脉诊断。

州桥及附近汴河遗址的考古发掘工作是国家文物局大遗址保护主动性的考古发掘，是"河南省黄河考古九大项目"之一，在考古发掘之初，就制订了多学科联合参与考古发掘的计划，邀请了河南省文物考古研究院植物考古、环境考古、体质人类学和河南大学动物考古、景德镇陶瓷大学瓷器研究等方面的专家、学者参与到日常的发掘、整理之中。根据考古发掘的进度、面临的问题不定期邀请行业内的城市考古、文化遗产、陶瓷考古、文物保护、桥梁建筑等方面的知名专家对考古发掘工作进行指点、解惑，取得了很好的效果。

4.重视遗址的保护及宣传工作，积极参与遗址公园建设及公众考古宣传。

城市考古工作是城市类大遗址保护工作的基础。考古确定的遗迹分布区，决定整体保护的范围和措施；考古研究确定的遗址价值，决定保护本体和历史环境风貌的内涵。考古发掘成果是遗址展示、利用的基础。考古工作者除了负责本职的考古发掘整理等工作之外，还要积极参与遗址回填、遗址保护展示、公众考古与宣传利用、考古遗址公园建设和申请世界遗产等环节，为遗址的保护利用贡献自己专业的力量。保护好珍贵的历史文化遗产，扩大考古工作的社会影响力。

山东运河考古的回顾和反思

高明奎　魏泽华（山东省水下考古研究中心）

山东运河最早当为春秋晚期菏水通过泗水沟通淮、济，还包括隋唐时期永济渠（御河）、胶莱运河、京杭大运河山东段等，考古工作主要集中于京杭运河山东段。京杭大运河山东段由北至南依次经过德州、聊城、泰安、济宁和枣庄5市18个县（市、区），是大运河全线地形高差最大的河段，通过水源工程、水道节制闸群，巧妙实现了多条河流的调配、水道水深的控制，体现了大运河卓越的工程技术成就。山东段是历史上南粮北运、商旅交通、军资调配等方面的生命线，济宁是元、明、清三朝大运河最高管理机构所在地，德州、临清、东昌府、张秋（今阳谷）、济宁、台儿庄，成为运河交通转输和贸易的重镇。大运河在山东流淌千年，积淀了深厚的富有山东特色的运河文化，留下了丰富的历史遗存。

一、山东运河考古主要工作及收获

山东运河考古发现肇始于20世纪50年代梁山沉船的出土，但该船为当地百姓清理，没有经过科学发掘清理，文物部门根据出土遗物进行完整复原。严格意义上的山东运河考古工作当始于本世纪初，为配合南水北调东线工程的建设而围绕京杭大运河开展的系列考古调查、勘探和发掘，其次为大运河申报世界文化遗产和南旺分水枢纽考古遗址公园建设，文物部门主动开展的运河调查、勘探和局部发掘，还有少量零星基础建设中抢救性考古发现取得轰动性成果，如2002年聊城元代运河沉船、2010年菏泽元代沉船的发掘。上述工作的开展，掀起了山东运河考古的一波高潮，在运河遗产保存状况、内涵、价值挖掘等方面取得了许多重要成果。大运河申遗成功后，山东运河考古一度沉寂，近年来，围绕许多大型线性基础设施工程或市政工程穿越占压河道进行调查勘探，或为配合文物保护规划编制或环境整治开展的考古勘探、发掘工作，也不乏重要考古成果，揭开了山东运河考古的新篇章。

南水北调东线工程的运河考古

南水北调东线工程山东段纵穿齐鲁大地，其中鲁北输水段在聊城地区主要利用大运河故道深挖、拓宽，河道沿线存在大量文物古迹。2010—2013年发掘了聊城土桥闸、阳谷西梭堤、七级码头、七级下闸、临清戴湾闸、河隈张庄砖窑址，取得丰富的考古成果，[1] 不仅为工程建设顺利进行提供了保障，还为运河文化的挖掘和世界文化遗产的申报提供了丰富的资料。

济宁、聊城段大运河又称为"闸河"，因地势落差变化大，为保障航运正常，除建设引水设施外，沿河修建众多船闸是重要保障措施。聊城土

聊城土桥闸全景

阳谷七级码头

临清河隈张庄遗址发掘现场照

临清河隈张庄清代砖窑址

桥闸、临清戴湾闸、七级下闸遗址的发掘，为全面了解船闸的形制结构、建筑方式方法、建造使用过程提供了充分的实物材料。经过发掘，发现船闸基本形制结构、建筑方式一致，均由闸墩、迎水燕翅、闸口、分水燕尾、裹头、闸底等构成，长方形单闸口通道，闸口两端为平面呈"八"字形开口的燕翅、燕尾，建筑材料主要为夯筑三合土、石板、木桩等，建筑主体为夯土芯，边缘皆用长方形石板错叠包砌夯土芯，石板与石板间以燕尾形铁锔扣相连。闸口尺寸基本一致，进深6.8—7.5米、宽6.2—6.3米、高7.5米左右，反映工程建设规划的统一性。通过调查勘探，除船闸外，附属设施还包括月河，土桥闸遗址两岸还建有大王庙、关帝庙。

沿岸码头是见证昔日运河漕运、商业功能的关键设施。阳谷七级码头的发现和发掘则填补了山东运河码头类遗迹考古的空白。该遗址的发现源于2004年10月山东文物考古研究所南水北调查队沿河的踏查，恰好作者负责调查该段河道。遗址所在地为七级镇，据说因元代会通河穿镇境而过，有七级石阶的古渡口而得名，但七级台阶渡口具体位置不清。调查队通过实地走访、布孔勘探，发现古码头遗址。2011年的发掘证实了7年前调查推断结果，全面揭露了码头场景，由17级石板砌筑台阶和岸上石板平铺活动场地、通往商业街的石铺道路构成，年代为明清时期，最早可到元代。聊城运河土桥闸、阳谷七级码头和汶上南旺分水枢纽被评为2011年"全国十大考古发现"。

临清河隈张庄明清"贡砖"窑厂遗址位于临清市东南河隈张庄村西运河右岸，窑址沿河集中分布，东西绵延约1500米。2010年11月至2011年5月，山东省文物考古研究所发掘、清理了烧砖窑址18座及相关的取土坑、道路、灰坑、活动面等遗迹。从出土的款铭砖判断，窑址大多属康熙、乾隆年间，少量属天启、万历年间，最晚的道光时期。这次发掘是明清烧砖"官窑"遗址的首次大规模揭露，使明清以来坊间一直充满诸多神秘色彩的贡砖"官窑"得以重新面世，填补了史籍中有关窑址形制、结构及窑厂规模大小等记载的阙如，填补了运河手工业考古的空白。

运河申遗及南旺运河考古遗址公园建设

为做好山东大运河文化遗产保护、规划和申遗及大运河南旺国家考古遗址公园建设工作，开展了运河资源调查、南旺分水枢纽工程的重点调查、勘探、发掘及南旺分水龙王庙建筑群遗址、汶上南旺柳林闸、寺前铺闸的发掘，均取得重要成果。

2007年8—9月，开展了山东运河资源调查工作。[2] 山东省文物考古研究所联合德州、聊城、泰安、济宁、枣庄运河沿线5个地市文物部门分别组织，共发现与运河功能相关的文物点55个，其中闸、坝及水源工程40

个，码头、会馆、钞关及盐运分司11个，桥梁4座，与运河历史相关的90余处。[3]同时还初步调查了胶莱运河的概况，共发现运河旧闸遗址1个、古桥5座。

2008年春、秋两季，山东文物考古研究所联合中国文化遗产研究院等单位，开展了梁山开河闸至任城长沟段运河故道、南旺湖、马踏湖、蜀山湖水柜湖堤、小汶河、戴村坝及宁阳堽城坝、兖州金口坝的系统调查工作，发掘了南旺分水龙王庙建筑基址群，揭露小汶河和运河交汇处分水鱼嘴和部分砖砌河岸。[4]

为配合南旺分水枢纽考古遗址公园的建设，2011—2013年，山东省文物考古研究所开展了连续三年的发掘。2011年3—6月，对龙王庙古建筑群的四组建筑进行了全面的揭露，对汶运分水口设施进行了全面清理，揭露了运河北岸的一段砖石砌筑堤岸及一座石砌码头，确定了南岸大堤边缘位置，发现连接南旺湖与运河的邢通斗门。2012年10—11月，发掘了邢通斗门和徐建口斗门，徐建口斗门位于小汶河西岸，沟通马踏湖与小汶河；2013年2—6月，发掘常鸣斗门、柳林闸、寺前铺闸，[5]常鸣斗门位于邢通斗门西侧，为沟通南旺湖与运河的闸门，柳林闸和寺前铺闸为运河上两座船闸，还完成徐建口斗门全面揭露。上述发掘搞清了船闸、斗门、分水口、堤岸等不同类型水工设施的形制结构、建筑方法、过程，进一步深化了对南旺分水枢纽机制作用的研究认识，尤其龙王庙建筑群全面揭露，为南旺运河考古遗址公园的建设提供了丰富的实物材料。

申遗后的运河考古

申遗后数年运河考古一度沉寂，近几年开始回暖。主要围绕遗址保护开展了少量主动性考古调查、勘探工作，如梁山县前码头遗址、靳口闸遗址、德州市苏禄王墓、宁阳堽城坝遗址、临清运河钞关等，这些工作的开展了解了遗址的基本形制范围、布局及保存状况等信息，为遗址保护规划的制定提供重要资料，也有突破的新发现，如梁山前码头遗址和靳口闸淤积于地表下2.5—4.5米不等，勘探出了遗迹基本形制，临清钞关遗址，经过两次勘探，确定了钞关建筑群大门位置和四周围墙形制范围。另外为配合高速公路、铁路、管道、城市道路等线性工程穿越运河的建设，在运河两岸开展了多项调查勘探，为运河遗产的保护和建设项目的立项审批发挥重要作用。较为值得关注的是，2019—2020年，济宁河道总督署遗址考古发掘揭开了后申遗时代山东运河考古的新篇章，这是运河衙署遗址的首次大规模发掘，清理出建筑群中路的一组建筑遗迹，包括大门、院内中轴道路、甬路、过厅、河道总督题名碑、疑似大堂等，基本理清了建筑群建造使用过程，这为该遗址的保护展示规划制

临清河隈张庄遗址出土清代砖铭拓片

汶上南旺分水龙王庙建筑基址群

汶上南旺徐建口斗门全景照

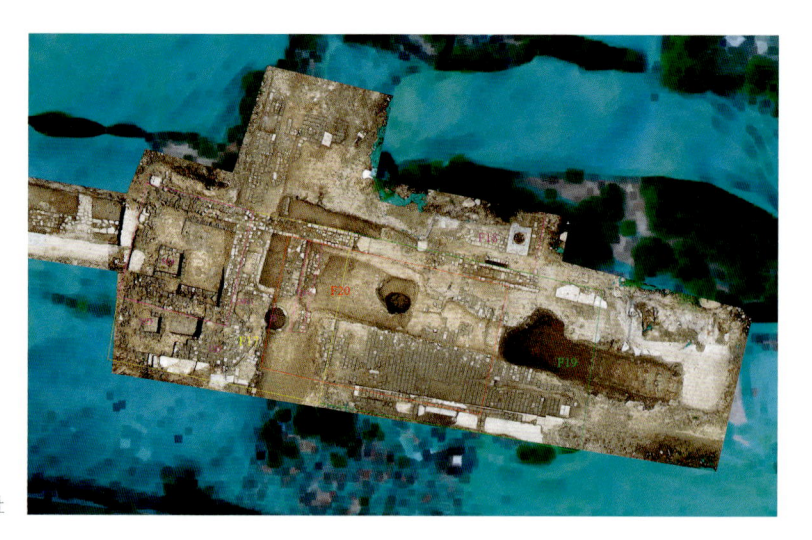

济宁河道总督署中路建筑基址

定和遗址公园建设提供了坚强支撑。

二、山东运河考古反思

山东段运河考古工作集中运河申遗前的十多年，特别是2008—2013年的五年，开展大量田野考古工作，获取了丰富的实物资料，主要是有关水工、水运工程设施如闸、坝、码头、南旺分水枢纽等运河本体遗产，还涉及了河道总督署、钞关运河管理机构及烧砖窑址手工业经济考古工作，这些均是依托运河发展起来的反映古代社会政治、经济的物质文化遗存。上述考古成果为大运河遗产内涵、价值的挖掘、阐释提供了坚强支撑，有力保障了大运河申遗成功，也为运河文化内涵的丰富及大运河文化遗产保护、传承、利用提供了大量第一手材料。但从现代考古研究角度综合考量，仍存在以下不足：一是考古研究对象还不够系统，多集中于运河水工设施等运河本体的研究；二是后申遗时代运河考古缺乏主动谋划，对新时代国家文化战略考古支撑不够，尤其在运河国家文化公园建设方面；三是运河考古成果研究、阐释有待加强。当前的考古研究多限于运河本体、水工设施，缺乏立足考古发现，基于社会视角的综合研究，对运河在凝聚民族力量、维护国家统一的价值作用挖掘不够。

进入新时代，大运河文化遗产保护利用又面临新的使命。习近平总书记高度重视历史文化遗产的保护利用传承，强调要古为今用，深入挖掘以大运河为核心的历史文化资源，对建设大运河文化带作出重要指示，强调大运河是祖先留给我们的宝贵遗产，是流动的文化，要统筹保护好、传承好、利用好，这些重要指示为我们做好大运河文化遗产保护利用工作提供了根本遵循。为深入贯彻落实总书记关于推动"文化双创"等一系列重要指示精神，2019年12月中共中央办公厅、国务院办公厅印发《长城、大运河、长征国家文化公园建设方案》，2020年3月山东省政府印发《山东省人民政府办公厅关于印发山东省大运河文化保护传承利用实施规划的通知》，公布了《山东省大运河文化保护传承利用实施规划》，2022年7月山东省政府发布《大运河国家文化公园（山东段）建设保护规划》。后申遗时代，作为国家战略的大运河国家文化公园建设提上重要日程，也迫切需要考古工作持续开展，提供更多的学术内涵，尤其是面临建设中华民族现代文明新的文化使命，更需要大力挖掘、弘扬大运河在凝聚古代社会力量、维护大一统局面的精神价值和物质支撑作用。为推动中华优秀传统文化"双创"，建设中华民族现代文明贡献山东运河考古力量。

新时代应系统开展山东运河考古工作，继续深入挖掘运河文化内涵。首先，联合水利水运史、运河史、古建筑等相关专家，对大运河山东段河道及其所经过区域开展区域性系统考古调查、勘探。除已消失的河道、堤防、闸坝、桥梁等水利水工设施遗迹外，还包括依托运河发展的与漕运、河道管理相关衙署、仓储、河防设施遗迹，与商业贸易、经济社会发展有关的码头、沉船、集镇、驿站、交通网络、手工业遗址等衍生的相关遗存；其次，在系统调查基础上，聚焦诸如运河漕运系统、河防管理、集镇城市、交通网络、手工业经济等课题研究，分门别类选择相关类型遗址，开展多学科合作发掘，为相关研究的深入和运河文化公园的建设提供可靠、丰富的实物资料；再次，进一步加强运河考古资料的综合研究、阐释。整合历年考古调查、勘探、发掘资料，出版运河考古系列报告，公开田野考古材料，开展多学科综合研究，进一步丰富运河文化内涵，揭示大运河在维护古代国家统一持续运转、促进古代社会长期稳定繁荣发展的独特作用，呈现出发挥关键作用的重要物质实证，为大运河国家文化公园的建设和铸牢中华民族共同体意识发挥考古实证支撑作用。最后，发挥报纸、电视及网络新媒体等多种传媒手段，进一步加强考古成果的宣传报道，开展系列公众考古活动，让身边的运河文化遗产意义价值更深入当地民众人心，实现考古成果惠民共享。

注　释

1　山东省文物局、山东省文物考古研究院：《时代脉动和文明记忆——南水北调东线一期工程山东段文物保护卷》，文物出版社，2022年8月。

2　见山东省文物局调查资料。

3　山东省文物考古研究所、中国文化遗产研究院等：《汶上南旺——京杭大运河南旺分水枢纽工程及龙王庙古建筑群调查与发掘报告》序一，文物出版社，2011年1月。

4　山东省文物考古研究所、中国文化遗产研究院等：《汶上南旺——京杭大运河南旺分水枢纽工程及龙王庙古建筑群调查与发掘报告》，文物出版社，2011年1月。

5　山东省文物考古研究所：《考古年报》（2013）。

6　山东省文物考古研究院：《临清钞关甬道环境整治项目2019年考古调查勘探报告》《临清钞关片区环境整治工程2021年考古调查勘探工作报告》。

济运幽冀 脉动燕赵

胡强（河北省文物考古研究院）

河北之地，东濒渤海，西倚太行，北凭燕山，南接漳卫。天赋异禀、方物绝佳，历史上逐渐发展为制瓷、丝织、冶铸、制盐、造酒、雕刻等手工业重地，遂为兵锋所指。自东汉末年以来，河北地区政治、军事、经济用途的人工运河渐次开凿，通泽连水，盘桓向海。白沟、利漕渠等渠道的开通首次沟通了河北地区的水系，燕赵大地南北水上交通动脉初步形成，成为隋代永济渠的基础河道。永济渠连接黄河以南的运河最终形成隋唐大运河，真正实现了国家层面上南北交通大动脉的贯通，使得河北地区水运从区间运输转向全国性运输，[1]同时水路交通步入内河航运外加海岸线航运的大环线时代。运河开凿的同时，舟楫兴利的吸引力化为强大的吸附力，将河北大地的众多名城珠连线串，促进了河北地区的繁盛。

近年来，河北省文物考古部门围绕大运河及其文化遗产进行了相关考古工作，在运河相关遗址、城址、墓葬、寺庙、集镇、仓廪、航运、手工业等方面取得了重要的收获。

隋唐永济渠自冀鲁两省交界处的故城县建国镇以下至冀豫两省交界处魏县回隆镇段的遗存情况已初步明晰。隋唐永济渠邯郸段由河南省安阳县和内黄县交界处，即安阳县狄庄村村东、内黄县西王村村西一带向北进入河北省魏县南栗庄村。整体呈西南—东北走向，局部有东西走向、南北走向及西北—东南走向，总长度约105公里。基本上确认了永济渠河道的规格和形制，宽度在60—300米左右不等，河道淤沙深度多在6—7米左右，与文献有关记载相符，表明运河并非完全由人工开凿，而是部分利用了自然河道。[2]隋唐永济渠邢台段确定河道共穿过临西县、威县和清河县8个乡镇、四十多个村庄，总长六十余公里，总体呈西南—东北走向，宽度70—150米，深度为6.5—7.5米，这不仅符合古代文献资料的说法，也符合两县的地势坡降乃至整个华北平原西高东低的地势情况，并与《中国历史地图集》中的标注方向基本一致。[3]隋唐永济渠衡水故城段总体亦呈西南—东北走向，自军屯镇大王里村南进入故城县，向东依次经大辛庄南、赵庙南、刘庙南、关庙南、马寺东、南齐庄西至于古代湖泊西沿，再自此处湖泊东沿向东经三里庄北、南宋庄北、河西马庄南、民主村北、和平村西、建国村东，再北曲东折进入山东省（图一）。总长约12公里，宽60—150米，开口距现地表3—4米，深度约5—7米。故城段永济渠由河道及周围湖泊组成的蓄水区构成，丰富了河北隋唐运河的形制。[4]永济渠衡水景县至沧州段与今南运河位置大体相当。永济渠廊坊段因北宋国防工程塘泺防线的干扰，其具体流向尚不清晰。

除永济渠之外，河北隋末唐初的水上主干道还有大夏开凿的柳沟。柳沟的具体流向尚不能确定，目前依据隋末邺城、滏阳、邯郸、洺州、洺水、平恩、宗城、贝州等节点城市的位置大致得出其轮廓，南起邺城连接

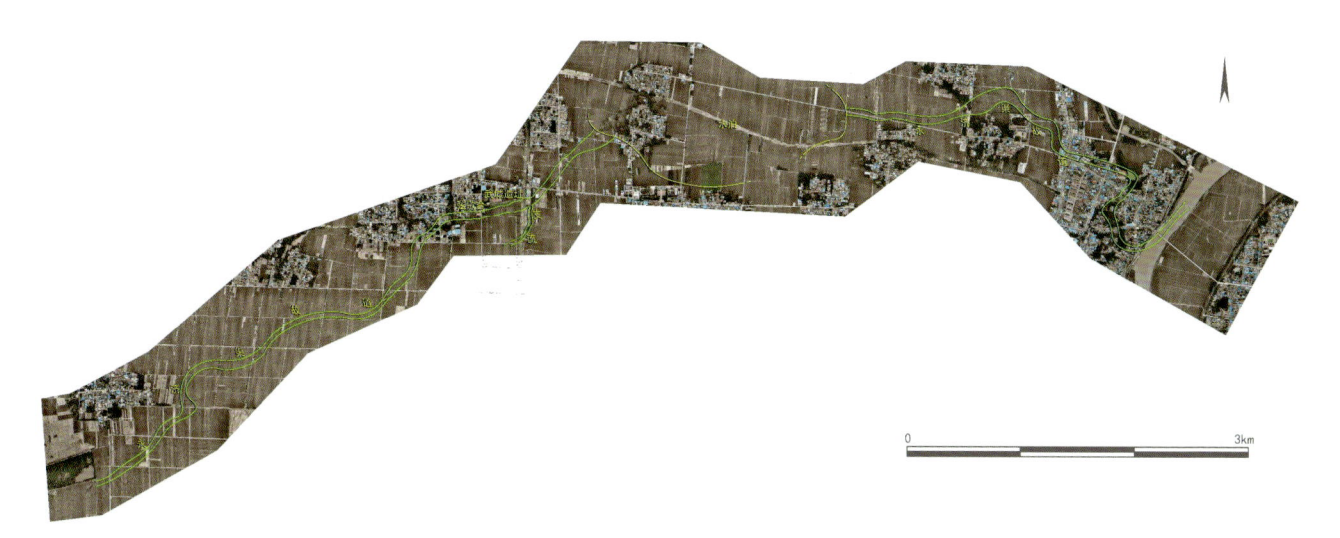

图一 衡水故城段永济渠故道

图二 隋末唐初柳沟的大致流向

漳水，北至贝州连接永济渠，沟通了漳水、滏水、洺水、永济渠[5]（图二）。

城址相关的考古工作有：邺城、大名府故城、临清古城、贝州城、武城、景州城（观州城）、安陵、沧州旧城等。邺城曾先后作为曹魏、后赵、冉魏、前燕、东魏、北齐六朝都城，从公元204年到公元577年，长达370余年，其营建、发展、兴盛与白沟和利漕等渠的开通有着密切的联系。"经过几代人的精心设计和经营，在城市规模和功能上日趋强大完善，成为当时中国乃至全世界都具有一定地位的国际性大都市"。[6] 大名府故城考古工作正式确定了北宋时期北京大名城的城市主体布局与北宋时期东京汴梁城相似，均为"回"字格局的三重城，属于都城级别城市，为北宋时期都城研究提供了新的考古实物资料。对于深入研究北宋时期大运河文化分布及都城制度、四京城市群格局、宋辽军事对峙、水运与城市经济发展具有十分重要的意义。[7] 临清古城（图三）、贝州城的考古勘探基本明确了城址的布局、沿革及城址与永济渠的关系。[8]

唐宋武城遗址于2022年永济渠衡水段勘察中发现，该城址系为移近永济渠而迁治的典型县级城市，因控扼去往德州、棣州的交通要道而成为"天下通衢，南北孔道"，在政治、军事、经济和文化诸方面发挥了深远的影响（图四）。武城唐墓墓志记载该城址专设市坊—通阛坊，表现了运河城址"兴利"的城市规划思想。唐宋武城城址为永济渠沿线名城名镇，唐初至宋中后期为县治，宋末至金代为旧县镇，既是名城，亦为名镇，是永济渠畔政治、经济分流型城市的典型实例。遗址西接天下北库"贝州"，东连德棣以接出海口，是永济渠连通海运的重要节点性城市，具有独特的历史文化、运河文化、航运文化价值，且唐宋武城的历史与永济渠的通航相始终，是唐宋运河发展史的缩影。武城遗址古代陶瓷器遗存丰厚，年代延绵，既是印证武城城市变迁史的物质文化历史信物，也是研究唐宋时期瓷器消费情况的重要实物资料，对古陶瓷研究有重要意义。此外，唐宋武城遗址发现了部分隋代瓷器残片，反映了武城治所迁移之前，伴随着永济渠的开通，此处已兴起围绕内河航线的聚落址。在冀中南平原一带，许多古代城市遗址因黄漳御河的历次水灾而湮没于冲积层之下，唐宋武城遗址因处于永济渠故道之畔，保留了珍贵的历史信息，为争议已久的武城地望问题的解决提供了历史契机，又因其隐映了运河型城市的生业状态和居葬关系而殊为重要。

唐代景州（观州）治所弓高城址以元宝寺为界分南北两部分，北部位于沧州市泊头境内，南部位于阜城县境（图五）。南城墙坐落在阜城境内，残高约1米，残长约350米。北城墙处于泊头市境内，长约200米，地表部分现已无存。南北墙间距约750米，东西长度未知。该城址东部分布大量建筑构件堆积，厚度达1.5米，包含规格较高的板瓦、筒瓦、瓦当等，体现了其作为州城的建筑构件用度。该城址亦发现了诸如邢窑、巩义窑、定窑、磁州窑等各大窑口的瓷器产品，凸显了其作为运河型城市的社会经济底蕴。调查中发现的州城附属墓葬资料、各种遗物均可与其城市建置史密切吻合。景县安陵镇遗址群，时代上至汉代，下讫于明清，具有时代连续性。该遗址群具备运河型城镇遗物要素，如建筑构件、多窑口陶瓷器的发现等。根据史料的记载，结合调查中的发现，该遗址群与唐代初年迁至永济渠西的安陵县城有密切联系。由于此遗址群所在处历年大运河的冲淤较甚，目前仅依据地表遗存的各历史时期典型标本，初步推断唐代安陵城、

图三 临清古城（今邢台市临西县仓上村一带）遗物

图四 唐宋武城遗址俯瞰

图五 景州弓高城俯瞰

图六 内丘邢窑遗址隋代细白瓷褐、绿彩狮形杯

元代安陵仓、明清河衙当位于此遗址群左近。出土于安陵镇南部的唐代大和上封公墓志记载其葬地位置"东邻郡路，青杨起乎长风；西控御河，碧浪凄其短晷"，与文献记载的安陵城关系密切，同时也为我们提供了安陵城与永济渠二者之间关系的线索。沧州旧城位于永济渠支派浮河之阳，考古发掘出土了北宋中晚期的大量遗物，[9] 考古勘探基本探明了其内城和开元寺的位置、范围和布局等情况。[10] 河北大运河相关城址包括了古代城址的所有类型，都城、陪都、路城、府城、州城、军城、县城均有涉及，除了个别城市相距较近，一般沿河城市间航程20—30公里。

手工业相关的考古工作有：邺城窑、邢窑、定窑、井陉窑、磁州窑等。以上大型窑场均位于大运河水源河流上游或下游，沿太行山滏口陉至井陉间的东麓大道—井邺道及延伸线分布。各窑址的考古工作证明，邺城窑为河北制瓷业创始地，窑业技术向南向北渐次传播开来，邺城釉陶加瓷器生产模式成为北朝晚期窑址的范式。白瓷和釉陶的大发展仰赖于隋代的内丘窑场。内丘窑场继承了邺城窑的釉陶烧制技术，并在此基础上产生了多色釉混融技术，开创了三彩时代。隋代内丘白瓷的突出贡献不在于烧制釉面普遍开片的产品，而在于创烧胎体烧结、透明釉无开片的细白瓷产品，成为白瓷生产的典范。而其细白瓷彩釉装饰技术同样大放异彩，亦成为后世瓷器色釉装饰技术的源头（图六）。[11] 唐代河北瓷窑场高质量瓷器以邢窑、定窑、井陉窑产品为著。宋金时代风瓷器以定窑、井陉窑、磁州窑生产的产品为主。南北瓷窑址窑业的交流与迅猛发展，多仰仗于永济渠开通后形成的消费路线和消费观念，可谓水路陆路有机结合，各瓷窑场相得益彰。

航运相关的考古工作有：邯郸南上宋遗址、黄骅海丰镇遗址、沧州南川楼沉船、东光码头沉船、泊头沉船、故城建国镇沉船等。南上宋遗址位于河北省邯郸市区东部，考古发掘发现漳河故道东岸相关遗迹，出土瓷器一千余件及少量铁、砂器。根据出土物的特征和整体风貌，推测该遗址年代为北宋中期偏后。南上宋遗址发掘区发现主要遗迹为引堤和接驳遗迹。引堤表面布满车辙，经解剖发掘，其与西部的泊船土岸原为一体，共同组成漳河故道东岸航运遗迹。发掘出土遗迹、遗物的现状体现了该遗址与航运码头较大的关联性，推测为邯郸城区东南部漳河东岸水陆码头的组成部分。南上宋遗址出土遗物以化妆白瓷碗、盘、盏类产品居多，此外有少量盆、钵、行炉、器盖等产品。根据瓷器产品的总体特征来看，均系同期磁州窑场（观台窑二期前段）产品。考古发掘发现漳河故道的东岸及相关遗迹，明确了河道位置，实证了宋神宗熙宁年间宰相王安石治理漳河的重大历史事件，同时又可与正史、相关地方志书、唐代至明清的诗词歌赋等众多文献记载互证。遗址的发现初步明晰了北宋时期磁州窑产品水路消

济运幽冀　脉动燕赵

图七 建国镇金代沉船内磁州窑瓷器

费情况：自漳河沿岸磁州窑场启运，沿线经磁县、成安、邯郸、永年、曲周等县，向东北进入御河（永济渠），为研究此段漳河故道与同期的黄河、御河的关系，以及永济渠为首的河北地区内河与海运的联通情况，提供了重要考古资料。永济渠在东光南部分浮水东北汇入大海，入海口附近重要城镇有海丰镇。海丰镇遗址的考古工作，发现大量金元时期遗迹遗物，以瓷器居多，来源于定窑、磁州窑、龙泉窑、景德镇窑等南北方不同窑口，品种丰富。瓷器不仅有碗、盘、碟、俑、枕、瓶、罐、盆，还有娱乐玩具、装饰品等。釉色有白瓷、黑瓷、酱瓷、青瓷、双色瓷、绞胎瓷等，装饰手法有印花、刻花、剔花等，纹饰有鸳鸯、鱼、牡丹、荷花、山石等。海丰镇遗址在金代是集水陆交通为一体、以瓷器为主的贸易集散地和重要的运输口岸，应为宋金时期海上丝绸之路的北方起始点，在国外特别是东亚国家出土的相当一部分宋金时期的瓷器应该是从海丰镇运出。海丰镇与中国宁波、扬州等地遗址一起搭建了中国古代瓷器贸易的地缘架构，对研究东亚地区古代瓷器贸易具有重要意义。[12] 遗址出土的遗迹遗物为确定海丰镇的性质及其沿革，提供了重要依据。而出土遗物又因蕴含着原状态的文化、生活信息，成为研究当时历史背景和社会形态的珍贵实物资料。二者均具有填补区域空白的重要作用。沧州南川楼沉船[13]、东光码头沉船[14]、故城建国镇沉船[15]（图七）出土了以瓷器为大宗，时代鲜明的船货，时代约为金代。以上三个沉船地点的发现，实证了金代的漕运路线，其中的故城建国镇沉船遗址，更是金代运河改行山东临清的重要发现。泊头沉船[16]时代为明代，较多瓷器及残片的出土，说明直到明代，大运河所转运的船货中，瓷器仍然占据着较大的比例。

仓廪相关的考古工作有：馆陶县徐万仓遗址等。馆陶县徐万仓位于漳、卫交汇处，勘探见有大型瓦砾堆积和古河道遗址，推测与明清时期仓廪遗址及永济渠支渠——西渠有关。[17] 此外较为重要的线索有临西县临清古城粮仓、景县安陵仓等。临西县临清古城历年见有大型的地下平面建筑，常用厚重的绳纹方砖铺砌，或与仓廪有关。在永济渠衡水段勘察过程中，还发现了元代御河仓——安陵仓的线索。

其他与大运河相关的考古工作有威县后郭固、深州下博等墓地，邺城赵彭城佛寺、南宫后底阁、临西石佛寺等寺庙遗址，邱县邱城、东光赵庄等集镇遗址，黄骅大左庄制盐遗址，故城弦歌台遗址等等。威县后郭固墓地东南距永济渠约二十公里，出土了绳纹双系罐及属邢窑烧造的绿釉深腹杯等典型隋代遗物。可见随着永济渠的开通，内河航运带来的陶瓷器消费半径的扩大及对河北大地的影响已逐渐显露。深州下博地处永济渠与滹沱水之间，东邻漳水，其唐代墓地出土了大批邢窑产品及部分巩义窑产品，时代均为唐代中前期。同一墓地随葬瓷器的多窑口趋势，体现了南北货物转输交流的便宜性。滹沱水、漳水与大运河的交集，更加凸显隋唐大运河的开通对河北平原腹地的深远影响与改变。邺城为闻名遐迩的像教之都，至北朝晚期终成"都下大寺略计四千，见住僧尼仅将八万"[18]之规模。赵彭城佛寺位于漳水之南，居邺南城中轴线东侧，推测为北齐皇家寺院—大总持寺。[19]南宫后底阁遗址位于今清凉江之西，历史上漳水、清河、黄河时有交集，东南距永济渠故道约13公里。该遗址出土了大量石造像，时代自东魏至唐代。[20]临西石佛寺遗址东邻永济渠，时代自北朝晚期至唐初，其西部为黄河北流东堤。[21]以上宗教信仰遗址的发现，体现了宗教信仰中心的迁徙、宗教信仰的传播发展与大运河的紧密联系。东光赵庄位于大运河与浮河之间，西距大运河约3.5公里，居东光县城、泊头市之中点。该遗址年代为宋金时期，出土了分属不同窑口的大量居址类陶瓷器残片，是大运河节点城市航程间的典型集镇聚落。此外，遗址发现了规模较大的地道，应为北宋永静军或金代景州的军事防御设施。[22]邱县邱城宋金遗址[23]东临前身为古白沟的北宋黄河、漳河汇流处，遗址出土瓷器同样具有数量大、窑口多的特点。以上两处遗址说明了宋金漕运的兴盛。黄骅大左庄制盐遗址[24]位于渤海西岸长芦盐区，可通过浮河西南连接永济渠。发掘明确了遗址的功能分区和年代，为进一步研究隋唐时期渤海沿岸的盐业生产、管理、盐工生活、隋唐运河与盐运的关系等问题提供了重要的资料。故城县弦歌台位于永济渠故道北岸，千百年来因南临永济渠和敬祀孔门高弟言子而成为隋唐运河和儒学文化发展的双重地标，同时因其台基高峻而成为永济渠的航标。而其蕴含的深厚的儒家哲理更是沿着不同时期的大运河文脉悄无声息地流进了炎黄子孙的心田。

河北大运河的历史源远流长，其纵贯燕赵大地，连接大江南北，在各个历史时期对维护国家统一、促进经济繁荣、加强文化交流起到了不可替代的作用，为我们留下了丰厚的、形式多样的物质和非物质文化遗产。考察、研究大运河文化遗存，对我们今天深入阐释、保护、传承大运河文化遗产具有重要的意义。河北大运河因与丝绸之路的交集和基于丝织品、瓷器、冶金制品基地进行的贸易而饶有特色。北朝晚期丝绸之路经平城、晋阳[25]而到邺城，形成了以太行山东西两麓并邺道为基础的丝路环线，该线路与河北区域内一众水系多有交通，丝路基因随之流布于燕赵，共同促进了民族、文化的融合与发展。同时形成河北地区丝织品、瓷器、冶金制品消费及技术交流路线。航运观念一旦形成，迅即改变了河北地区的生业模式，形成了围绕内河航运及海运的独特生业状态，并由此改变了社会形态。重修普济桥残碑残留捐资修桥的滏阳河船户姓名达640多个，[26]从中可窥见内河航运对沿线产业的改变和对社会发展影响之一斑。

习近平总书记强调："大运河是祖先留给我们的宝贵遗产，是流动的文化，要统筹保护好、传承好、利用好。"河北作为大运河及其文化遗产所在的重要省份，大运河遗产的传承保护工作任重而道远，必须推动大运河遗产及其内涵的不断深化研究和深入阐释，全方位展示河北大运河的历史文化魅力，取得更多的成果，让更多的大运河文化遗产活起来，形成流动的文化，赓续历史文脉，铸就中华文明新的辉煌。

注　释

1. 河北省文物局、河北省文物与古建筑保护研究院：《流淌的文化-河北大运河遗产》，文物出版社，2023年3月，第24页。
2. 李鹏为、孙海涛：《隋唐永济渠邯郸段调查勘探的新发现》，《中国古都研究（第三十七辑）》，2019年12月。
3. 邢台市文物管理处：《隋唐大运河邢台段调查报告》，《河北省考古文集（五）》，科学出版社，2014年12月，第102页。
4. 2022-2023年隋唐永济渠衡水段勘察。
5. 2022年漳河故道考古调查资料。
6. 牛琳、王天译：《邺城考古40年：沉睡千年的"六朝古都"》，http://wap.chinanews.com/wap/detail/chs/zw/10123663.shtml
7. 任雪岩：《2022年大名府故城遗址考古发掘工作简介》，http://www.hbswwkg.com/2023-03/03/content_8957297.html
8. 邢台市文物保护中心提供。
9. 李恩佳、张文瑞：《沧州东关古城遗址发掘报告》，《河北省考古文集》，东方出版社，1998年10月。
10. 河北省文物局、河北省文物与古建筑保护研究院：《流淌的文化-河北大运河遗产》，文物出版社，2023年3月，第138页。
11. 《2012-2023内丘邢窑遗址调查资料》。
12. 张宝刚：《海军镇遗址出土的金代磁州窑红绿彩瓷俑》，《文物春秋》，2015年第1期。
13. 何晓玲、张倩：《南川楼沉船考古发掘项目通过省专家组验收》，《沧州晚报》，2023年3月7日。
14. 沧州年鉴编纂委员会：《沧州年鉴2000》，河北人民出版社，2002年3月。
15. 2022年故城建国镇沉船调查资料。
16. 王民：《大运河泊头段发现明代沉船》，http://m.xinhuanet.com/culture/2021-02/01/c_1127047991.htm
17. 李鹏为：《河北省馆陶县徐万仓调查记》，《运河学研究（第5辑）》，社会科学文献出版社，2020年11月。
18. [唐]道宣：《续高僧传》，中华书局，2014年9月。
19. 郭济桥：《邺都大总持寺及北齐密教信仰》，《殷都学刊》，2014年第二期。
20. 河北省文物研究所、邢台市文物管理处、南宫市文物保管所：《南宫后底阁》，文物出版社，2019年10月。
21. 郭济桥、张小沧、佟宇喆：《邢台临西县佛教建筑基址发掘简报》，《河北省考古文集（五）》，科学出版社，2014年12月。
22. 胡强、梁纪想、王会民：《邯黄铁路东光县赵庄遗址发掘简报》，《河北省考古文集（五）》，科学出版社，2014年12月。
23. 韩立森、黄信、郭少青：《河北邱县邱城宋金遗址发掘简报》，《河北省考古文集（四）》，科学出版社，2011年10月。
24. 雷建红、曹洋、马小飞、张宝刚：《河北黄骅市大左庄隋唐时期制盐遗址发掘简报》，《考古》，2021年第2期。
25. 张庆捷：《丝绸之路与北朝晋阳》，《中国魏晋南北朝史学会第十届年会暨国际学术研讨会论文集》，北岳文艺出版社，2011年8月。
26. 《道光元年（广平府）普济桥重修碑记》。

黄运交织背景下大运河考古工作的实践与思考

原丰（徐州博物馆）

21世纪以来，大运河的保护、传承和利用逐步上升为国家战略，大运河考古作为基础性、细节性、实证性的一门科学，承担着大运河历史价值挖掘阐释和大运河文化遗产保护利用的新使命，正在成为中国考古学研究的一个重要领域，引起越来越多学者的关注和重视。

在考古学基础理论的指导下，围绕不同的研究主题，中国考古学各专题领域划分愈来愈细，大运河考古属于其中之一。由于地貌特征和自然环境的不同，大运河考古有着自己的独特性。作为中国古代一项伟大的水利工程，大运河地跨八省市，连接海河、黄河、淮河、长江、钱塘江五大水系，地貌变迁复杂。从历史变迁和现状看，大运河与黄河之间纷繁复杂的关系要远超其他水系，无论是隋唐大运河还是京杭大运河，其开凿、航运、治理、废弃、淤塞，始终与黄河交织在一起，呈现出"剪不断，理还乱"的复杂局面，而且覆盖范围极广。因此研究黄运交织历史背景的成因和相关区域现状地貌特征，梳理黄运交织地区大运河考古所取得的成果，并进一步探索黄泛地区大运河考古工作的方法具有重要的现实意义。

一、黄运交织的历史背景及影响

从地缘上看，大运河相当部分河段处在黄河下游流域内，大运河自诞生之日起，和黄河之间就产生了长期割舍不开的关系。总的来看，黄运交织的关系大致有三类。一是运河水源取之于黄河，即借黄行运。开凿运河最重要的是要有水源，黄河是流域内流量最丰沛的河流，从战国中期开凿的鸿沟运河到隋唐北宋时期的汴河，都是以黄河为水源的。二是运河利用黄河河道为运道，即黄运合一。金代以来，黄河下游河道改由东南夺淮入海。元代开凿贯通东部平原的京杭大运河时，从淮安至徐州一段即利用黄河河道为运道。三是黄河决溢，侵犯运河，致使运河河道改道或淤塞，不得已需要疏浚运道或另开运道，即避黄行运。历史上黄河以善决、善徙而著称，下游河道无论北决或南决，都会侵犯运河河道。

受黄河泛滥的影响，隋唐大运河通济渠段大部分河道、永济渠段部分河道已湮没地下，元明清大运河部分河道也湮没地下。从地域上看，主要包括河南北部和中东部、河北南部和东南部、安徽江苏两省北部、山东西部和西北部以及天津市的部分区域（图一）。由于受影响情况不同，淤积程度不一，地下遗存埋藏深度也不相同，考古资料显示，大部分区域平均淤积厚度3—5米，最深处超过10米。如地处通济渠漕运中心的河南开封，北宋东京城顺天门遗址考古发掘地层堆积显示，清代地层距现地表约五米，宋金时期文化层距现地表约9米；[1]安徽宿州木牌坊运河遗址考古发掘地层堆积显示南宋时期通济渠河道已淤塞，南宋时期遗存距现地表6.8米；[2]

通济渠沿线的河南内黄三杨庄汉代聚落遗址考古发掘地层堆积显示，汉代地面距现地表约6米，[3] 其上均为黄泛淤积；河北邯郸唐宋时期的大名府城因受洪水侵袭，被迫另建新城，[4] 考古工作证实唐宋时期地面距现地表3—4米；考古勘探发掘资料显示位于入淮口的江苏盱眙泗州城遗址，古汴河河道及城内建筑距现地表5—8米；[5] 江苏淮安明代大运河板闸遗址考古发掘地层断面显示黄泛层厚约3.7米，[6] 加上工程基坑深度，明代地面距现地表超过7米。

查阅大运河考古已刊布的发掘资料，不难看出各地考古人在运河考古工作方面的窘境和不断探索的过程。如2007—2009年，大运河河南开封段考古调查时面临的困难："地表全为一望无垠的黄沙地……地势起伏不大……河坡、断崖处的地层没有任何变化，地表没有发现任何与汴河相关的遗存，考古队一筹莫展，调查工作陷入漫无头绪的状态。"[7] 如2022年大运河永济渠河北衡水段调查时指出："由于历史上长期水患影响，这些遗址遗存上都堆积了三四米厚的淤土层，勘察工作很是困难。"[8] 再如2014—2015年淮安板闸遗址考古，考古取得丰硕成果，但发掘工作也是十分困难："淮安地区运河考古面临量大难题和痛点——堆积深厚的黄泛层和始终处于高水位的地下水。"板闸遗址地势低洼，闸底距离现地表10米，明代活动面距离现地表约4米，"一场暴雨过后整个发掘区就成了一个

图一 黄运交织区域示意图

大水塘，雨水夹裹的泥沙将闸底淤垫近两米……重新清理所耗费的人力、物力和财力折磨得人心力交瘁。为了一张整体照片、为了一份精确的遗迹图，我们和雨水淤泥进行了反复不停的斗争"。[9]

如此严重的黄泛淤积，对于大运河沿线的考古工作者来说是一个新的挑战。主要表现在三方面，一是黄运交织区域原地貌被掩埋，地表地势平坦，一马平川，地下文化遗存埋藏深，其上堆积较厚的黄淤土和淤沙，无论是考古调查、勘探还是发掘都面临很大困难，特别是当考古发掘深度超过3—5米的时候，土方外运、塌方隐患、天气变化等问题的难度级别会成倍增加；二是地下水位较高，泥沙遇水流动性增强，勘探土样带不上来，考古发掘区周围的降水、周界防护等也是必须考虑的问题；三是黄运河道跨度大，范围广，河道河堤位置变迁频繁，运河治理过程纷繁复杂，在发掘面积和发掘区域受限的情况下，很多问题不易解决。

三、黄运交织地区大运河考古工作实践

新世纪以来，随着基本建设的开展和中国大运河申遗工作的推进，特别是近些年来大运河文化带和大运河国家文化公园的建设，大运河考古工作逐渐增多，考古队伍依托现代科学技术手段，在黄运交织地区开展一系列考古工作，取得了显著成效。

大运河会通河台前段考古[10]

会通河开凿于元代，明代进行大规模疏浚，是京杭大运河取道北流的重要河段。会通河台前段全长约10公里，是京杭大运河的咽喉之地，受黄河决堤泛滥影响，该段运河已全部淤埋于地下。2018—2021年，河南省文物考古研究院先后组织实施会通河台前段的考古工作，包括考古调查、测绘和考古勘探、考古发掘，取得了重要成果，基本明确了该段运河的河道走向、河床、河堤及部分附属遗存的埋藏信息，是考察黄运交织地区大运河考古工作的典型案例。[11]

从考古调查情况看，由于该段运河淤没于地下，地表几乎无遗迹可寻。调查工作首先通过走访和实地踏查，基本确定运河河道的大致范围和走向；然后在前期调查的基础上，对河道沿线及其周边进行航测和三维建模，获取包括DEM、DOM等多种信息；以高分辨率航测影像为基础，获取1∶5000的遗址测绘图，并在此基础上，建立考古测绘系统。从考古勘探情况看，勘探工作采用普探和重点勘探相结合的方法，勘探记录纳入测绘坐标系统。鉴于运河河道较长，且淤埋较深，普探工作有针对性地选择一些关键节点，共布设探孔11组，孔距5—10米。重点勘探采用1米×1米

的梅花状布孔方法。由于采用洛阳铲人工勘探，实际操作过程中出现遇水则无法下探的现象。从发掘情况看，石砌滚水坝距地表3.5—3.8米，虽然全面的发掘资料尚未公布，但从已公布资料可以看出，发掘在勘探工作的基础上采用探方法，后打掉隔梁成为一个大的发掘区，四周留二层台，以保证安全，发掘区周围定点降水。

安徽淮北柳孜运河遗址考古[12]

柳孜遗址是隋唐大运河永济渠安徽段的重要遗址，也是中国大运河申报世界文化遗产选定的一处遗产展示点。考古发现有运河河道、河堤、石筑桥墩、沉船及大量唐宋时期的遗物。该遗址虽被湮没地下，但黄泛层淤积不厚，河道底部以淤沙为主，最深处距现地表超过7米。安徽省文物考古研究所于1999年、2012—2013年先后两次组织进行考古发掘，分别发掘930平方米和2000平方米。两次都采用探方法进行，第二次考古发掘工作准备得更为充分一些，下面予以重点介绍说明。

遗址发掘区的保护大棚和参观木栈道是在发掘工作结束后修建的，所以考古发掘期间完全属于田野作业，需要制定详细的保护方案。由于发掘区所处位置较高，地下水位较低，对4米以上的探方发掘影响不大，所以探方壁4米以上为直壁，4米左右留有1米宽的二层台，4米以下发掘预留一定的坡度。为防止雨水对探方的冲刷，采用疏通的方法排水，在发掘区四周地表开挖一周排水沟，疏散地表水，自排水沟到遗址四壁向下覆盖塑料农膜，保护探方和遗迹，在探方或发掘区底部开挖窨井，通过水泵向外抽水，保证探方四壁稳定。由于探方较深且比较陡直，土方外运借鉴建筑施工中的吊装机械。

河南开封北宋东京城顺天门遗址考古[13]

顺天门是北宋东京城外城西墙上连接御道的正门，1983年曾进行考古发掘，因地下水位较高，发掘未能完成。2012—2017年，河南省文物考古研究院、开封市文物考古研究所联合对顺天门遗址进行了大规模考古调查勘探和发掘工作。考古工作首次对北宋东京城城门的发掘，明确了宋代瓮城形制和建筑结构，清晰揭示出主城门一门三道的布局。顺天门遗址考古是开封黄泛区考古的一次尝试，面对遗址埋藏深、黄沙堆积厚的难题，考古工作者完整揭露了厚达十余米的地层堆积，发现五代、宋、金、元、明、清等各时期遗存。这次考古较好的解决了黄泛区考古的难题，是同类型考古的优秀案例，2018年开封州桥及汴河遗址考古发掘正是借鉴顺天门遗址考古发掘的方法。

顺天门遗址考古实际发掘面积2700多平方米，采用探方法发掘，最后形成一个大的发掘区，发掘区四周预留二层台（大致方法是每向下挖掘1—2米，预留1—1.5米的二层台），以加固发掘区周壁。土方外运除了使用吊装机械外，采用更为便捷的传送带。为防止雨水冲刷，发掘区建设有临时性保护大棚（图二）。

图二 开封北宋东京城顺天门遗址考古现场

徐州文庙街区地下城遗址考古[14]

徐州是元明清大运河沿线的重要城市，徐州至淮安段大运河漕运河道"黄运合一"，受黄河泛滥的影响，古代遗存深埋地下，明代徐州城距现地表3—5米，汉代徐州城距现地表8—10米，局部超过11米，因此通常将徐州古城地下遗存统称为徐州地下城遗址。[15]但由于埋藏太深，考古工作受到很大局限，科学完整地揭示地下城遗址文化堆积是极为困难的，2020—2021年徐州博物馆组织开展的文庙街区地下城遗址考古完整地揭示地下城遗址堆积的完整地层，考古发掘方法也是一个新的突破。

文庙街区位于徐州市老城核心区，考古借助文庙地块施工的周界支护、整体降水，又在考古发掘区周围进行区域定点降水，降水深度约十米。首先用机械将遗址上约四米的黄泛层挖掉，然后在基坑内采用探方法发掘，预留1.5米宽的隔梁，发掘到一定深度留0.5—1米的二层台，用以加固探方四壁，采用吊装机械将土方外运（图三）。

图三 徐州文庙街区地下城遗址考古现场

除了上述考古工作案例外，还有一类在基础建设考古中经常使用的一种发掘方法，即采用机械作业将上层黄泛层挖掉，然后在开挖的基坑中开展考古发掘工作，如河南内黄三杨庄遗址考古、江苏淮安板闸遗址考古均采用此类方法。

四、黄运交织地区大运河考古工作方法探析

正像古人要面对黄河泛滥、运道淤塞等复杂的国家难题一样，考古工作者要发掘和还原这一过程，如果仍采用传统的考古手段显然是不够的，需要摸索出一套符合黄泛区大运河考古实际情况的工作方法。长期以来，很多考古单位和一线考古工作者不断探索黄泛区考古的工作路径，很多环境考古学家积极参与黄泛区考古工作，利用现代科学技术分析地下文物遗存的埋藏状况，并进一步通过实验室分析，研究区域环境背景和地貌演进过程。以下结合考古工作实践，尝试梳理并总结黄泛区大运河考古工作方法。

考古调查

与正常地貌的考古调查相比，黄运交织地区的考古调查难度更高，单纯的地表踏查可能会一无所获或收效甚微。从现阶段的考古实践来看，查

图四 徐州翠屏山地块机器勘探土样照片

阅研究古籍文献和口碑调查是非常重要且行之有效的工作方法。除此之外，还要更多借助现代科技手段。

一是遥感技术的运用。[16] 遥感是一种分析地表和浅层覆盖状况的空间技术，遥感技术在考古工作中的应用，主要在早期光学影像资料、构建数字高程模型、多光谱特性的利用以及激光雷达等方面。遥感技术可以在古黄泛区的地表上，找到遗址的蛛丝马迹，帮助考古工作者确定研究区域的地貌状况和可能埋藏有遗址的大致范围。

二是地球物理勘探方法的运用。遥感更多适用于地表地貌调查，对于地下遗存的调查需要利用地球物理勘探的方法，包括电法、磁法、探地雷达等，其基本原理都是利用浅层地表的电磁性质，运用相关仪器得到地表之下各类信号的分布图，从而了解地下遗址的大致情况。

考古勘探

由于埋藏深、地下水位高，加上黄泛区以淤沙和黄淤土为主的堆积，传统的洛阳铲勘探有很大局限性，致使黄泛考古勘探始终是个难题。在国家文物局《考古勘探工作规程（试行）》的指导下，开封、商丘、菏泽、濮阳、徐州等地结合黄泛区的实际情况，不断尝试各类勘探工具，调整勘探方法。

目前看来，"洛阳铲+地质钻"相结合的方式是比较有效的，洛阳铲采用人工勘探，可以实现地表下3—5米的考古勘探；地质钻采用机械勘探，基本不受勘探深度的影响，可以将更深层次的土样提取上来，以便研究地下遗址的分布情况。实际工作中，地质钻从一定程度上解决了勘探深度的问题，但同时存在一定弊端：一是考古工作存在经验值的问题，机器勘探无法更好的判断土质；二是机器勘探成本更高，需要投入大量经费。近些年来，考古勘探开始借鉴水文、环保、地质、农业等领域的土壤取样技术，如农业和地质领域使用的土壤取样钻机中有一款小型手持式取土钻机，可钻进深度超过10米，取芯直径3.6厘米，采样效率高且节省体力。因此，随着考古前置工作的推进，研发适用黄泛区的考古勘探专用工具势在必行（图四）。

考古发掘

系统的考古发掘工作是了解地下遗址面貌必不可少的环节，由于黄泛区深厚的泥沙堆积，正常考古工作常用的探方发掘法和探沟发掘法会产生诸多的风险与不便，为此需要制定适用的考古工作计划。

一是要有明确的工作目标，包括学术目标和保护利用目标。在当前大运河文化带和大运河国家文化公园建设的背景下，以保护展示利用为目标的大运河考古将是主流方向。工作目标在很大程度上决定着考古方法和经费投入力度，同时考古工作方法也会影响后续保护展示工作的水平。

二是构建必要的考古设施。应借鉴工程建筑领域的施工方法，解决发掘区地下水降水、地质沉降和周界支护等问题；在合适位置安装电动履带式输送带和吊装机械，以机器运输代替人力实现大量土方外运；建设临时性保护大棚已经成为黄泛区开展考古工作的基本要求。

三是采用合适的发掘方法。阶梯式探方法或探沟法是较为常用和安全的发掘方法，可采用如下方法：首先在发掘区内布方发掘，一般采用10米×10米的探方规格，隔梁预留1.5—2米；发掘深度至2—3米时，打掉探方隔梁（关键柱根据情况决定是否保留），形成一个大的发掘区；然后在发掘区内按原探方继续向下发掘，同时需要在发掘区四周预留1—2米宽的二层台，以加固四壁，防止塌方；如此这样循环往复，直至完成整个发掘工作。

大运河考古是一项专题性的考古工作，由于受黄河泛滥的影响，大运河的部分河道以及与之相关历史遗迹已经深埋地下，20世纪90年代开始，黄运交织区域的大运河考古开展了一系列工作，也取得了很多重要的考古成果和收获，但由于考古工作难度太大、成本太高，经常面临考古与保护利用脱节，考古工作半途而废的问题。近些年，随着经济社会的发展和大运河文化带建设的要求，考古工作者逐步摸索出了一套较为成熟的工作方法和路径，但整体上看，还无法满足当前考古和文化遗产保护工作的需求，大运河考古仍需要结合各地实际，探索总结更多更好的成熟规范和工作机制。

注　释

1　河南省文物考古研究院等：《河南开封北宋东京城顺天门遗址2012—2017年勘探发掘简报》，《华夏考古》2019年第1期，第13—41页。

2　安徽省文物考古研究所等：《宿州木牌坊运河遗址考古发掘报告》，科学出版社，2023年6月。

3　河南省文物考古研究所等：《河南内黄三杨庄汉代聚落遗址第二处庭院发掘简报》，《华夏考古》2010年第3期，第19—31页。

4　田海：《明清时期大名府城周边的水系变迁过程及其影响》，《中国古都研究（第三十七辑）》，第73—81页。

5　贺云翱：《江苏古泗州城考古取得重要成果》，《中国文物报》，2007年11月14日第2版。

6　南京博物院等：《淮安板闸明清遗址考古报告》，文物出版社，2023年9月。

7　葛奇峰：《大运河"开封段"考古发现记》，《大众考古》2015年第9期，第75—77页。

8　陈元秋等：《永济渠衡水段发现古代运河型城市遗址》，《光明日报》2024年3月15日第9版。

9　南京博物院等：《淮安板闸明清遗址考古报告》，文物出版社，2023年9月。

10　孙凯：《京杭大运河会通河台前段考古调查勘探简报》，《运河学研究（第6辑）》，第149—168页。

11　周润山：《河南大运河考古研究述论》，《文物天地》2022年第9期，第102—111页。2018年4—6月，会通河台前段进行考古调查、测绘和勘探；2020年12月—2021年2月，对台前段的滚水坝旧址进行了考古发掘。

12　安徽省文物考古研究所等：《淮北柳孜—运河遗址发掘报告》，科学出版社，2002年。《柳孜运河遗址第二次考古发掘报告》，科学出版社，2017年。

13　河南省文物考古研究院等：《河南开封北宋东京城顺天门遗址2012—2017年勘探发掘简报》，《华夏考古》2019年第1期，第13—41页。

14　资料现存徐州博物馆。

15　温悟宇等：《一眼望千年—徐州古城的变迁、保护宇发展》，《大众考古》2023年第11期，第66—72页。

16　邓飚等：《遥感技术在考古中的应用综述》，《遥感学报》2010年14卷第1期，第187—206页。

参考书目

史料文献

（汉）袁康、吴平：《越绝书》，上海古籍出版社，1985年。

（唐）魏徵：《隋书》，中华书局，2020年。

（宋）欧阳修：《新唐书》，中华书局，1975年。

（唐）韦述、杜宝：《两京新记辑校·大业杂记辑校》，中华书局，2019年。

（宋）孟元老等：《东京梦华录（外四种）》，中华书局，1962年。

（宋）王黼：《重修宣和博古图》，广陵书社，2010年。

（宋）周必大：《周必大集校证》，上海古籍出版社，2020年。

（宋）施宿：《嘉泰会稽志》，成文出版社，1983年

（元）脱脱：《宋史》，中华书局，1985年。

（明）宋濂：《元史》，中华书局，1976年。

（清）张廷玉：《明史》，中华书局，1974年。

（清）卫哲志：《淮安府志》，成文出版社，1983年。

（清）莫之翰：《泗州志》，成文出版社，1985年。

考古报告

安徽省文物考古研究所、安徽省淮北市博物馆：《淮北柳孜运河遗址发掘报告》，科学出版社，2002年。

安徽省文物考古研究所、濉溪县文物事业管理局、淮北市博物馆：《柳孜运河遗址第二次考古发掘报告》，科学出版社，2017年。

安徽省文物考古研究所、泗县文物局、灵璧县文物管理所：《泗县、灵璧段运河考古发掘报告》，科学出版社，2018年。

安徽省文物考古研究所、淮北市文物局、淮北市博物馆：《淮北烈山窑址》，《文物出版社》，2022年。

南京博物院、淮安市文物保护和考古研究所：《淮安板闸：明清遗址考古报告》，文物出版社，2023年。

安徽省文物考古研究所、宿州市博物馆、宿州市文物管理所：《宿州西关运河遗址考古发掘报告》，科学出版社，2023年。

安徽省文物考古研究所、宿州市博物馆、宿州市文物管理所：《宿州木牌坊运河遗址考古发掘报告》，科学出版社，2023年。

北京市文物局、北京城市副中心行政办公区工程建设办公室、北京市文物研究所：《北京城市副中心考古》（第一辑），科学出版社，2018年。

中国社会科学院考古研究所、南京博物院、扬州市文物考古研究所：《扬州城1987—1998年考古发掘报告》，文物出版社，2010年。

中国社会科学院考古研究所、南京博物院、扬州市文物考古研究所：《扬州城遗址考古发掘报告（1999—2013）》，科学出版社，2015年。

中国社会科学院考古研究所：《隋唐洛阳城:1959—2001年考古发掘报告》，文物出版社，2014年。

洛阳市文物考古研究院：《洛阳汉唐运河遗址调查与古沉船发掘报告》，科学出版社，2022年。

洛阳市文物考古研究院：《隋唐洛阳含嘉仓城考古发掘报告》，科学出版社，2023年。

杭州市文物考古所：《南宋临安府治与府学遗址：临安城遗址考古发掘报告》，文物出版社，2013年。

河北省文物考古研究院、邢台市文物管理处、内丘县文物保护管理所、临城县文物保护管理所：《邢窑》，科学出版社，2021年。

陕西省文物保护研究院、扬州市文物考古研究所：《花树摇曳 钿钗生辉：隋炀帝萧后冠实验室考古报告》，文物出版社，2019年。

考古简报

淮北市文物局、淮北市博物馆：《安徽淮北烈山窑址2017年考古发掘简报》，《东南文化》，2021年第2期，第79—91页。

南京博物院、扬州市文物考古研究所、苏州市考古研究所：《江苏扬州市曹庄隋炀帝墓》，《考古》，2014年第7期，第71—77页。

洛阳市文物考古研究院：《隋唐洛阳城西苑水系遗迹2016年度考古调查与发掘简报》，《华夏考古》，2018年第4期，第112—118页。

洛阳市文物考古研究院：《隋唐洛阳城西苑水利设施勘探

发掘简报》,《洛阳考古》,2016年第2期,第34—40页。

屈昆杰、潘付生、杨勇、马红利、樊志明、赵晓军:《隋唐洛阳城宫城西城墙及马面发掘简报》,《洛阳考古》,2015年第4期,第17—22页。

王炬、江化国、郑国奇:《洛阳隋代回洛仓遗址2016—2017年度考古发掘简报》,《洛阳考古》,2022年第4期,第7—13页。

赵菲菲、赵淑水、智爱玲、张梨牛:《洛阳孟津三十里铺唐墓发掘简报》,《洛阳考古》,2015年第4期,第23—30+2页。

洛阳市文物考古研究院:《河南洛阳洛龙区唐墓C7M6915发掘简报》,《考古与文物》,2023年第3期,第29—38+129页。

洛阳市文物工作队:《洛阳关林大道唐墓(C7M1724)发掘简报》,《文物》,2007年第4期,第27—31页。

洛阳市文物考古研究院:《河南洛阳洛龙区潘寨村唐墓发掘简报》,《考古与文物》,2022年第4期,第39—48+2+129页。

洛阳市文物考古研究院:《洛阳唐代王雄诞夫人魏氏墓发掘简报》,《华夏考古》,2018年第3期,第15—29页。

唐俊杰、郎旭峰、施梦以:《杭州临安城遗址上仓桥段东城墙试掘简报》,《杭州文博》,2015年第1期,第57—61页。

浙江省文物考古研究所、绍兴市文物考古研究所:《浙江绍兴宋六陵陵园遗址2018年考古发掘简报》,《考古与文物》,2021年第1期,第85—93页。

周润山:《河南开封北宋东京城州桥遗址》,《大众考古》,2022年第9期。

周润山:《开封州桥及附近汴河遗址的发掘》,《大众考古》,2023年第8期。

马晓建、郭木森、刘海旺:《河南浚县隋代黎阳仓遗址》,《大众考古》,2015年第5期。

唐俊杰、郎旭峰:《浙江杭州五代吴越捍海塘遗址》,《大众考古》,2015年第2期。

刘芳芳:《江苏苏州陆慕元和塘古窑址》,《大众考古》,2022年第12期。

唐俊杰、郎旭峰:《杭州发现国内最早海塘遗址——五代吴越捍海塘》,《中国文物报》,2015年2月13日。

郑建明:《浙江慈溪上林湖后司岙唐五代秘色瓷窑址》,《大众考古》2017年第3期。

顾贇:《江苏张家港市黄泗浦遗址的发掘》,《东南文化》,2020年第1期。

宁波市文化遗产管理研究院、宁波市城市基础设施建设发展中心、宁波市海曙区文物管理所:《明州罗城遗址(望京门段)考古发掘与保护展示》,《中国文物报》,2021年12月3日。

贺云翱、王碧顺:《江苏如东掘港国清寺遗址》,《大众考古》,2018年第7期。

王征宇、李坤:《2015年南宋都城临安城考古取得重大收获》,《杭州文博》,2016年第2期。

汪勃、王睿、王小迎、牛莉:《江苏扬州蜀岗古代城址的考古勘探及初步认识》,《东南文化》,2014年第5期。

河南省文物考古研究院:《京杭大运河会通河台前段考古调查勘探简报》,《运河学研究》,2021年第1期。

研究文章

周润山:《河南大运河考古研究述论》,《文物天地》,2022年第9期。

霍宏伟:《隋唐洛阳含嘉仓城布局略论》,《中原文物》,2022年第5期。

邹逸麟:《从含嘉仓的发掘谈隋唐时期的漕运和粮仓》,《文物》,1974年第3期。

王炬、吕劲松、赵晓军:《隋唐大运河与仓储相关问题研究》,《洛阳考古》,2019年第2期。

王伟:《洛阳与隋唐大运河》,《中原文物》,2014年第5期。

曾谦:《隋唐洛阳运河体系与漕粮运输》,《农业考古》,2013年第1期。

马依莎:《隋唐东都洛阳城水系浅析》,《洛阳理工学院学报(社会科学版)》,2011年第2期。

李永强:《隋唐大运河洛阳段相关问题试析》,《四川文物》,2011年第4期。

方孝廉:《隋通济渠与东都洛阳城布局》,《华夏考古》,2009年第3期。

方孝廉：《隋开通济渠与洛河改道》，《考古》，1999年第1期。

段鹏琦：《隋唐洛阳含嘉仓出土铭文砖的考古学研究》，《考古》，1997年第11期。

葛国庆：《宋六陵遗址60年变迁及其思考》，《东方博物》，2012年第2期。

陈超：《淮北市烈山窑址出土文物浅析》，《文物天地》，2019年第7期。

姜宝莲：《汉代"白金三品"货币及其相关问题》，《考古》，2020年第10期。

程威嘉：《汉代路县故城研究与思考》，《考古与文物》，2023年第3期。

赵李博、胡兵：《淮安板闸遗址相关问题研究》，《东方博物》，2022年第1期。

冀洪雪：《苏州御窑金砖及其制作技艺》，《江苏地方志》，2012年第4期。

黄泗浦唐代建筑复原研究课题组：《江苏张家港黄泗浦唐代遗址F19、F20、F21研究及复原报告》，《东南文化》，2014年第2期，第100—110页。

王坤华、朱诚、李冰、李兰、吴立、李开封、陈刚、高伟：《江苏张家港黄泗浦遗址唐代以来环境考古研究》，《古生物学报》，2015年第54期，第2页。

黄习习：《清代济宁河道总督衙门的建筑复原研究》，北京建筑大学，2019年。

汪勃、王小迎：《隋江都宫形制布局的探寻和发掘》，《东南文化》，2019年第4期。

崔佳缘、徐思蝶、刘琳琳、范文杰、徐钦：《古城复原前期策划阶段BIM应用分析——以江都宫为例》，《江西建材》，2020年第5期。

姜青青：《从宋版"京城四图"看临安城基本保障系统的构建》，《国际社会科学杂志(中文版)》，2016年第3期。

张学锋：《扬州曹庄隋炀帝墓研究六题》，《唐史论丛》第二十一辑，三秦出版社，2015年。

刘刚、汪华龙、张今、左骏、薛炳宏：《〈隋炀帝墓志〉校理》，《中国国家博物馆馆刊》，2023年第8期。

李松阳、马力、徐怡涛、李晖达：《宋六陵一号陵园遗址建筑复原研究》，《考古与文物》，2021年第1期。

欧佳：《"首饰"与"花钗"：唐代后妃命妇礼服首饰称名及礼制新研》，《形象史学》，2022年第4期。

图录、著作

扬州博物馆、上海天物馆文化艺术投资管理：《唐宋元明清瓷器精品汇展图录》，文物出版社，2012年。

扬州市文物考古研究所：《广陵遗珍》，江苏凤凰美术出版社，2018年。

浙江省博物馆：《错彩镂金：浙江出土金银器》，浙江人民美术出版社，2012年。

傅筑夫：《中国封建社会经济史》（两宋卷），首都经济贸易大学出版社，2023年6月。

郑建明，林毅：《发现秘色瓷》，上海古籍出版社，2023年7月。

中国江南水乡文化博物馆：《考古余杭：隋唐五代宋》，西泠印社出版社，2016年。

杜正贤：《南宋都城临安研究：以考古为中心》，上海古籍出版社，2016年。

徐吉军：《南宋都城临安》，杭州出版社，2008年。

唐俊杰、杜正贤：《南宋临安城考古》，杭州出版社，2008年。

杭州博物馆：《临安城与南宋视野下的杭州》，文物出版社，2023年。

杭州文史研究会、杭州市政协文化文史和学习委员会：《南宋史和都城临安研究论文集》，杭州出版社，2021年。

浙江省文物考古研究所、杭州西湖博物馆总馆：《国音承祚——宋六陵考古成果》，浙江大学出版社，2023年。

浙江省文物考古研究所：《秘色越器：上林湖后司岙窑址出土唐五代秘色瓷器》，文物出版社，2017年。

浙江省文物考古研究所、慈溪市文物保护中心：《纤细精巧：上林湖后司岙窑址出土北宋早期瓷器》，文物出版社，2023年。

绍兴县文化发展中心、越国文化博物馆：《宋六陵遗物萃编》，西泠印社出版社，2011年。

安徽省文物考古研究所、濉溪县文物事业管理局、淮北市博物馆：《汴水蕴物华——柳孜运河遗址出土文物》，科学出版社，2017年。

图书在版编目（CIP）数据

运载千秋：新时代大运河重要考古成果展 / 中国大运河博物馆编 . -- 上海：上海书画出版社, 2024.7.
ISBN 978-7-5479-3400-5

Ⅰ. K87

中国国家版本馆 CIP 数据核字第 2024TS4439 号

运载千秋：新时代大运河重要考古成果展
中国大运河博物馆 编

责任编辑	黄醒佳　黄坤峰
编　　辑	法晓萌
审　　读	陈家红
装帧设计	陈绿竞
技术编辑	包赛明

出版发行	上海世纪出版集团 ⑬上海书画出版社
地址	上海市闵行区号景路159弄A座4楼
邮政编码	201101
网址	www.shshuhua.com
E-mail	shuhua@shshuhua.com
印刷	上海雅昌艺术印刷有限公司
经销	各地新华书店
开本	889×1194　1/16
印张	22.5
版次	2024年7月第1版　2024年7月第1次印刷
书号	ISBN 978-7-5479-3400-5
定价	368.00元

若有印刷、装订质量问题，请与承印厂联系